JN410756

내 죽음을 한국에 알리지 말아다오

내 죽음을 한국에
알리지 말아다오

저　　자 | 조성내
펴 낸 이 | 문예감성
펴 낸 곳 | 도서출판 시한울

초 판 일 | 2014년 2월 20일
발 행 일 | 2014년 2월 25일
문예감성 | 서울특별시 강남구 역삼동 686-20
등록번호 | 강남4-00045
시 한 울 | 대구광역시 남구 대명동 114-1
등록번호 | 대구광역시 사01013
전　　화 | 053-944-4281~2
팩　　스 | 053-944-4283
이 메 일 | rokchun@naver.com
시 한 울 | http://www.soryang.co.kr
문예감성 | http://www.dungdan.com

정가 12,000원
ISBN 979-11-5548-020-5 03810

내 죽음을 한국에 알리지 말아다오

책을 내면서

생각을 글로 쓴다는 것은 은근히 즐거운 일이다. 그래서 나는 글을 스스로 써 왔다. 많은 글을 써놓았으니 이것을 한데 뭉쳐 책자로 만들어내려는 것은 자연스러운 소망인 것이다. 써놓은 글 중에서, 다시 읽어보고 수정했다. 어떤 글들은 서로가 살짝 반복되는 것도 있다. 하여튼 한데 모아서 책을 한 권 만들어내려고 하니 이게 쉬운 일은 아니었다.

내 어렸었을 때의 가장 친한 친구이면서 동시에 나의 사촌형님이었던 이창규 형님이 몇 년 전에 별세하셨다. 그분의 장례식에 참석을 하지 못했다. 참석하지 못한데 대해 지금도 나는 마음 아파하고 있다. 형님하고 고등학교 시절, 문학책이며 철학책을 같이 읽으면서 오손 도손 이야기를 했었던 기억이 지금도 생생하다. 성장해서, 나는 의사가 되어 미국 뉴욕으로 왔고, 그리고 형님은 광주광역시에 있는 광주무등금고 회장으로 활약을 하셨다. 형님은 죽음을 두려워하지 않는다고 말했었다. 죽음이 오면 그냥 죽음을 받아들인다고 말했다. 그리고 돌아가셨다. 형님하고 주고받았었던 몇 편 글과 함께 죽음에 관한 글들을 여기에 실었다.

성경에 "밀알 하나가 땅에 떨어져 죽으면 많은 열매를 맺는다."라는 예수의 말씀이 있다. 밀알 하나가 땅에 떨어져 죽어서는 안 되고, 그 대신 살아있어야 싹이 트는 것이라고 기독교 친구들에게 말해주었다. 내 말이 옳은 말이라고 동의해줄 줄 알았었는데 오히려 나한테 화를 내고 달려들었다.

예수만 믿으면 천당에 가게 되어 있으니까, 천당에 가고 싶으면 예수만 믿으면 되는 것이다. 알고 보면, 천당에 가는 것은 아주 쉬운 일이다. 기독교 친구들에게 "당신들은 천당에 가면 뭣을 해서 먹고 살겠소?" 하고 물어보았다. 모든 기독교친구들은 천당에만 가면 하느님이 다 알아서 자기네들을 행복하게 해줄 것이라고 대답을 했다. 사실로 그럴까?

사람이 살다 보면 많은 스트레스를 받게 돼 있다. 닥터 허버트 벤슨의 이완반응 치료법을 이 책에 실었다. 스트레스를 이겨내고 그리고 스트레스에 관련된 심신질환을 다루는데 좋은 명상법이 될 것이라고 생각이 든다.

요새 세계적으로 카지노 설치가 유행되고 있다. 몇 년 전에 싱가

포르에서 카지노를 지은 후 관광객이 훨씬 더 많아졌고 그리고 그에 상응해서 경제적인 수입도 많아졌다는 말을 들었다. 뉴욕에서도 세금을 차마 올릴 수는 없고, 그 대신 카지노를 설치해서 돈을 벌려고 하고 있다. 카지노가 주위에 생기면 자연 더 많은 사람들이 카지노에서 돈을 잃게 돼 있는 것이다.

병적노름꾼들은 대략 2-3% 정도이다.

대부분의 사람들은 재미로 노름을 한다. 하지만 차복남 선생은 다르다. 차복남 선생은 지난 50여 년 동안 노름을 취미삼아 즐기고 있으면서도, 내가 알기로는, 돈을 결코 잃지 않고 있는 특이하게 유일한 사람이다. 그렇다고 해서 돈을 따고 있는 것도 아니다. 돈을 따려고 하지 않고 있다.

나한테 블랙잭이나 바카라 게임을 할 때 돈을 잃지 않고 본전 노름을 하는 방법을 가르쳐주었다. 얼른 배웠다. 그리고 글로 썼다. 하지만 나는 노름을 하지 않는다.

어떤 친구는 나더러 글을 왜 쓰느냐고 물었다. 왜 글을 쓰느냐고? 좋은 질문이다. 왜 당신은 사람들에게 말을 하느냐고 되물었다. 사람이 사는데 말을 하지 않고는 살 수 없다는 것이다. 꼭 말을 해야 할 이유는 없지만, 그래도 사람이 만나면 서로 말을 주고받게끔 돼 있다고 했다. 나도 그 말에 동의한다고 했다. 나도 사람을 만나면 말로서 말을 하기도 하지만, 어떤 때는 글로 말을 하기도 한다고 말해주었다. 사람이 바로 내 앞에 있으면 하고 싶은 말을 말로 하지만, 멀리 떨어져 있는 사람에게는 하고 싶은 말을 글로 한다고 대답해주었다.

나는 글을 1970년대부터 쓰기 시작했다. 2012년 봄에 <문예감성> (文藝感性)을 통해서 한국에 수필가로서 등단했다.

말년에 글을 쓴다는 것은, 내가 생각해보아도, 정말 좋은 취미라고 생각이 든다. 나는 후배들에게, 말년을 대비해서, 젊었을 때 창조적인 일에 취미를 가져보라고 일러주었다. 창조적인 일이란 글을 쓰는 것, 그림을 그리는 것, 조각품을 만드는 것, 예술사진을 찍는 것, 작곡하는 것 등등이다.

들어주는 사람이 있을 때 우리는 말을 하는 식으로, 내 글을 실어주는 사람이 있기에 나는 글을 쓰고 있는 것이다.

내 글을 실어주신 뉴욕한국일보 여주영 주필, <미주현대불교> 월간지 김형근 발행인, 그리고 <문예감성> 최채규 발행인에게 따뜻한 감사를 드린다. 뉴욕한국일보를 매일 읽고 있기에, 교포들에 관한 글을 가끔 쓸 수 있었다. <미주현대불교>에 글을 쓰다보니까 나도 모르는 사이에 불교에 대한 많은 책을 읽게 되었다. 선불교에 흥미를 갖고 있다. 그래서 매일 아침이면 참선을 하고 있다.

서울에 계신 처형 김유갑 선생은 책이 발간되어 나올 때마다 나를 물심양면으로 도와주셨다. 김유갑 선생은 이화여고와 이화외국어 고등학교에서 30년 근무하고 지금은 은퇴하셨다. 김유갑 선생에게 감사드린다.

글을 쓸 수 있도록 아내는 나를 항상 도와주고 그리고 격려해주고 있다. 아내는 나의 모든 글들을 읽어보고 교정해주고 그리고 평해주었다. 아내에게 고맙다.

차례

제2부 기독교 천당 이야기

제3부 차복남 선생의 돈 잃지 않고 본전 노름하기

제1부
내 죽음을 한국에 알리지 말아다오

아담과 이브는 몇 살에 만들어졌을까?

대부분의 사람들은 아담과 이브가 하느님에 의해 만들어졌다는 사실을 다 잘 알고 있다. 아담과 이브가 만들어졌을 때 몇 살쯤 되었겠느냐고 물어보았더니 다들 멍해버린다. <성경>의 "창세기"에 보면, "하나님은 흙의 먼지로 사람을 빚으시고 그 코에 생명의 숨을 불어넣으시니 사람이 생명체가 되었다."고 했다. 최초의 인간이면서 최초의 남자, 아담이 만들어진 것이다. 하나님은 아담을 잠들게 한 다음 아담의 갈비뼈 하나를 빼내서 이브, 최초의 여자를 만들어냈다. 하지만 내 주위에 있는 사람들은 단 한 번도 아담과 이브가 만들어졌을 때 이네들의 나이가 몇 살쯤 되었을까 하고 생각해본 적이 전연 없었다고 말했다.

하나님은 영리하신 분으로서, 하느님이 직접 아담에게 젖을 먹이고, 기저귀를 갈아주고, 그리고 보듬고 다니고 싶지는 않았었을 것이다. 그래서 분명히 혼자서 걸어 다닐 수 있고, 혼자서 손발도 씻고, 대소변도 가릴 수 있고, 심부름도 다닐 수 있고, 또한 하나님하고 대화를 가질 수 있을 만큼의 언어소통을 가질 수 있는 사람을 만들고 싶었을 것이다. 그 당시는 옷도 없었으니까 깨 벗고 다녀도 아무렇지 않게 여기는 사람이어야 했었을 것이다. 하나님의 눈에 귀엽게 보여야만 했으니까, 너무 나이 먹은 사람은 아니었을 것이다.

어린 아이들의 성장 과정을 볼 것 같으면, 한 살이 되면 젖도 떼고, 서서 걷기 시작하고, 그리고 '엄마', '아빠' 하고 말을 하기 시작한다. 2세가 되면 거의 200단어를 알게 된다. 하루에 9개의 단어를 습득할 정도로 어휘숫자가 빨리 늘어난다. 3세가 되면 500단어 내지 1천 단어를 알게 되고, 3-4 단어 문장 (Three-to-Four words sentences)을 사용해서 말을 한다. 4세가 되면 1200단어, 그리고 5세가 되면 대략 1천5백 단어를 알고 있다. 만약 한국 사람들이 미국 말 5백 단어를 배워서 알고 있다면 미국에서 사는데 커다란 불평이 없을 정도로 생활할 수가 있는 것이다. 그러니까 1천5백 단어를 알고 있는 5세라면, 말하고 생활하는데 거의 아무런 지장이 없는 것이다.

3세가 되면 자기 나이가 몇 살이고, 자기가 남자 혹은 여자라는 것을 안다. 혼자서 손발을 씻을 수가 있다. 4세가 되면 대소변을 혼자서 본다. 또한 4세가 되면 다른 아이들하고 어울리면서 논다. 그러니까, 이브가 만들어졌을 때 아담은 무척 좋아했었을 것이다. 아담은 자기가 남자라는 것, 그리고 이브는 여자라는 것을 서로 알고 있었다. 아담으로서는 말동무가 하나 생겼으니까 무척 기뻐했었을 것이다. 둘이 다 발가벗고, 아무런 부끄러움 없이, 천진난만하게 뛰어놀면서 다녔으니까, 이브는 아직 월경이 없었을 테고, 그리고 둘이 다 섹스에 대해서는 아직 무식한 상태였었을 것이다. 5세가 되면 부모의 심부름도 할 줄 안다.

대략 6세 까지의 어린아이는 발가벗고 다녀도 부끄러워하지 않는다. 그래서 엄마들이 5-6세 아이들의 옷을 갈아입혀준다. 하지만, 7-8세가 되면 발가벗는 것에 대해 부끄러워하고 옷을 혼자서 갈아입는다.

심리학자 잔 피아제이(Jean Piaget)에 의할 것 같으면, 인간의 지능은 연령에 따라 단계별로 진화한다고 했다. 7세 이전의 아이들의 사고방식은 전조작단계(Preoperatonal stage)라고 했다. 그러다가 7-8세가 되면 구체적 조작단계 (Concrete opeartonal Stage), 다시 말하면 구체적인 사고방식을 갖게 되는 것이다. 7세 이전의 아이들의 사고방식은 직관적이다. 논리적이나 연역적이지는 못한다.

5-6세 된 아이들 앞에, 두 컵 안에 들어있는 똑같은 양의 물을 보여준다. 그리고 난 후, 그 똑같은 양의 물 두 개를, 어린이 앞에서, 하나는 비커 (Beaker: 밑이 넓은 잔)에다 붓고, 그리도 다른 하나는 높은 실린더 (High cylinder: 밑이 좁은 잔)에 붓는다. 그러고 나서, 어린이한테 어느 물이 더 많으냐고 물어본다. 5-6세의 아이들은 한 면(Aspect)만 본다. 높이를 보는 아이는, 실린더에 들어있는 물이 더 많다고 본다. 만약 높이보다는 넓이를 보는 아이는, 비커에 들어있는 물이 더 많다고 한다. 하지만, 7-8세가 된 아이들은, 구체적인 사고방식을 갖고 있기에, 높이와 넓이 양면을 볼 줄 알기에, 비커에 들어있는 물이나 실린더에 들어있는 물이 똑 같다는 사실을 알고 있다.

7세 이전의 아이들은 타인의 역할을 이해하지 못하는 에고센트릭 (Egocentric)함을 보인다. 에고센트릭이라 함은, 쉽게 예를 들면, 자기가 갖고 있는 생각이나 감정이 남들도 자기하고 똑같은 생각하고 감정을 갖고 있다고 믿고 있다. 자기가 배가 고프면 엄마는 자기가 배가 고프다고 말을 하지 않아도 자기가 배가 고프다는 사실을 알고 있을 것이라고 믿고 있는 것이다.

성경에 하나님이 아담에게 "선과 악을 알게 하는 열매를 따먹지 말라. 만약 그 열매를 따먹으면 너희는 반드시 죽을 것이다"라고 말해주었다. 아담과 이브는 뱀하고 이야기를 한다. 뱀이 이브에게, "너희가 그 열매를 따먹어도 너희는 결코 죽지 않는다"라고 말을 해주었다. 7세 이전의 어린 아이들은 애니미스틱 (Animistic: 物活論的) 사고방식을 갖고 있다. 그래서 뱀들도 말을 하고 그리고 인간하고 같이 대화를 가질 수 있다고 생각하고 있다. 5-6세 아이들은 인과(因果) 관계를 잘 이해하지 못한다. 가령 컵을 떨어뜨려 깨어도 자기 실수인 줄을 모른다. 하느님이 따먹지 말라는 열매를 따먹고는, 그리고는 뱀이 따먹으라고 했기에 따먹었다고 뱀한테 핑계를 댄다. 이게 7세 이전의 아이들의 사고방식인 것이다.

5세나 6세 된 아이 같으면, 사고방식이 애니미스틱하기 때문에, 아담의 갈비뼈 중에서 하나를 빼서, 이브를 만들어냈다고 하면, 아담은 이런 말을 곧이듣고 그리고 좋아할 나이다. 하지만 7세가 되면 사고방식이 구체적이기 때문에, "내가 잠들고 있는 사이, 나의 갈비뼈 중에서 하나를 빼서 이브를 만들어냈다고? 그런 일은 있을 수 없어!" 하고 7세 이상 된 아이들은 그런 말을 곧이듣지 않아버린다.

하느님은 아담에게, “만약 선과 악을 알게 하는 나무에서 열매를 따먹으면 너는 반드시 죽을 것이다”라고 말해주었다. 5-6세 된 아이들에게 있어서 죽음이라는 것은, 텔레비전의 “톰과 제리” (Tom and Jerry) 연쇄 만화에서 보듯, 죽으면 살아나고 또 죽으면 또 다시 살아나는 것으로 알고 있다. “반드시 죽을 것이다”는 말에 아담과 이브는 크게 겁을 내지를 않았었을 것이다. 죽으면 다시 살아난다는 막연한 사고방식을 갖고 있으니까 말이다.

7-8세가 되면, 두뇌의 크기가 어른 두뇌하고 같아진다. 그리고 인지기능이 발달되어 구체적인 사고능력을 갖기 시작한다. 한번 죽으면 영원히 죽는다는 사실을 알게 되어 어떤 아이들은 죽음에 대한 공포를 갖기도 한다. 만약 이때 아담하고 이브가 7세보다 더 나이 먹은 청소년들이었다면, 죽음이라는 말을 듣고서, 하느님이 ‘따먹지 말라는 열매’를 그리 쉽게 따먹지는 않았었을 것이다. 헌데 아담과 이브는 열매를 따먹었다. 죽으면 다시 살아난다는 그런 사고방식을 갖고 있었기 때문일 것이다. 이런 것을 볼 때 아담과 이브의 나이는 7세 이전이라고 추측이 된다.

열매를 따먹고는 아담과 이브는 발가벗음에 대해 부끄러움을 느꼈다. 그래서 둘이는 “무화과나무 잎을 엮어서 두렁이를 만들어 입고” 몸을 가렸다. 이처럼 알몸에 대해 부끄러움을 느낀 것은 대략 7세 이후에 생긴 생리적인 현상인 것이다.

둘이는 천당에서 쫓겨났다. 지상에 와서 아담하고 이브는 아이를 낳았다. 아담하고 이브는 천당에서는 아직 아이를 낳을 만큼 육체적으로는 성숙하지는 않았었다. 지상에 쫓겨 와서, 얼마 후에 아이를 낳았는지는 모르지만, 하여튼 지상에서 아이를 낳았던 것이다.

아담은 930세에 죽었다고 했다. 930세! 엄청난 나이다. 도저히 상상할 수 없을 만큼 아담과 이브는 오래 살았었다. 미국 성인들(Adults)의 40%는 <성경>의 <창세기>에 써진 내용을 문자 그대로 믿고 있다고 했다. 하나님이 아담을 진흙으로 만들었고, 그리고 아담이 잠자는 사이 갈비뼈를 하나 빼서 이브를 만들었다는 것을 믿고 있는 사람들이라면 아담이 930년을 살다가 죽었다는 말을 그냥 쉽게 믿고 말 것이다. 이와 반대로, 또한 많은 현대인들은 그런 것을 믿고 있지 않고 있다. 성경학자들은 구약성경이 대략 기원전 5-6백년 경에 써졌다고 했다. 인간의 발달사로 보아서, <구약성경>이 써진 시대의 사람들의 지능은 지금 3-5세 정도의 지능이라고 추측할 수가 있는 것이다.

하나님의 말을 알아들을 수 있을 정도의 언어소통 실력, 뱀하고 서로 이야기를 주고받을 정도의 애니미스틱 사고능력으로 봐서, 또한 발가벗고 살아도 아무런 부끄러움을 느끼지 않았고, 이브가 아직 월경이 없었든 것 같고, 아담이 잠을 자고 있는 동안 아담의 갈비뼈 중에서 하나를 빼서 이브를 만들어냈다고 했는데도 아무런 항의를 하지 않았고, 죽음에 대해 심각하게 생각하지 않았었고, 따먹지 말라는 열매를 따먹고 난 후 갑작스럽게 선과 악을 구별해낼 수 있을 정도로 지능(Intelligence)이 비약적으로 발달되었다는 점 등등으로 미루어 보아서, 아담과 이브가 만들어졌을 때의 나이는 7세 이전, 대략 6세였었을 것이라고 추측이 된다.

동성애자들의 결혼

뉴욕에서 동성애자 결혼이 허용된 첫날 (2011/7/24) 시청 안에 있는 채플(Chapel)에서 600쌍 이상이 결혼을 했었다. 동성애자들은 결혼을 마치고 난 후 서로 보듬어 안고 감격해서 소리를 지르면서 환호했다.

동성애가 합법화되었는데 어떻게 생각하느냐고 주위사람에게 물어보았더니 대답이 각지각색이었다. 재미있는 대답은, 한 젊은 여성은, 빙긋이 웃으면서, 자기는 양성애자라고 말을 하면서, 사랑하는 남자하고 결혼해서 남편을 하나 삼고, 그리고 사랑하는 여자하고 결혼해서 아내를 두고 싶다고 말했다. "너 누구하고 잠을 잘래?" 하고 물었더니, 남편하고 아내를 잘 설득해서 한 침대에서 같이 자고 싶다고 했다.

어떤 남자는, 자기는 지금 결혼하지 않고 애인하고 같이 동거를 하고 있는데 자기 애인이 동성애자라면 좋겠다고 했다. 왜냐고 물었더니, 애인이 동성애자이면 다른 여자 한명을 집으로 데리고 올게 아니겠느냐면서, 여자 두 명을 데리고 살면 삶이 재미있을 것이라고 말하면서 하하 웃었다.

얼마 전에 골프를 쳤는데, 남자들은 오줌을 눌 때는 그린 (Putting green)이나 페어웨이 (Fairway) 주변에 있는 나무로 걸어가서 나무를 향해 나무에다 소변을 보는 것이 통례로 돼 있다. 그런데 한 남자는 소변을 나를 향해서 본다. 얼른 내가 얼굴을 다른 데로 돌리고 말았지만, 동성애의 정체를 밝히는 방법도 여러 가지가 있다는 것을 알았다. 요새는 동성애자들이 거리낌 없이 자기네가 동성애자라는 것을 나타내고 있다. 만약 남자가 여자한테 이런 식으로 소변을 보았다면 노출 (성도착증) 했다고 해서 경찰에 보고하고 체포하게끔 해버릴 수도 있었을 것이다.

가톨릭 친구에게 동성애에 대해 어떻게 생각하느냐고 물어보았더니, "미친놈들"이라고 했다. 정상이 아니고 비정상이라는 것이었다. 어떻게 남자가 남자하고 그리고 여자가 여자하고 결혼을 할 수가 있단 말이냐고 따지면서, 미치지 않고서는 있을 수 없는 일이라고 화를 냈다.

<성경>에 의하면, 태초에 하나님이 우주를 창조했고, 그리고 아담(남자)하고 이브(여자)를 만들어서 둘이 결합해서 아들 딸 낳고

살게끔 했었다. 하나님은 결코 동성애자를 만들어내지 않았다고 기독교인들은 주장하고 있다. 악마의 경우처럼, 하나님은 악마를 만들어내지 않았지만, 천사들 중에 어떤 천사가 타락을 해서 악마가 생겨난 것처럼, 하나님이 동성애자를 만들어내지 않았는데 이성(異性)애자들 중에 어떤 이성애자들이 타락을 해서 동성애자가 생겨났을 거라고 기독교학자들은 변명을 하고 있다. 하여튼 하나님은 동성애를 만들어내지 않았으니까 이에 대해 책임이 없다는 것이다. 하나님은 결코 비난받아서는 안 되는 존재이기에 동성애자들이 대신 고통을 당해야만 했다.

하나님은 "남자가 남자하고 동침하는 것은 역겨운 짓"(레위: 18:22)이라고 비난했다. 예수도 "간음하는 자, 남창하는 자,…"(코린 6:9)들은 천당에 못 간다고 말했다.

이처럼 <성경>이 동성애자들을 비난했었기에, 서양에서는, 지난 2천년 동안 수많은 동성애자들이 인간 이하의 대접을 받고 살았어야만 했었다. 서양 중세기 때는, 자연의 섭리를 거스른다고 해서 동성애자들을 악마로 취급했었다. 동서애자라는 이유 하나만으로 동성애자들을 잡아서 사형을 시키기도 했었다. 동성애자들은 가족으로부터 냉대를 받았었고, 직장에서 쫓겨나기도 했었고, 사회로부터 버림을 받았었다. 동성애자들은 근래에까지 완전히 숨어서 살아야만 했었다.

동성애자들 중에서 단지 4%만 완전 동성애자이고, 나머지 대부분의 동성애자들은 양성(兩性)애자인 것이다. 양성애자들은 남자든 여자든 두 성을 다 사랑할 수 있는 것이다. 양성애자들은, 예전에는, 자기네가 동성애자라는 것을 감추기 위해서 이성하고 위장결혼을 했었다. 아들 딸 낳고 살았었다. 그리고 몰래 다른 동성애자를 만나서 가끔 동성애의 욕정을 풀었었다.

동성애자들이 숨어서 살았기에 동성애자의 숫자가 극히 적을 것이라고 추측을 했었다. 하지만 그렇지가 않았다. 1948년도 알프레드 킨세이는 동성애자들이 10%나 된다고 보고했다. 10%면 엄청나게 많은 숫자인 것이다. 하지만 어느 책에는 동성애자의 숫자가 아마 2%정도일 것이라고 말했다. 그런가 하면 다른 책에는 동성애자가 2%-12%가 된다고 보고하기도 했다.

1973년도에 미국 정신과협회에서 동성애는 정신질환이 아니라고 발표했다. 동성애자들이 사회로부터 멸시를 받아왔고 그리고 가족들로부터 냉대를 받아왔었기에 우울증에 빠진 사람들이 더러 있었지만, 동성애 자체는 정신질환이 아닌 것이다.

미국에서 동성애자들이 뭉쳐서, 집단적으로, 밖으로 뛰쳐나와 동성애자의 동등권을 부르짖기 시작했다. 1982년도에 위스콘신(Wisconsin) 주에서 처음으로 동성애자라고 해서 차별대우를 받아서는 안 된다고 법을 제정됐다.

1990년 전후해서, 사회에서 동성애자들을 받아들이기 시작했다. 이제는 동성애자라고 해서 직장에서 쫓겨나지도 않는다. 동성애자라고 해서 사회에서 버림을 받지도 않게 되었다. 동성애자들이 더 이상 숨어서 살지 않아도 되었다.

위장결혼을 했었던 동성애자들이 이혼을 하기 시작했다. 마리아라는 여자는 50세, 3명의 자녀를 가지고 있었다. 20여 년 동안 안락하게 남편하고 살았었다. 그런데 남편이 자기는 동성애자라고 고백을 했다. 그리고 이혼했다. 남편은 다른 남자 만나서 플로리라로 이사 가고 말았다. 여자는 우울증에 빠지고 말았다. 그래서 나한테 찾아왔다. 이런 스토리는 영화로도 더러 나왔기에 새삼스런 이야기는 아니다.

친구가, "닥터 조, 만약 당신의 자녀들이 동성애자라면 어떻게 하겠소?" 하고 물어왔다. "그야 물론 마음 아프고 괴롭지만, 자식들이 동성애자라면 받아들일 수밖에 없고 그리고 자식들이 잘 되도록 도와주지요" 하고 대답해주었다. 뉴욕에서 동성애자들의 결혼이 합법화되었으니까 부모로서 자녀들이 동성애자인 경우 받아들이기가 쉬어졌으리라고 믿는다.

요새는 영화에도 동성애의 사랑장면이 가끔 나온다. 내가 남자여서 그런지, 게이 (남자)끼리의 섹스장면은 꺼림칙스러워 눈을 감아버린다. 하지만, 레스비안 (여자)들의 섹스는 즐겨본다. 2010년도 아카데미 여우주연상을 탄 나타리 포트만 (Natalie Portman)이

출연한 <검은 백조> (Black swan)라는 영화에서, 젊고 어여쁜 두 아가씨들이 동성애 섹스를 하는데 어찌나 아름답던지!…. 친구들한테 그 영화 한번 보라고 추천을 해주었다.

예전에는, 동성애자들이란 자라면서, 자기네가 원해서 후천적으로 동성애자가 된 것처럼 생각을 했었다. 후천적으로 동성애자가 되었다면 또한 동성애자를 이성애자로 바꿀 수도 있었다고 생각했었다. 하지만, 지금에 와서는, 아직 정확한 원인은 모르지만, 동성애자는 이성애자처럼 선천적으로 타고난다고 정신과의학자들은 보고하고 있다. 선천적으로 타고난 것이라면 동성애자를 이성애자로 인위적으로, 혹은 치료를 해서 바꿀 수는 없는 것이다. 동성애자에게 왜 동성애자가 되었느냐고 동성애자들을 탓할 수는 없는 것이다. 이제는 동성애자들도 이성애자처럼 사회에서 동등하게 대접해줄 때가 온 것이다.

미국의 독립선언문에 모든 인간은 동등하게 창조되었다고 했다. 하지만, 여기서 모든 인간이란 백인 남자들만을 지칭했었다. 그 당시 여자는 남자하고 동등하지 못했었다. 20세기 초에 미국여자가 선거권을 갖게 되었고 그리고 근래에 와서 여자가 남자하고 동등해졌다. 어린 아이들도 100년 전만해도 공장에서 하루에 10시간씩 노동착취를 당했었다. 근래에 와서 어린이들도 사람대접을 받게 되었다. 1960년경에 미국의 흑인들이 들고 일어났기에 지금에 와서는 흑인 및 소수민족들이 백인남자하고 동등해졌다. 요새는 장애인들도 인간대접을 받고 있다. 심지어 미국에서는 동물도 인간학대로부터 해방되었다. 제일 늦게 동성애자들이 억압과 멸시로부터 서서히 해방이 되어가고 있는 중이다.

기독교인들이여, 예수를 보라. 예수는 자기를 죽인사람들을 용서해주었다 (루카23:34). 이브(여자)가 금단의 열매를 따먹고 난 후, 하나님은 화가 나서 이브에게 "남편이 너의 주인이 되리라"(창세기3:16)고 말했다. 아내는 남편의 종이었다. 하지만 지금에 와서는 기독교인들도 남녀동등권을 받아들였다. 아내가 더 이상 남편의 종은 아닌 것이다. 이제는 기독교인들도 동성애자를 용서해주고 동등하게 받아드릴 때가 된 것이다.

신문에 보니까, 미국 장로교단(PCUS)에서는 동성애자들의 결혼을 받아들였다고 보고했다. 좋은 소식이다.

한편 동성애 사랑은 인구조절에 은근히 필요할 것 같다. 예전에는 전염병이 수많은 사람을 죽였다. 분만 시 수많은 임신부 여자들이 죽었다. 의학이 발달되었기에 더 이상 죽어가지 않는다. 사람의 생명은 오히려 80 내지 90으로 늘어났다. 미국 인구조사국에 의하면, 예수가 태어난 해, 서기 1년에는 세계 인구는 2억이었다. 1800년에 인구가 10억으로 불어났다. 근래에 와서 세계 인구는 급속도로 불어나고 있다. 1927년도에 20억 인구가 2011년도에 70억 인구로 불어났다. 인구가 불어남에 따라 지구의 경작지는 매년 줄어들어가고 있다. 인구를 조절하지 않으면 지구의 멸망이 오고 말 것이다.

아마 신(神)이 동성애자를 탄생하게 함으로 해서 인구를 조절할 수 있게 했을지도 모를 일이다. 유럽의 홀란드에서는 2001년에 이미 동성결혼을 합법화시켰다. 만약 미국연방정부가 동성결혼을 합법화시킨다면, 다른 나라에서도 동성결혼을 합법화시킬 가능성이 많아질 것이다. 인구가 빨리 증가하는 나라에 동성결혼법을 수출해서, 인구증가를 억제함으로 해서 지구멸망을 예방해볼 수도 있지 않을까 하고 생각해본다.

추가:

프란치스코 교황은 2013년 7월, 일주일간의 브라질 방문을 마치고 귀국하는 비행기 안에서 수행기자들하고 다음과 같은 대화를 나누었었다.

어떤 이가 공격적으로 동성애를 인정하느냐고 교황에게 질문한 적이 있었지만, 교황은 그에게 "하느님이 게이 (동성애자)를 내려다보실 때 게이를 사랑으로 받아들일 것인가, 아니면 사랑으로 받아들이지 않고 거부하시겠느냐"고 반문하셨다. 그러면서 교황은, "언제나 사랑을 먼저 생각해야 한다."고 강조하셨다.

교황은, "내가 누구이간데 동성애자들을 정죄하려 드는가."라고 말하면서 동성애자들에 대한 비판을 비켜갔다. 그러면서 교황은, 동성애자들을 비판하거나 사회 주변부로부터 차별해서는 안 되고 사회에 통합되도록 해야 한다고 말했다. 그러면서도 교황은, "동성애행위는 죄라는 교회의 가르침은 올바르다."라고 말했다.

여기서, 교황은 동성애 행위는 죄가 된다고 하드래도, 동성애자들이 하느님을 믿고 선하다면, 동성애자들을 받아들여야 하고, 동성애자들을 포용해서 사회에 통합되도록 해야 한다고 했다. 교황의 말을 듣고서, 전에 교황들에 비해서, 프란치스코 교황은 뭔가 다르구나 하는 점을 느꼈다. "내가 어찌 그를 판단(정죄)하겠는가."하는 교황의 말은 우리 모두가 한번 깊게 사색해보면서 되새겨 보아야 할 좋은 말인 것이다. 교황이 신에서 인간으로 되돌아온 것 같은 느낌이 든다.

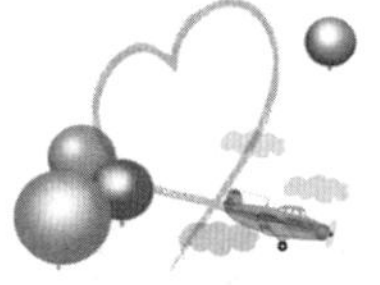

성 불구자는 성 불구자들 끼리

귀족여인이 하인하고 섹스를 하는데 섹스가 음란하게 묘사되었다고 해서 1960년까지 발간이 금지된 책이 있다. 음란하면 도대체 얼마나 음란하기에 발간이 금지되었을까 하고 호기심이 생겨서 <채털리 부인의 연인> (Madame Chatterley' Lover, D H 로렌스 작품)을 읽어보았다. 영국인 작가 로렌스는 이 책이 영국에서 발행되지 않을 것이라는 것을 미리서 알고 있었기에, 1928년도에 이태리에 가서 이 책을 처음 발간했었다. 마담 채털리하고 하인 멜러가 서로 보듬어 안고 키스하고 섹스 하는 장면이 현대소설이나 영화에서 가끔 볼 수 있는 그저 그런 평범한 섹스 신(Scene)이었다. 결코 포르노 영화에서 볼 수 있는 추잡하고 음란한 섹스는 아니었다. 그만큼 시대가 많이 변했다.

이 책의 내용은, 채털리 부인의 남편 채털리는 영국에서 귀족이었다. 채털리는 일차대전 도중 1917년도에 한 달 간 휴가를 얻어서 부인인 코티하고 결혼을 했었다. 하지만, 휴가가 끝나고 난 후, 전쟁터에서 하반신 불수가 되어 휠체어를 타고 다니는 신세가 되고 말았다. 물론 성적으로도 불구자가 된 것이었다. 전쟁이 가져다 준 불행이었던 것이다. 채털리는 일층에 있는 방에서 잤고, 그리고 채털리 부인 코티는 삼층 방에서 떨어져서 혼자 잤다. 채털리는 광산을 운영하고 있었다. 채털리는 자식을 얻기를 원했다. 그래야만 자기가 죽은 후 자기 재산과 사업을 물려줄 수가 있게 되었으니까 말이다. 하지만 성불구자라 자식을 가질 수는 없었다. 그래서 채털리는 아내 코티에게, 여행을 가서, 다른 남자하고 섹스해서 임신해서 집에 들어오라고 부탁했다. 아이를 낳으면 자기 자식으로 삼겠다고 했다. 그러면서 다른 남자하고 섹스를 하되, 섹스만 하지, 결코 그 남자를 사랑하지 말고, 자기한테 꼭 되돌아와서 자기하고 영생토록 살아달라고 신신당부했다.

코티는 밖에 나가 바람을 피우는 그런 타입의 여성은 아니었다. 코티는 남편 친구들하고 접촉해보았지만, 마음이 내키지가 않았다. 채털리 부부가 살고 있는 집은 아주 커다란 저택이었다. 저택 앞마당은 넓었고, 앞마당은 숲으로 연결돼 있었다. 숲을 지나면 호수가 있고, 호수 가에는 조그만 막사가 한 채 있었다. 막사에는 하인 말러가 혼자 살고 있었다. 말러는 젊었다. 말러는, 주인 채털리가 꿩 사냥을 할 때면, 총에다 실탄을 장전해서, 채털리로 하여금 날라 가고 있는 꿩을 쏠 수 있게끔 도와주는 소위 게임키퍼(Game keeper)였다. 코티는 외로울 때면 혼자서 숲을 걸었다. 막사 뒷마당에서 발가벗은 채 호수에서 목욕하고 있는 말러를 보고 은근히 사랑을 느꼈다. 막사에 와서 말러에게 막사의 열쇠를 달라고 했다. 그리고 말러가 없을 때면 혼자서 막사 안으로 들어와서 말러를 기다렸다. 둘이는 포옹했고, 말러는 코티의 옷을 벗기고 그리고 섹스했다. 이삼 개 월 후에 임신했다. 코티는 말러에게 결혼하자고 청혼했다. 둘이는 캐나다로 가서 살기로 약속했다. 코티는 남편 채털리에게 고백했다. 말러를 사랑하고 말러하고 결혼하고 싶으니까, 이혼해달라고 했다. 채털리는 거의 기절하다 시피 쓰러지고 말았다. 하지만 이혼을 거절했다. 채털리는 코티하고 같이 살고 싶어 했다. 코티는 더 이상 채털리를 사랑하고 있지 않았다. 코티는 말러를 택했다. 채털리하고 섹스 없는 삶 보다는, 모든 물질적인 부귀영화를 버리더라도 섹스가 있는 말러하고의 사랑을 택했다. 말러하고의 사랑을 위해서 코티는 채털리 집을 떠났다.

<마담 채털리의 연인>은 돈과 섹스! 어느 것을 택하겠는가 하는 문제를 제기하고 있다. 어려운 선택일 수밖에 없지만 결국 코티는 섹스 없는 돈 보다는 섹스 있는 가난을 택했다.

부부사이의 사랑에는 꼭 섹스가 있어야만 할까? 섹스가 없는 사랑이란 있을 수 없을까?

50세의 남자 로버트 (가명)는, 결혼 첫날밤에 아내가 불감증 여인이라는 것을 알았다. 아내는 얼굴도 예뻤고, 행실도 고왔다. 하지만, 섹스만은 싫어했다. 한 집에서 같이 살면서도 남편하고 아내는 방을 따로 사용해서 살고 있었다. 저녁이 되면 둘이는 항상 말다툼을 했었고, 그리고 화가 나서 각자 자기 방으로 가서 밤을 자곤 했었다. 로버트는 가끔 다른 여자만나 섹스를 즐기고 있었지만, 그래도 아내하고의 사랑을 원했다.

로버트의 부인은 아예 섹스를 싫어하는 섹스불감증 여인이었다. 헌데 결혼하기 전에 부인은 로버트에게 그녀 자신이 섹스에 불감증이라는 말을 전연 해주지 않았었다. 만약 사실을 알려주었더라면, 로버트는 그녀하고 결혼하지 않았었을 것이고, 그리고 섹스를 즐기는 다른 여자 만나 결혼해서 행복하게 살아갈 수도 있었을 것이다. 부인이 섹스 불감증이라는 사실을 감추었기에 로버트는 그녀하고 결혼한 후 불행한 삶을 억지로 유지해갈 수밖에 없는 신세로 전락되고 말았다. 이런 불행한 결혼을 회피하기 위해서는 결혼전에 섹스를 가져보라고 권하고 싶다.

운명이란 공평하지 않을 때가 참 많다. 만약 위의 두 부부가 서로 바뀌어 만났었다면? 채털리는 로버트의 부인하고, 그리고 채털리 부인 코티는 로버트를 만나서 결혼해서 같이 살게 되었다면! 섹스가지고 부부싸움은 벌어지지는 않았었을 것이니까 두 부부의 삶은 보다 행복해졌으리라고 생각이 든다. 하지만 운명이란 우리가 원하는 대로 되어지지 않는 것이니까 많은 사람들은 불행을 겪으면서 살아가고 있는 것이다.

45세 된 크리스티 (가명) 여인이 있다. 지금은 딸하고 같이 살고 있다. 크리스티는 어렸을 때 그녀 아버지로부터 심하게 성폭행을 당하면서 성장했었다. 그녀 아버지가, 그녀가 어렸을 때부터 섹스를 했었고, 그녀 음부(陰部)에 칼로 상처를 입혔고, 심지어는 담뱃불로 음부를 지져서 온갖 고통을 주었었다. 상처가 너무 흉해서 그녀는 남편에게도 음부를 보여주지 않았다고 했다. 30세 때 결혼을 했었지만, 도저히 성생활을 할 수가 없었다. 섹스는 그녀에 있어서 고문(拷問)이었고 악몽이었던 것이다. 더 이상 섹스를 견딜 수가 없어서 그녀는 이혼을 했다. 지금에 와서는 딸 하고 같이 살고 있지만, 어느 땐가는 딸이 결혼해서 나갈 것이라는 것을 알고 있다. 그래서 그녀는 소원했다. 섹스를 하지 않는 남자를 만나서 여생을 함께 살고 싶다고. 그녀는 섹스를 하지 않아도 되는 남자를, 다시 말하면 성 불구자를 찾고 있는 중이라고 말했다.

채털리처럼 성 불구자가 있는가 하면 크리스티처럼 섹스를 싫어하는 여성들이 존재하고 있는 것이 사실이다.

마리아는 40세 된 여인, 마리아 (가명)는 괴로워했었다. 남편이 고자, 성 불구자였기 때문이었다. 남편은 아주 착한 사람이었다. 마리아는 가정주부로서 집안일을 보면서 살았었다. 경제적인 이유로 남편하고 이혼할 수 있는 처지도 아니었다. 마리아가 괴로워하는 것을 보고, 마리아를 위로해주기 위해서, 매일 집에 들어올 때마다 남편은 마리아가 좋아하는 담배며 술병을 사들고 집에 들어왔다. 마리아는 매일 술을 마셨고 담배피면서 살았었다. 그러다가 같은 마을에서 살고 있는 노인남자를 만났다. 둘이는 정을 통했다. 임신했다. 그리고 아들 두 명이나 낳았다. 남편은 잔말 없이 마리아가 낳은 두 아들을 자기 아들인양 입양했고, 그리고 길렀다. 마리아의 남편은, 채털리 남편처럼, 마리아에게 밖에 나가 다른 남자하고 섹스를 즐길 수 있으면 즐기라고 허락을 해주지 않았기 때문에 마리아는 더 괴로워했었다. 남편을 놔두고 다른 남자하고 정사를 맺는 것 자체가 죄악이라고 여기고 있었기 때문에 마리아는 괴로워했었다. 이런 괴로움을 견디어내기 위해서 매일 술을 마시고 담배를 피우다가 결국 마리아는 폐질환 (폐기종)에다가 간경변증으로 일찍 죽고 말았다.

왜 인간은 자기가 좋아하는 사람을 처음부터 만나서 같이 살수가 없단 말인가? 성적으로 정상적인 사람이 성 불구자를 만나 결혼해서 산다는 것 자체가 고통일 수밖에 없다. 이런 고통을 피할 수는 없을까. 피할 수 있다. 위에서 말한 크리스티는 섹스를 하지 않는 남자를 만나서 여생을 같이 보내고 싶다고 했다. 그런가 하면 마리아의 남편은 고자인 것이다. 성불구자인 것이다. 결코 섹스를 할 수 없는 남성인 것이다. 섹스를 원치 않는 크리스티하고 섹스를 할 수 없는 고자인 마리아의 남편하고 서로 만나 결혼해서 같이 살 수는 없단 말인가? 있다. 결코 쉽지는 않겠지만, 성불구자는 성불구자들끼리 만나 결혼해서 살 수는 있다.

1970년 이전만 하더라도 미국이나 유럽에서는, 자기가 동성애자라는 것을 숨겼다. 대부분의 동성애자들은 양성애자들이기에, 자기의 동성애를 사회적으로 숨기기 위해서, 이네들은 이성애자하고 결혼을 했었다. 그리고 결혼한 후 몰래 동성애자를 만나서 동성애욕을 채웠었던 것이었다. 하지만, 동성애자가 아닌 사람이, 상대방이 동성애자인줄을 모르고 결혼해서 살다가 불행을 겪은 사람들을 나는 더러 보았다. 하지만, 요사이는 동성애자들이 더 이상 자기네의 동성애를 숨기지 않는다. 요사이는 동성애자들은 떳떳하게 자기네가 동성애자라는 것을 나타냈고, 그리고 다른 동성애자들을 만나 동거생활 혹은 결혼해서 살고 있는 것이다.

배우자가 성불구자이기에 고통을 받고 있는 환자들을 나는 더러 보았다.

성불구자가 성불구자가 아닌 척 하고 성적으로 정상적인 사람하고 결혼을 하면 자연히 불행해질 수밖에 없는 것이다. 성 불구자가 성 불구자가 아닌 척 하고 결혼해서 배우자에게 불행을 가져다주는 것도 비윤리적이지만, 결혼해서 배우자가 불행을 느낀다면 당연히 자기 자신도 불행해질 수밖에 없는 것이다. 이런 불행을 예방하기 위해서는 성 불구자는 상대방에게 자기네가 성불구자라는 것을 결혼 전에 미리서 말해주어야 하는 것이다. 상대방에게 자기네가 성불구자라고 미리서 말을 해주는 것은 상대방에게는 물론 좋지만, 또한 본인의 행복을 위해서도 좋은 것이다. 물론 성 불구자들의 숫자는 극히 적은 것으로 알고 있다. 적다고 하지만 노력하면 자기 맘에 드는 배우자를 찾아낼 수가 있는 것이다. 자기 맘에 맞는 사람, 섹스 없이도 같이 행복하게 살 수 있는 그런 사람을 적극적으로 찾아냄으로 해서 우리 스스로가 우리의 운명을 개척해나가야 하는 것이다.

동성애자들이 결합하기 전에, 자기네는 동성애자라고 상대방에게 미리서 알려주고 난 후 동성애자들끼리 만나 결혼하듯이, 성불구자들도 데이트하면서 상대방에게 자기네가 성불구자라는 것을 떳떳하게 미리서 알려주어야 옳은 것이다. 더 이상 감추어서는 안 되는 것이다. 더 이상 상대방을 속여서 결혼해서는 안 되는 것이다. 성불구자들도 결혼하기 전에, 데이트하면서, "나는 성불구자입니다. 섹스 없이 일평생을 같이 살 수 있는 사람을 구하고 있습니다."하고 상대방에게 말해줌과 동시에, 친구들에게, 주위사람들에게, 혹은 결혼 광고판에 광고를 내면, 성 불구자끼리 서로 만날 수가 있는 것이다. 섹스를 할 수 없는 불구자들은, 섹스를 할 수 없는 불구자들끼리 만나서 같이 살아가야만 단락하고 행복하게 살아갈 수가 있는 것이다. 행복이란 그저 오는 게 아니다. 행복하게 살 준비를 미리서 해놓고 그리고 행복하게 살려고 노력을 해야만 하는 것이다. 행복하게 살려고 노력하는 사람들만이 행복하게 살 수 있다.

싸이 '강남 스타일'과 맥도날드 음식

미국에서 태어나고 미국에서 교육을 받고 자란 내 아들(38세)이 강남스타일을 아이파드(iPod)에 집어넣고서 나한테 자랑스럽게 보여주었다. 미국에서 젊은이 사이에 대 유행이란다. 집에 와서 다시 컴퓨터에서 강남스타일을 보았다. 내용이 은근히 섹시 선동적이고 자극적이었다. 나비넥타이에 정장을 하고 하얀 구두에 검은 안경을 낀, 보기에는 점잖게 생긴 신사 남자가, 엉뚱하게도 장난꾸러기 어린애 마냥, 말탄 사람처럼 훌쩍훌쩍 뛰어다니는 게 어딘가 좀 우스꽝스러워보였지만 그래도 귀엽도록 멋있게 보였다. 쿵쿵짝짝 강렬한 이박자의 노래에다 싸이의 말춤을 보니까 내 몸과 손이 저절로 움직일 정도로 흥이 나서 좋았다.

신문에는 한국문화가 싸이를 통해서 세계로 퍼져나가고 있다고 했다. 강남스타일이 한국문화라고? 하지만, 강남 스타일은 내 눈에는 미국의 노래댄스로만 보였다. 미국에서 자주 듣는 힙합이나 랩 그리고 클럽 뮤직처럼 들렸고 댄스도 미국의 클럽 댄스처럼 보였다. 모두가 다 미국 것으로만 보였지, 내가 한국에서 살면서 보고 느꼈었던 한국 특유한 멋이나 맛은 강남 스타일에서 전연 볼 수가 없었다. '싸이'나 (강남) '스타일'이란 말도 미국 언어다. 이네들이 입고 있는 의복이며 배경, 노래곡조, 댄스가 다 미국의 것으로 보였다. 단지 노래하고 춤춘 사람들이, 백인이나 흑인이 아니고, 한국 사람이었다는 것뿐이었다.

문화라는 것은 시대에 따라 자주 변한다는 것은 기정사실이다. 불교하고 기독교가 한국에 들어온 후, 지금에 와서는 불교는 한국의 고유한 불교가 되어버렸고 그리고 기독교는 한국의 고유한 기독교가 되어버린 것처럼 말이다. 무엇이든 한국에 들어와 있으면 얼마 못가서 한국 것이 되어버리고 마는 식으로, 강남 스타일이 이미 한국의 노래하고 한국의 춤이 되어버렸다는 것도 이제 알고 있다. 나는 미국에 1967년도에 이민을 왔다. 이번 강남 스타일을 통해서 1967년 이전의 한국문화하고 지금의 한국문화가 많이 달라졌다는 사실을 알게 되었다.

미국도 초기에는 다 유럽 사람들, 특히 영국인들이 가지고 온 문화였다. 언어, 의복, 음식, 건물, 거리, 타고 다니는 말도 다 영국의 것이었다. 춤과 댄스도 유럽이나 아프리카에서 왔다. 외국에서 들어온 모든 것들이 나중에 다 미국 문화가 된 것이었다. 미국에서 힙합이나 클럽뮤직과 같은 이박자의 노래가 생겨났고, 그리고 이게 한국에 들어왔다.

1990년 초부터 K-pop 노래댄스가 한국에서 생겨난 것으로 나는 알고 있다. K-pop 노래하고 댄스가 근래에 미국이나 유럽에 알려지기 시작했다. K-Pop 댄스는, 구성원들이 모두가 함께 일률적으로 몸동작을 똑같이 움직이면서 댄스를 하는데 비해서, 강남스타일의 말춤은 구성원의 개개인이 각자 몸을 보다 더 자유자재로 움직일 수 있다는 점이 특이하다면 특이하다. 7월 (2012) 중순부터 강남스타일이 갑작스럽게 전 세계적으로 퍼지기 시작했다.

내가 미국에 오기 전, 한국에 있었을 때, 한국에서, 미국말로 부르는 미국노래를 즐겨들었었다. 미국 말도 알아듣지 못하면서도 그래도 곡이 좋아서 미국 노래를 즐겼었다. 헌데 지금 미국에서 거꾸로, 한국말로 부르는 한국노래가 미국 텔레비전에서 들을 수 있다는 것! 미국 NBC 아침 쇼 (2012년 9월)에서, 뉴욕의 한복판인 록크펠러 (Rockefeller) 센터 광장에서, 싸이가 한국말로 강남스타일을 부르고 그리고 미국 관중들은, 싸이를 따라서, 열광적으로 말춤을 추는 것을 볼 때 감개무량하지 않을 수가 없었다. 어떤 텔레비전 앵커맨은, 강남스타일의 가사를 전연 알아들을 수는 없지만, 그래도 춤은 멋있다고 하면서, 스스로 말춤을 추는 것을 보고서 나는 흐뭇해했다.

미국음식에 대해서 이야기를 해보고 싶다. 영국이나 독일 불란서, 그리스, 이태리에서 온 유럽 사람들은 각각 자기네 음식을 미국에 와서도 계속 먹고 있는 것이다. 우리 아시아 사람들도 미국에 와서 그냥 자기네 아시아 음식을 먹고 있다. 미국에는 미국의 고유한 음식이 없다. 하지만, 미국 밖으로 나가보면 맥도날드, 버거킹, 등 미국음식이 전 세계를 점령해서 판치고 있다. 세계 어느 나라치고 특히 맥도날드 음식이 없는 곳이 없다. 게다가 맥도날드 음식점에 가서 보면, 어느 나라든, 언제나 수많은 사람들이 와서 먹고 있는 것을 볼 수가 있다. 맥도날드 음식은 고급음식은 결코 아니다. 그렇다고 해서 저급음식도 아니다. 대량으로 생산해서 대중들이 즐겨먹고 있는, 대중들이 좋아하고 있는 음식인 것이다. 맥도날드에서 만들어낸 음식은 주로 햄버거인 것이다. 샌드위치의 일종인 것이다. 샌드위치는 영국음식이었다. 영국의 샌드위치가 미국에 들어와서 햄버거가 생겨난 것이다. 맥도날드에서는, 두 빵 조각 사이에 뜨뜻한 소고기, 여기에다 상추, 토마토, 오이지 등을 얹어놓고, 이게 바로 맥도날드 음식이라고 팔고 있다. 여기에다 사람들은 케첩(Ketchup)같은 양념을 쳐서 먹는다. 미국 내에서는 맥도날드 음식은 유럽 음식의 일종으로서 취급받고 있지만, 이게 미국 밖으로 나가면 미국을 상징한 미국 특유한 음식으로서 대접을 받고 있는 것이다.

음식이란 너무 맛이 좋으면 몇 번 먹고 나면 쉽게 질려서 그만 중단해버리고 만다. 만약 음식이 맛이 없으면 사람들이 한두 번 먹어보고는 더 이상 먹지 않는다. 맥도날드 음식은 쉽게 질려버릴 정도로 아주 맛이 있는 것도 아니고, 그렇다고 해서 먹기 싫어할 정도로 맛이 없는 것도 아니다, 먹으면 먹을수록 더 먹고 싶어 하는 게 바로 맥도날드 음식인 것이다. 문제점은 맥도날드 음식은 값도 싸고 그리고 맛이 좋아서 너무 많이 먹다가 살이 찌는 바람에, 사람들이 맥도날드 음식은 건강에 좋지 않다는 등 맥도날드 음식을 비난하고 있지만, 적당히 가끔 먹으면 입맛에도 좋고, 그리고 건강에도 좋은 것이다.

박재상(34세) 씨는 보스턴(Boston)에 있는 버클리(Berklee) 음대에서 음악을 공부했었다. 예명을 싸이(Psy)라고 지었다. 싸이는, 유명한 영화, 히치콕 (Alfred Hitchcock)의 작품, 싸이코(Psycho)에서 따온 이름이라고 했다. 싸이코는 정신질환자로서, 영화에서는, 목욕을 하고 있는 젊고 어여쁜 여인을 싸이코가 살인했다. 왜 이런 싸이코에서 '싸이'라는 자기의 이름을 따냈었을까? 보통 사람 같으면 결코 '싸이코'에서 '싸이'라는 이름을 따내지는 않을 것이다. 싸이는 웃기는 괴짜일까? '싸이코'에서 싸이라는 이름을 따낸 이유가 도대체 무얼까 하고 궁금해 하지 않을 수가 없다.

'싸이코' 영화 내용: 사람이 자주 드나들지 않는 아주 한적한 곳에 모텔이 있다. 이 모텔주인, 노먼 (Norman)은, 자기 아버지가 죽고 난 후, 엄마하고 단 둘이서만 조용하게 살았었다. 헌데 엄마가 다른 남자를 만나 사랑하게 되었다. 노먼은 질투심에 불타 엄마하고 엄마의 애인을 죽인다. 엄마의 시체를 미라로 만들어서 안방 안락의자에 앉혀놓는다. 그리고 노만은 이중인격 (Dual personality disorder) 장애자가 되어버리고 만다. 모텔 일을 볼 때는 노먼이지만, 어떤 때는 노먼은 엄마가 되어 노먼을 나무라기도 한다.

메리언은 회사에서 거액의 돈을 훔쳐서 달아나고 있는 중이다.

비가 오고 의시시한 밤, 메리언은 모텔에 숙박한다. 모텔이 외떨어져 있기에 다른 손님은 없다. 모텔 주인 노먼은 메리언을 저녁식사에 초청한다. 엄마 인격체는 질투를 느낀다. 노먼은, 메리언이 목욕하기 위해서 옷을 벗고 있는 것을 문틈으로 본다. 메리언은 발가벗은 채 욕실로 들어가서 목욕을 한다. 이때 엄마 인격체가 메리언을 칼로 찔러 살인한다. 살인이 끝난 후, 노먼은 다시 본인으로 되돌아온다. 노먼은 엄마가 메리언을 죽인 것을 알아채고서, 메리언의 시체를 보에 싸서 자동차 안에 집어넣고 그리고 늪에 집어넣는다. 결국은 노먼은 살인자로서 체포되고 말았지만 말이다.

싸이코는 분명히 정신질환자이지만, 박재상 씨는 정신질환자는 아닌 것이다. 여기서 '싸이'는 정신이란 의미를 갖고 있는 접두어인 것이다. 그러니까 '싸이'는 살인도 할 수 있는 정신질환자가 될 수 있는 정신력이란 의미도 갖고 있지만, 또한 무언가 새로운 것을 창조해 낼 수 있는 정신력이란 의미도 포함하고 있는 것이다. 문화살인정신? 문화 창조정신? 한국에 들어온 미국문화를 살인하고 그리고 새로운 한국문화를 창조해내는 그 어떤 정신력? 싸이는 도대체 어떤 정신력을 심층에 갖고 있을까 하고 궁금해해본다.

싸이는 한국에서 태어났고 그리고 한국에서 자랐다. 미국 버클리 음대에서 또한 음악을 전공했었다. 싸이는 한국에서 2001년부터 가수로서 활동해왔다. 싸이는 이미 이중의 문화인격체를 갖고 있다. 한국인으로서의 한국문화인격 그리고 미국인으로서의 미국문화인격을 갖고 있는 것이다. 이중문화인격자인 것이다. 한국에는 싸이처럼 이중문화인격체를 갖고 있는 사람들이 많을 것이라고 나는 생각하고 있다.

미국의 음악(클럽 뮤직)하고 댄스가 한국에 오래 전에 들어왔었다. 한국사람들이 미국음악을 즐겨 부르고 댄스하고 있다. 한국에 들어온 미국문화가 변질 변형되어 한국문화가 형성되어지고 있는 것이다. 영국의 샌드위치가 미국에 들어온 후, 미국의 맥도날드 음식이 만들어진 식으로 말이다. 미국의 노래하고 댄스가 한국에 들어와서 K-pop이 되었고, 그리고 이번에 '싸이'에 의해서 미국 음악 댄스가 '고유한 한국의 강남 스타일' 음악 댄스가 되어버린 것이다. 강남 스타일은 짧은 시간에 미국에 널리 퍼지고 있다. 강남 스타일이 미국에 널리 퍼진 이유는, 싸이의 이름을 싸이코에서 따온 그 마음 밑바닥의 괴짜 같은 '싸이' 정신도 한 몫 했으리라고 나는 믿고 있는 것이다.

맥도날드 음식이 유럽음식처럼 보이지만 실은 미국을 상징하는 미국의 특유의 음식인 것처럼, '강남스타일'도 언듯 보기에는 미국의 음악댄스처럼 보이지만 실은 한국을 상징하는 음악댄스인 것이다. 맥도날드 음식이 미국의 음식으로서 세계에 널리 퍼져 있는 식으로, 싸이의 노래도 한국의 음악으로서 세계에 널리 보급되어가고 있는 중이다. 맥도날드 음식이 고급음식은 아니지만, 대중이 좋아하는 대중음식인 것처럼 강남 스타일 음악과 댄스도 대중이 좋아하는 대중음악 댄스인 것이다. 미국에는 세계적으로 유명한 가수들이 많기도 많다. 우리 한국에도, 싸이처럼, 세계적으로 유명한 가수들이 앞으로는 많이 나타나달라고 기도한다.

“오빤 강남 스타일, 점잖게 보이지만 놀 때는 노는 여자…, 뛰는 놈, 그 위에 나는 놈…, 섹시 레이디, 오빤 강남 스타일,… 낮에는 따사로운 인간적인 여자, 심장이 뜨거워지는 여자, 커피 한잔에 여유 있는 풍경 있는 여자, 밤이 오면 심장이 뜨거워지는 여자…, 점잖게 보이지만, 놀 때는 노는 여자…, 오빤 강만 스타일…, 오옵, 오옵 오빤 강남스타일…”

미국에 살면서 미국 텔레비전에서 한국말 노래를 들을 수 있고 한국 춤을 볼 수 있다는 것! 이런 일이 생기리라고, 전에는 상상도 해보지 못했다. 싸이는, 싸이가 말한 대로, “우리 한국인의 위상을 높여놓았고” 그리고 우리 한국인의 기를 살려놓았다. 감격스러울 뿐이다.

둘러주는 삶의 지혜

고등학교 시절 이야기다. 4월1일 친한 친구한테 전화가 왔다. 교회에서 성경책을 무료로 나누어주고 있으니까 빨리 와서 한 권 가져가라고 했다. 성경책을 무료로 준다고? 좋아서 얼른 옷을 입고 밖으로 나가 달려가다시피 해서 교회에 갔다. 교회 문 앞에서 친구가 기다리고 있다가 하는 말이, "야!, 성내야 기분나빠하지 마, 오늘 만우절이고 해서 내가 거짓말을 했는데, 화내지 마."라고 말을 하면서 미안해했다. 그러면서 친구는, "너도 오늘이 만우절인줄 알고 있지 않니. 알면서 둘러주는 (속아 넘어가는) 것은 바보가 아니단다. 그러니까 괜히 기분나빠하지 마."하고 위로까지 해주었다. 모르고 둘렀지만, 친구말대로 알면서 둘러주는 것처럼 마음먹으니까 속이 편해졌다.

그 당시 친구가, "알면서 둘려주는 것은 바보가 아니라"는 말이 내 귀에 꽉 쳐 박히고 말았다. 그 후부터 나는 둘린다는 것을 뻔히 알면서도 가끔 둘려주는 적이 더러 있었다.

미국에 이민 온 후, 교포신문에 가끔 글을 써서 발표하곤 했었다. 그래서 교포신문사에서 근무하고 있는 기자들을 개인적으로 잘 알고 있었을 때다. 어느 날 하루는 모 신문사에서 근무하고 있는 기자 친구가, 한국에서 의료계통의 잡지사에서 근무하고 있는 기자 한분이 왔는데 나를 소개해주고 싶으니까 어느 음식점으로 빨리 나오라고 했다. 내 집에서 맨해튼까지 가는데 대략 한 시간 정도 걸린다. 얼른 나갔다. 그리고 세 명이 나를 기다리면서 이미 저녁을 먹고 있었다. 눈치를 보니까 한국에서 온 기자를 대접해줄 돈이 없어서 나를 불러낸 것 같았다. 이왕 대접해줄 바에야 잘 대접해주겠다고 맘먹고 잘 대접해주었다. 그리고 저녁식사비를 내가 지불했다.

이삼일이 지난 후, 한국에서 온 기자한테 급한 전화가 왔다. 그때가 아마 1975년 경이었다. 그 당시 뉴욕 시, 타임스 스퀘어(Times Square)에 있는 8번가는 창녀들이 우글우글 사는 창녀촌이었었다. 미국은 가끔 가다가 웃기는 나라다. 미국사람들은 피울 바람은 다 피우면서도 창녀는 불법화했다. 지금의 타임스 스퀘어는 깨끗해졌지만, 타임스 스퀘어에 있었던 창녀들은 다른 곳으로 옮겨가서 그대로 창녀로서 활동하고 있는 것이다. 이처럼 창녀가 엄연히 존재하고 있고, 그리고 창녀를 없앨 수가 없다면, 아예 창녀를 합법화시켜야하지 않겠는가. 창녀들을 합법화시킨 후 창녀들로 하여금 일주일에 한 번씩 위생검사를 받도록 하고, 그리고 시에서도 창녀에게 세금을 매겨서 돈을 걷어 들이면 좋지 않겠는가. 그런데 아직도 창녀를 합법화시키지도 않으면서 또한 창녀들을 없애지도 못하고 있다.

한국에서 온 기자가, 뉴욕 시내를 구경하면서, 타임스 스퀘어 8번가가 창녀촌이라는 것도 모르고, 고층건물 사진을 찍기 위해서 고개를 들고 하늘을 쳐다보면서 서서히 걸어가고 있으니까, 창녀로서는 아주 좋은 먹잇감이었다. 창녀는 기자의 몸뚱이를 꽉 붙잡고 쉬었다 가라고 말을 하면서 기자를 강제로 건물 안으로 끌고 들어갔다. 아무리 어여쁜 여자라고 하더라도 대낮에 자기 몸뚱이를 갑작스럽게 붙잡고 안으로 끌고 들어가려고 하니까, 기자는 겁이 날 수밖에 없었다. 엉겁결에 건물 안으로 끌려들어갔지만, '노' '노' 하고 소리 지르면서 동시에 있는 힘을 다해 밖으로 도망쳐 나올 수가 있었다. 빠져 나온 후, 호주머니에 손을 넣어보니까, 비행기 표가 없어지고 말았다. 기자는 다시 그 집으로 찾아갔다. 그리고 여자한테 비행기 표를 되돌려달라고 사정했다. 하지만, 여자는, 난 비행기 표를 훔친 적이 없다고 잘라 말을 하고는 이층으로 올라가버렸다. 그 대신 다른 여자들이 나와서, 여기까지 들어왔으니까 쉬었다 가라고 하면서 다시 기자를 보듬어 안으려고 하니까, 할 수 없이 기자는 밖으로 도망쳐 나오고 말았다. 그리고 나를 불러냈다. 같이 창녀집에 가보았다. 물론 창녀들은 어디론가 다 사라지고 없었다. 밖으로 나왔다. 돈이 없다면서, 한국에 갈 비행기 표를 한 장 사달라고 나한테 사정을 했다. 저녁을 대접해주고 그리고 비행기 표를 사서 호텔로 보냈다.

나중에 안 일이지만, 기자는 한국에 나가 의료잡지에 나의 가족 사진과 함께 나에 대한 기사를 실어주었다.

1980년경에 서울에 간 적이 있었다. 호텔에서 머물고 있었는데, 친구로부터 전화가 왔다. 모교 총장이 내가 머물고 있는 호텔에 와 있는데 식당에서 같이 저녁이나 먹자고 나를 초대했다. 나를 초대한 친구는 서울에 있는 모 대학교수였고, 그리고 뉴욕에 연수차 와 있었을 때 뉴욕에서 자주 만났던 친구였다. 이 친구는 나중에 두 번이나 국회의원에 당선되었다. 총장은 광주민주화 운동 때 체포되어 이 개월간 징역살이를 했었다. 총장이 영창에서 나온 후 서울에 올라온 것이었다. 식당으로 얼른 내려가 보니까, 전직 총장하고 그리고 내가 모르는 어떤 남자 둘이가 식탁에 앉아있었다. 나를 초대한 친구는 나타나지 않았다. 친구가 나타나지 않는 것을 보고 또 내가 봉 노릇을 해야만 하는구나 하는 것을 알아챘다. 어디를 가나 호텔 음식과 술은 비싸기 마련이다. 비싼 술과 저녁을 내가 즐거이 대접해주었다. 총장선생에게 어떻게 영창에서 고역을 이겨내시었냐고 물어보았다. <화엄경>을 읽으면서 마음을 달래었다고 했다. 나를 초대해놓고 나타나지 않는 친구가 나중에 국회의원이 되었을 때 우연히 비행기 안에서 만난 적이 있었다. 그냥 웃으면서 악수만 하고 헤어지고 말았다.

내가 젊었을 때 어느 정도 정치에 흥미를 갖고 있었지만 한국에 나가 정치를 할 만큼 정치에 열정을 가지고 있지는 않았다. 내가 뉴욕 한인회에서 사무총장으로 그리고 이사로서 활동하고 있었을 때 서울에서 온 장관이며 국회의원들을 가끔 모신 적이 있었다.

친구한테서 전화가 왔다. 그 때가 아마 1985년도 쯤 되는 것 같다. 한국에서 모 국회의원이 왔는데, 나를 소개해주고 싶으니까,

뉴욕 시내로 나오라고 했다. 그 당시만 해도 국회의원하고 이야기하는 것을 영광으로 여기고 있었을 때였다. 얼른 나갔다. 나가서 보니까, 이번에도 내가 봉 노릇을 하게 되었구나 하는 것을 즉시 짐작할 수가 있었다. 이왕 봉이 될 바에야 즐거운 마음으로 봉 노릇을 해야겠구나 하고 술이며 저녁을 즐거이 대접했다. 국회의원은 나한테 고맙다고 인사를 했고, 그리고 나도 저녁시간을 같이 갖게 되어서 고맙다고 말을 해주었다. 그리고 헤어졌다.

삼사일이 지났다. 국회의원으로부터 직접 전화가 왔다. 일전에 고마웠기에, 나한테 선물을 하나 준비해놓았으니까 와서 찾아가라고 했다. 한 시간 가량 운전을 하고서 뉴욕 시내로 나갔다. 식당에서 점심을 깎듯이 대접해주었다. 국회의원은 선물이라면서 자기가 쓴 책 한권을 나한테 주었다. 기대에 어긋났지만, 그래도 잘 읽어보겠다고 말을 해주고 책을 기꺼이 받았다. 국회의원이 차가 없으니까 나더러 백화점에 데려다 달랬다. 한국에서 온 사람들이 좋아하는 백화점에 데려다 주었다. 국회의원은 이 물건 저 물건 10개 내지 15개 정도 골라잡았다. 그러고 나서 계산기 앞에서 돈 낼 생각은 하지 않고 나만 쳐다보고 있었다. 그래서 내가 지불해주었다. 그 후, 그 국회의원은 재선되지 않았다.

이삼년이 지난 후, 여러 친구들한테 국회의원한테 봉 잡힌 이야기를 해주었더니, 어떤 친구가 자기도 국회의원한테 그런 봉을 당한 적이 있었다고 말했다. 국회의원이나 시장 도지사들은 미국에 오면, 한국에 되돌아갈 때 자기를 밀어주고 뽑아준 지역구 대표들을 위해서 꼭 선물을 장만해서 가지고 간다는 것을 나는 잘 알고 있다. 돈 없는 국회의원들이야 돈이 없으니까, 나 같은 봉을 찾아서 봉을 잡아야만 자기 지역구 대표자들에게 줄 선물이라도 장만할 수가 있게 되는 것이다. 모든 국회의원이 다 이런 것은 아니겠지만, 그래도 돈 없이, 국회의원이 되려면 염치없는 사람이 되어야만 하겠구나 하는 것을 알게 됐다.

뉴욕에서 살다보면 한국에서 일가친척이며 많은 친구들이 찾아오기 마련이다. 바쁘더라도 집으로 초청해서 저녁을 대접해주고 그리고 어떤 때는 뉴욕 시내까지 구경시켜주기도 한다. 뉴욕생활이 결코 한가하지는 않다.

사람이 살다보면 별별일 다 생기지만, 그래도 내 친구말대로 알면서 둘려주는 것은 바보가 아니라는 말에 스스로 위로를 삼으면서 지금도 가끔 둘려주면서 살아가고 있다.

학력 없이 유명한 사람들

미국에서 가장 유명한(Famous) 사람 네 명이 누구냐고 나에게 묻는다면, 나는 서슴없이, 조지 워싱턴, 아브라함 링컨, 토머스 에디슨, 그리고 벤저민 프랭클린이라고 대답할 것이다. 여러분들도 잘 아시다 시피, 워싱턴은 미국 초대대통령이었다. 삼선 사선 대통령이 될 수도 있었지만, 워싱턴은 대통령 임기 두 번만 하고서 그리고 스스로 물러났다. 그 후 미국의 대통령은 두 번 임기만 할 수 있도록 선례를 만들어놓았다. 독립전쟁이 끝난 후, 일부 부하들이 쿠데타를 일으키자고 했었는데 워싱턴은 거절했다. 만약 쿠데타를 일으켰더라면 워싱턴이 미국 초대 왕이 되었을 것이다. 만약 워싱턴이 왕이 되었더라면 오늘날과 같은 거대한 미연방국은 존재하지 않게 되었을 것이다.

링컨은 미국의 16대 대통령으로서 남북전쟁에서 승리를 이끌었다. 둘로 나누어진 미국을 하나의 미국으로 통일했었고, 그리고 노예를 해방시킨 분으로써 너무나도 잘 알려진 분이다. 링컨이 말한 대로, 미국은 국민을 위한, 국민에 의해 운영되고 있는, 국민의 나라인 것이다.

미국인으로써만 아니라 세계인으로서 가장 유명하고 중요한 사람은 내 생각으로는, 토머스 에디슨이다. 에디슨은 전깃불을 발명해서 우리에게 밤을 환하게 해준 분이다. 에디슨이 처음으로 영화를 만들어냈고, 그리고 축음기를 만들어내서 우리의 문화를 향상시킴과 동시에 시민들로 하여금 한층 더 재미있게 삶을 살아갈 수 있도록 도와준 분이었다. 이분은 1931년도에 죽었다. 왜 이런 훌륭한 분에게 노벨 과학상을 증정해주지 않았는지 나로서는 이해가 안 간다.

미국에서 소학교 5학년 이상 된 아이들이나 어른치고 벤저민 프랭클린을 모르는 사람은 없다. 과학자로서, 프랭클린은 연을 날려서 번개가 전기라는 것을 알아냈고, 피뢰침을 만들어내서 사람의 생명을 번개로부터 구해낸 분이었다. 바이포칼 (Bifocal) 안경도 만들어냈다. 언론인으로서, “필라델피아 거세트” (Gazette) 신문을 발행해서 미국을 하나의 통일된 연방국으로 탄생시키는 데 있어서 그리고 미국을 민주화시키는데 있어서 크게 공헌을 했었던 사람이다. 벤저민 프랭클린은 미국 독립선언서를 작성하는데 참여했었고 그리고 미국의 독립에 앞장섰었다. 정치인으로서 불란서 대사도 지냈다.

이처럼 유명한 사람들에 대해 내가 흥미를 갖는 이유는 아주 간단하다 이분들은 소학교 이-삼 년, 다시 말하지만, 2-3년 정도의 교육밖에 받지 않았다는 사실이다. 무식해야 할 사람들인데 가장 유식한 미국인이 되었던 것이다. 교육을 받지 않아도 성공할 수 있구나 하는 것을 우리들에게 보여준 좋은 표본이 되었던 것이다.

위에서 말한 4명은 그래도 소학교에서 이-삼년 정도의 교육이라도 받았다. 학교 문 앞에도 가보지 못했고, 학교에서 교육을 전연 받지 않고도 미국의 대통령이 된 사람이 있다. 그분이 바로 앤드류 존슨 (제17대)이다. 혼자서 책 읽는 법을 배웠다. 결혼 한 후, 수학이며 문학을 아내한테서 배웠다. 앤드류 존슨은 상원의원(테네시주)이었고, 그리고 부통령이 되었는데, 링컨이 암살당한 후 대통령이 되었다. 대통령을 하는 도중, 미국국회에서 거의 탄핵을 당해 쫓겨날 뻔했었다. 쫓겨나지는 않았었지만, 대통령 임기가 끝난 후, 당에서 공천을 받지 못해 재출마를 하지 못했다. 대통령의 임기를 마친 후, 미국에서 전직대통령으로서 유일하게 다시 상원의원이 되어 활동하다가 죽었다. 앤드류 존슨은 대통령으로서는 성공을 하지 못했지만, 그래도 학교문턱에 가보지도 못한 사람으로서 미국의 대통령이 되었다는 사실만은 우리는 알아주어야 한다.

세계에서 두 번째로 부자인 철강 왕, 앤드루 카네기(1835-1919)도 정식으로 교육을 받지 못했었다. 카네기는 스코틀랜드에서 태어났었지만, 하도 가난해서 어렸을 때부터 일을 했었다. 먹고살기 위해 어렸을 때, 가족 따라 미국 피츠버그로 이민 왔었다. 미국에 온 후 도서관에서 책을 빌려 스스로 열심히 공부를 했었다. 나중에는 자선사업가로서, 거액의 돈을 사회에 기증했다. 특히 잘 알려진 사실은, 카네기는 미국 전국 각 고을에 도서관을 하나씩 지어서 기증했었다.

앤드루 카네기가 두 번째 부자인데, 그렇다면 첫 번째 부자는 누구일까? 마이크로 소프트 회사 사장 빌 게이츠라고? 빌 게이츠는 존 록펠러(1839-1937)에 비하면 저리 가란다. 세계 제일 부자는 바로 석유왕 존 록펠러다. 록펠러는 고등학교를 16세 때 중퇴했다. 교육을 별로 받지 않았다. 그래도 석유 사업에 성공해서 제일 부자가 되었던 것이다.

뉴욕 타임스 베스트셀러 작가 토마스 스탠리(<Stop Acting Rich> 책)는, 학벌은 경제적인 성공에 크게 관련되어 있지 않다고 말했다.

아일랜드의 유명한 극작가 버나드 쇼도 학교에 대한 흥미가 없어서 15세 때 학교를 그만 두었다. 하지만, 런던에서 살면서, 도서관에 가서 매일 열심히 공부해서 소설도 쓰고 희곡도 썼다. 버나드 쇼 혼자만이 유일하게 노벨 문학상하고 오스카 상, 두 개의 상을 받았다. 영화 "피그메이리언" (Pygmalion, 뉴욕 브로드웨이서 "My Fair Lady" 연극)이라는 희곡으로 오스카상을 탔었다. "죽는다는 것이 남들을 웃기는 것보다 쉽다"고 말을 한 후 94세에 죽었다.

머리가 영리한 사람들은 학력이 없어도 성공할 수 있는 것이다. 대통령도 될 수 있고, 백만장자도 될 수 있고, 노벨상도 탈 수 있고, 그리고 과학자도 될 수가 있는 것이다. 이처럼 크게 성공하려면 또한 그만한 운(運)도 있어야 할 것 같은데, 토마스 스탠리는, 성공하는 데 있어서 운은 크게 관여하지 않는다고 말했다.

그렇다면 대학교육이 필요 없단 말인가? 아니다. 필요 있다. 일류대학을 졸업한 사람들이 성공할 비율이 훨씬 높다. 왜 높으냐고? 일류대학에 들어간 사람들은 원래부터 머리가 영리하고 게다가 공부도 열심히 한 사람들이기 때문이다. 이런 사람들은 사회에 나와서도 또한 계속 열심히 일하고 공부를 하기 때문에 성공하는 율이 높을 수밖에 없다. 하지만, 고등학교 때 게으름 피우다가 혹은 가난 때문에, 일류대학에 가지 못한 사람들이라도, 사회에 나와서 열심히 공부하고 부지런히 일하면 성공할 수가 있는 것이다. 아무리 일류대학을 졸업했다고 해도 사회에 나와서 게으름을 피운다면, 게으름을 피우는 그 순간부터 그 사람의 성공은 끝장이 나고 마는 것이다.

학력이 있건 혹은 없건 간에, 성공한 사람들을 볼 것 같으면 첫째 머리가 영리한 사람들이다. 머리가 영리하다고 해도 성공하겠다는 비전이 없으면 그 영리한 머리가 쓸데가 없어지고 만다. 둘째는 비전을 갖고 있어야 한다. 아무리 좋은 비전을 갖고 있다고 한들 열심히 노력하지 않으면 안 된다. 셋째는 열심히 일하고 노력하는 것이다. 넷째는 실력이 있어야 한다. 실력을 갖추기 위해서는 또한 열심히 공부를 하여만 하는 것이다. 안이한 성공이란 없는 것이다. 고등학교 교육밖에 받지 않았었던 하리 트루먼 (Harry Truman, 미국의 33대)이나 김대중, 노무현 씨가 대통령이 된 이유는, 그만한 머리가 있었고, 비전이 있었고, 열심히 공부하고 노력했었기에 대통령이 된 것이었다.

이명박 씨가 성공하게 된 것은 고려대를 졸업했었기에 성공한 것은 아니었다. 일류대학을 졸업했다고 해서 다들 성공하는 것은 아닌 것이다. 이명박 씨는 사회에 나와서 계속 열심히 공부했었고 그리고 노력했었기에 대통령이 된 것이었다. 성공 여부는 물론 학교하고 어느 정도 관련이 있겠지만, 그래도 큰 관련 없이, 학교 졸업 후 사회에 나와서, 얼마나 열심히 그리고 얼마나 성실하고 근면하게 계속 노력을 했느냐에 의해 결정되는 것이다.

왜 성경에 손을 얹어놓고 선서해야 하나?

<성경>에, 하나님은 "나는 질투를 느끼는 신이다. 나 이외 다른 신을 믿는 사람들을 앞장서서 다 죽이라" (신명기 5장 및 13장)고 써져 있다.

옛날 유럽의 중세기 때는 다른 신을 믿는 사람들을 많이도 죽인 적이 있었다. 기독교뿐만 아니라 똑같은 하나님(예수의 아버지)을 믿고 있는 유대교나 이슬람도 배타적이다. 같은 하나님을 믿고 있는 종교 간에도 서로 배타적이다. 하나님은 자기를 믿고 있지 않는 사람들을 전연 포용할 줄 모르는, 배타적인 신인 것이다.

지난 2013년 1월21일은 마틴 루터 킹 (Martin Luther King)의 공휴일이었기에 집에서 푹 쉬면서, 텔레비전을 통해서 오바마 (Barack Obama) 대통령 취임식을 구경했었다. 오바마 대통령은 한 권의 성경으로는 만족치 않고 두 권의 성경, 한권은 링컨 대통령이 선서했었던 성경, 그리고 다른 한권은 마틴 루터 킹이 애용했었던 성경, 두 권의 성경위에 왼손을 얹어놓고 그리고 오른 손을 든 채, "나는 합중국 대통령의 직무를 성실히 수행하고, 나의 모든 능력을 다하여 합중국 헌법을 지키고 보호하며 수호할 것을 엄숙히 선서합니다."라고 선서한 후 "하나님이시여, 저를 도와주소서." 하고 끝을 맺었다. 부통령도 "하나님이시어, 저를 도와주소서."하고 마찬가지로 선서를 했었다.

"나 이외 다른 신을 믿는 사람들을 앞장서서 죽이라."라는 하나님의 말씀이 적힌 이런 성경위에 손을 얹어놓고 대통령이 나라를 통치하겠다고 선서를 하는 것을 보고서 나는 놀라지 않을 수가 없었다.

마치 신정(神政) 국가의 대통령 부통령이 선서하는 것 같은 느낌을 받았다.

옛날 고대 그리스, 고대 로마, 고대 이집트에서는 통치자들이 신전에 찾아가서 신께 도와달라고 빌곤 했었다. 그때만 해도 신께 비는 것은 당연했었다. 하지만 지금은 다르다.

지금도, 이슬람을 신봉하고 있는 아랍국가에서는 아직도 신정(神政) 국가인 것이다. 아랍국가에서는 정치하고 종교가 분리되어 있지 않고 있다. 신의 의지에 따라 국가가 통치되어지고 있는 나라인 것이다. 그래서 아랍국가에서 대통령이 취임식 때 "알라여, 저를 도와주소서." 하고 선서하는 것은 마땅하다고 볼 수가 있는 것이다.

하지만 미국 대통령이 취임식 때 "하나님이시어 저를 도와주소서.” 하고 선서한다는 것은 뭔가 잘못된 것 같다. 미국은 신정국가가 아니다. 미국은 정교분리 (政教分離) 국가인 것이다. 종교하고 정치는 엄연히 분리되어 있는 국가인 것이다. 미국에는 종교의 자유가 있는 나라이다. 세계의 모든 종교가 미국에 들어와서 신봉하고 있는 것이다. 미국에는 개신교가 주를 이루고 있지만, 개신교 이외 많은 다른 종교들이 들어와 있는 것이다. 가톨릭, 동방정교회, 유대교, 이슬람, 불교, 힌두교, 자이나(Jaina)교, 시크(Sikh)교, 자라투스트라(Zarathustra)교, 신토 (Shinto), 심지어 부두(Voodoo)교, 샤머니즘까지 들어와 있다. 이처럼 수많은 서로 다른 종교가 있으면서도 서로 종교싸움 없이 잘 지내고 있는 나라가 바로 미국인 것이다.

헌법에 준해서 나라를 통치하고 있는 미국 대통령이, 헌법이 아니고, 왜 성경에 왼손을 올려놓고 선서를 해야 하는가 하고 몇 명의 미국친구에 물어보았다. 답변은 아주 간단했다. 전통이라는 것이다. 초대대통령이었던 조지 워싱턴이 왼손을 성경위에 올려놓고 그리고 오른손을 들고 선서를 했었기에 그 후 대통령들이 다 그렇게 해오고 있다는 것이다. 워싱턴 대통령이 선서 끝에 “신이시여, 저를 도와주소서.” 라고 선서했었기에, 그게 전통이 되어서 그 후 모든 대통령들이 선서할 때 꼭 “신이시여, 저를 도와주소서.” 하고 선서한다는 것이다.

조지 워싱턴 때만 해도 미국은 개신교를 중심으로 한 기독교 국가였었던 것이다. 워싱턴이 “신이시오 저를 도와주소서.” 하고 기도할 때만 해도 과학과 경제가 덜 발달되어 있었다. 하지만 지금은 다르다. 지금에 와서 미국은 더 이상 기독교인으로만 구성된 나라는 아닌 것이다. 과학과 경제가 발달되었기에 더 이상 신께 기도하면서 나라를 다스리는 시대는 아닌 것이다.

현대에 있어서, 위기에 처했을 때 하느님에게 도움을 청하는 대통령이 도대체 어디 있겠는가. 위기에 처했을 때 어느 대통령이 교회에 가서, 신 앞에 무릎을 꿇고 "오! 신이시여! 저를 도와주소서." 하고 기도하면서 신께 도움을 청하는 대통령이 도대체 어디에 있겠는가.

<성경>이 써진 당시에는 미국이라는 나라는 이 세상에 존재하지 않았다. <성경>에는 미국이라는 나라가 적히어 있지 않으니까 하나님이 미국대통령이 누구인줄이나 알아볼 수 있을까.

하나님은 인간을 통치할 줄을 모르고 있다. 유태인도 하나님을 믿고 있고, 가톨릭 그리고 개신교도 하나님을 믿고 따르고 있다. 더군다나 이슬람도 똑같은 하나님(알라)을 신봉하고 있는 것이다. 그런데 똑같은 하나님을 믿고 따르고 있는 종교인들 사이에, 지난 역사를 통해서 보면, 싸우면서 서로들 많이도 죽였다. 가톨릭하고 개신교도들 간의 치열한 싸움, 그리고 가톨릭하고 이슬람하고의 전쟁, 등등, 지금도 같은 하나님을 신봉하고 있는 종교인들 사이에 반목과 적대의식이 보통이 아니다.

이처럼, 인간을 화평하게 통치할 줄을 모르고 있는 하나님한테 미국대통령이 도움을 청한다면, 무슨 도움을 하나님으로부터 받을 수가 있단 말인가? 같은 신, 같은 하나님은 믿고 있는 종교인들 가운데서도 서로 싸우고 있는 판인데, 하나님이 미국대통령에게, 무신론자까지 포함해서, 여러 종류의 색다른 인간을 어떻게 잘 통치하라고 도와줄 수가 있을 수 있단 말인가?

대통령이 위기에 처했을 때 혹은 어려운 경지에 빠졌을 때는 대통령은 제일 먼저 자기 주위에 있는 참모들하고 각료들하고 상의를 할 것이다. 그리고 고문들에게 도움을 청할 것이다. 하지만 신에게 도움을 청하지는 않는다.

지난번 선거(2012/11월)에서 만약 롬니(Mitt Romney)가 이겼더라면 어떡했겠는가. 롬니는 모르몬(Mormon)교 신도인 것이다. 모르몬교는 또한 모르몬교 성경이 따로 있다. 그렇다면 롬니는 선서할 때 모르몬교 성경위에 손을 올려놓고서 선서해야만 했었을까? 혹은 모르몬교도라고 할지라고 전통에 따라 성경위에 손을 얹어놓고 선서를 해야만 했었을까?

미국 대통령의 취임선서는 행정부 역할을 규정한 헌법 2조에 근거한다. 2조8항은 대통령은 직무 수행을 시작하기에 앞서 다음과 같은 선서를 해야 한다며, "나는 합중국 대통령의 직무를 성실히 수행하고 나의 모든 능력을 다하여 합중국 헌법을 지키고 보호하며 수호할 것을 엄숙히 선서합니다."는 문구까지 지정되어 있다. 하지만 "하나님이시여, 저를 도와주소서."라는 문구는 헌법 책에 적혀있지 않다.

여기서 보면 "헌법을 지키고 보호하며 수호할 것을 엄숙히 선서한다."고 했으니까 <성경>이 아니라, 반드시 '헌법'(책) 위에 손을 얹어놓고 선서를 해야 마땅한 것이다. 아무리 전통이라고 하지만, 시대에 어긋나면 시대에 어긋난 전통은 없애버려야 하는 것이다. 성경이 아니고, 헌법위에 손을 얹어놓고 선서를 하는 것이 옳은 선서법인 것이다. "하나님이시어, 저를 도와주소서." 라고 하는 대신, "최선을 다하겠습니다." 라고 끝을 맺어야 옳지 않겠는가.

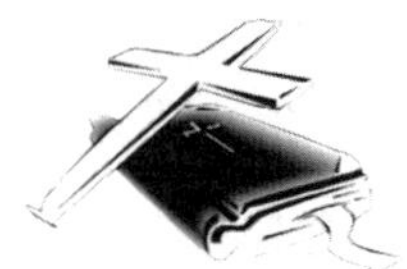

한인 교포들 배짱이 좋아졌다

얼마 전에 (2014년 1월) 퀸즈, 플러싱에 있는 맥도날드 식당에서 한인 노인들 6명이 아침 5시부터 10시간 동안 줄곧 앉아 잡담을 하면서 시간을 보냈었다. 점심시간에 많은 식객들은 몰려들어와 붐비었는데 앉아서 먹을 빈자리가 없다. 영업주인이 한국노인들더러 나가달라고 하면 한인노인들은 1달러짜리 커피한잔 시켜놓고 그리고 나가지도 않고 온종일 버티고 있었다. 결국에는, 영업주인은 경찰을 불렀고 그리고 노인들은 경찰에 의해 쫓겨나고 말았다. 여기까지는 이해가 간다.

만약 당신이 맥도널드 주인이라고 가정해보자. 당신 같으면 어떡하겠는가. 당신도, 다른 손님들을 받아서 돈을 벌어야 하고, 다른 손님을 받기 위해서는 자리가 필요한데 한인노인들이 죽치고 앉아있으면 당연히 한인노인들더러 나가달라고 점잖게 말을 해줄 것이고, 그래도 안 나가면 한바탕 소리 질러 싸울 수도 있을 것이고, 그래도 안 되면, 막판으로, 경찰을 부를 수밖에 없었을 것이다.

만약 당신이 6명 중의 한 사람이라고 가정해보자. 당신이 맥도날드 식당에서 10시간 줄곧 앉아서 남의 영업을 방해하고 싶지는 않았었을 것이다. 영업을 방해하고 있다는 사실을 알고 있으면서도 계속 맥도날드에 앉아있을 수는 없었을 것이다. 그런데 왜, 영업주인이 나가달라고 청했는데도 나가지 않는 이유가 뭘까? 왜 경찰이 올 때까지 버티고 앉아 있어야 할 이유가 뭐가 있단 말인가? 영업주인이 나가달라고 해도 나가지 않고 버티고 있는 배짱이 도대체 어디에서 나온 것일까? 한번 생각해볼만 하다.

물론 한인노인들이 만나 오순도순 얘기를 주고받으면서 시간을 보낼 공간이 따로 없기에 할 수 없이 맥도날드 식당을 택할 수밖에 없었을 것이다. 하지만, 남의 영업을 방해한다는 것은 용서받을 수 있는 행위는 아닌 것이다.

그런데 내가 놀랜 사실은, 다음 날 몇 명의 한인들이 맥도날드 식당 앞에서, "한인 노인을 범죄자 취급한 맥도날드는 즉각 사과하고 노인차별을 중단하라."하고 항의 집회를 열어 데모를 했다는 사실이다. 내가 보기에는 한인노인들이 10시간 줄곧 앉아서 맥도날드 식당의 영업을 방해한 죄과로 한인들이 잘못했다고 사과를 해야 할 판인데, 오히려 한인들이 데모를 했다고? 이런 데모는 뭔가 내가 보기에는 부당한 (Unreasonable) 데모처럼 느껴졌다. 그렇지만 한인들이 데모를 했다. 이런 데모를 할 배짱이 도대체 어디에서 생겨났을까?

내가 보기에, 맥도날드 식당이 한인노인들을 범죄자 취급하지는 않았다. 나가달라고 해도 나가지 않으니까 할 수 없이, 경찰을 부를 수밖에 없었을 것이다. 내가 알기로는, 한인노인들이 경찰을 보고서 그냥 밖으로 나온 것으로 알고 있다. 경찰이 몸싸움까지 하면서 한인노인들을 붙잡아서 강제로 밖으로 쫓아낸 것은 결코 아닌 것이었다. 경찰은 한인노인들을 범죄자 취급을 한 것 같지는 않았든 것 같다.

아주 놀란 사실은, 데모한 한인들하고 맥도널드 주인하고 협상을 맺었다는 것이다. 협상이 맺어졌다고 아침 영어뉴스에도 나왔다. 맥도날드 측이 공식사과와 함께 매니저를 교체했다. 한인 고객 편의를 위해 한인 종업원을 채용하기로 약속했다. 오전 11시부터 오후 3시까지는 가장 바쁠 때니까 이 시간대만 피해달라고 맥도날드 주인은 부탁했었다. 이외 시간에는 한 시간 머물러도 큰 문제를 삼지 않겠다고 말해, "사실상 노인들의 이용시간에 큰 제한을 두지 않겠다는 뜻을 밝혔다"고 (뉴욕)한국일보는 보도했다.

미국 웰페어 (Welfare: 복지국)에서는 가난한 사람들에게 매월 생계비로서 웰페어 돈을 주고 있다. 아마 20여 년 전 일인 것 같다. 웰페어에서 받는 돈으로 생계를 유지해가고 있는 많은 젊은 흑인 여성들이 길거리에 나와서, 달나라에 위성이나 우주인을 보내지 말고, 그 돈으로 웰페어 돈을 올려달라고 데모를 하는 것을 텔레비전 뉴스에서 보았다. 젊은 여성들이 직장에 나가 일이나 할 일이지, 건강한 몸으로 일도 하지 않고, 창피하지도 않는지, 뭐가 잘 낫다고 웰페어 돈을 올려달라고 데모를 해야 하는지, 참 염치도 없고 뻔뻔스럽게 생겼다고, 데모하는 젊은 여성들을 미워한 적이 있었다. 웰페어에서는 가난한 사람들에게 편히 살 수 있는 아파트도 주고, 음식 사서 먹으라고 푸드 스탬프 (Food stamps; 식품 구매권)도 주고, 아프면 치료받으라고 무료 의료혜택도 제공해주고 그리고 옷도 사서 입으라고 용돈까지 주는데 더 달라고 데모하는 것 자체가 뭔가 부당한 (Unreasonable) 데모처럼 여겨졌었다. 하지만 이게 미국 시스템인 것이다,

1990년 초에 일어났었던 일이다. 한국인이 경영하고 있는 브루클린 (Brooklyn)의 야채가게에서, 흑인 여자가 도둑질을 했다. 한인 주인이 그 도둑여자를 붙잡았다. 물론 여자는 도망가기 위해 몸부림쳤다. 도망가지 못하게 한국주인은 그 여인을 꽉 붙잡았다. 그리고 더 이상 가게에 오지 말라고 경고를 해주었다. 물론 그 여인은 붙잡혔으니까 억울해했었을 것이고 그리고 항의했었을 것이다.

도둑 흑인 여성에게 "흑인사회의 이미지를 위해라도, 흑인들의 나쁜 이미지를 없애고, 그 대신 좋은 흑인 이미지를 다른 민족들에게 보여주기 위해서라도, 앞으로는 더 이상 도둑질을 하지 말라고, 더 이상 도둑질을 해서는 안 된다"고 충고를 해준 흑인이 없었든 것 같다.

동네 흑인들은 오히려, "도둑질한 흑인 여성을 잡아서 왜 못살게 굴었단 말인가" 하고 적반하장 식으로 한인야채가게주인을 규탄

했다. 그리고 흑인들은 한인가게 앞에서 데모했다. 마치 흑인여성이 도둑질 좀 했는데 뭐가 그리 나쁘단 말인가 하는 식으로 말이다. 이처럼 부당하게 (Unreasonably) 데모를 하고 있는 흑인들을, 그 당시 나로서는 이해할 수가 없었다.

당신도 생각해보시라. 당신 가게에 와서 물건을 도둑해가는 여자를 붙잡고 그리고 다시는 가게에 오지 말라고 한 게 뭐가 나쁘단 말인가. 헌데 흑인들은 한인가게 앞에서 이삼 개 월간 불매운동 데모를 했었다. 그 당시 딕킨스 뉴욕시장은 흑인이었었는데, 뉴욕시장은 흑인들의 불매운동을 못 본체 해버렸다. 결국 흑인들의 불매운동은 성공을 했었고, 그 대신 한인 가게는 문을 닫고 다른 곳으로 가버릴 수밖에 없었다.

아마 이런 흑인들의 데모를 하는 것을 보고서 한인들도 데모를 배운 게 아닌가 하고 생각해본다.

오해 없기를 바란다. 흑인이라고 해서 모든 흑인이 다 나쁜 것은 아닌 것이다. 좋은 흑인들도 수두룩하게 많다. 사실, 1960년도에 흑인들이 목숨을 걸고서 민권운동을 했었기에, 그 덕분으로 오늘날 우리 한인교포들이 미국 백인들로부터 차별대우를 받지 않고, 동등하고 떳떳하게 미국사회에서 살아갈 수가 있게 된 것이다. 나는 흑인들에게 감사드리고 있는 사람 중에 한 사람인 것이다.

미국시스템은 한국하고 다르다. 한국의 정치가들은 부자가 아닌 사람들이 많다. 선거자금을 얻기 위해서 부자들에게 고개를 숙이고 굽실거린다. 그리고 계속 돈을 얻기 위해서 부자들의 눈치만 봐야 한다. 하지만 미국의 정치가들은 다르다. 얼마 전에 (2014년1월) 미국의 국회의원들 절반이상이 다들 백만장자들이었다고 신문에 보도되었다. 미국의 정치가들은 자기네들이 충분히 먹고살 수 있을 정도로 부자인 것이다. 미국의 정치가들에게는, 돈 보다는, 당선되기 위해서 주민의 투표, 한 표 한 표가 더 중요한 것이다. 표를 얻기 위해서, 미국의 정치가들은 가난한 사람, 힘이 없는 사람들의 편에 가담해서 힘없는 사람들을 도와주고 있는 것이다. 이에 반해 한국의 정치가들은 부자들의 편에 가담해서 부자들을 옹호하고 있는 게 미국하고의 다른 점인 것이다.

흑인들이 한인 야채가게 앞에서 데모했었을 때 뉴욕의 정치가들은 데모하는 흑인들을 진압하지 않았다. 오히려 흑인들을 은근히 도와주었다. 그렇게 함으로 해서 흑인 표를 얻었을 수가 있었기 때문이었다.

이제 한인교도들의 숫자도 점점 많아지고 있다. 미국의 정치가들이 한인들의 표를 의식하고 있는 것이다. 이제 한인들이 맥도날드 앞에서 데모를 하더라도 미국의 정치가들은 한인교포들의 편에서서 한인교포들의 편을 들어주게끔 돼 있는 것이다.

위의 세 가지 사실, 웰페어 사람들이 돈을 더 올려달라고 데모를 하는 배짱을 보고서, 흑인들이 한인가게 앞에서 데모하는 배짱을 보고서, 그리고 미국정치인들이 가난하고 힘없는 사람들을 도와준다는 사회 제도에서 이제는 한국인도 미국인 가게 앞에서 데모하는 배짱을 갖게 되었는지도 모른다고 생각해본다. 한국인도 이제는 점점 미국화 되어 가고 있는 것이다.

하지만, 우리의 이익과 우리의 편의를 위해 우리의 권익만을 주장하는 것도 좋겠지만 그렇다고 해서 남에게 피해를 주는 행위는 삼가야 하지 않을까 하고 생각해본다.

미국으로 이민 온 많은 한국교포들은 언어 장벽 때문에, 미국인 사이에 끼어들 수가 없는 것이다. 끼어들 수가 없는 것이 아니라 끼어들려고 하지를 않는다. 오히려 한국인들은 미국인들을 피해 다니는 경향이 있다. 이처럼 피해 다니는 한국인들만을 위한, 한국인끼리만 모일 수 있는 공간이 절실히 필요한 것이다. 이런 문제가 어떻게 언제 해결될지? 하여튼 해결되어야 할 문제인 것이다. 한인사회는 한인 노인들을 길거리에서 방황하게 만들어서는 안 되는 것이다.

억대 부자 정치인과 사회기증

뉴욕의 3선 시장인 블름벌그는 빌리어내어 (Billionaire)이다. 사회에 기증을 많이 하고 있다. 얼마 전에 신문을 보니까, 자기 모교인 존 홉킨스에, 지금까지 다해서 10억 달러를 기증했었다고 했다. 뉴욕의 전 주지사인 넬슨 록크펠러도 억대부자였었다. 뉴욕에 있는 유엔 빌딩을 지어서 유엔에 기증했었던 사람이었다. 그래서 아주 쉽게 뉴욕 주지사로 5선이나 당선되었었다. 부정이 아니고, 사업을 해서 정식으로 억대부자가 된 미국정치인들은 사회에 기증을 많이 하고 있다.

금년 초에, 한국의 미래창조과학부 장관으로 내정됐었지만, 한 달도 못 되어서 김00 씨는 사표를 냈고 그리고 미국으로 다시 돌아오고 말았다. 왜? 어떤 동포들은 한국에서 높은 자리 하나를 얻기 위해서 난리를 치고 있는 판에, 왜 그 좋은 자리인 장관자리를 싫다하고 사표를 내고 다시 미국으로 되돌아오고 말았을까?

듣는 말에 의하면, 한국에서 정치를 하려면 미국 시민권을 포기해야만 한다는데, 미국시민권을 포기하면 엄청난 경제적인 손실이 있기 때문에, 미국시민권을 포기하는 대신 한국의 장관자리를 포기했었다는 소문이 있었다. 그런가 하면, 국회 인사청문회에서 미 중앙정보국 활동에 대한 의혹 등을 심하게 질문 받을까봐 두려워서 미리 사표를 냈었다는 말도 있었다. 하지만 김00 본인은, "한국의 정치권과 관료조직의 변화, 저항 세력 및 업계가 자신의 장관임명을 반대했다"고 워싱턴 포스트 신문을 통해서 해명했었다.

김00 씨도, 신문에 보니까, 뉴저지에서 살고 있는 빌리어내어, 억대 재벌이라고 했다. 뉴저지 주에는 한인회관이 아직도 없다. 빌리어내어에게 있어서 1백만 달러는 아무 것도 아닌 것이다. 만약 김00 씨가, 뉴저지에 1백만 달러짜리 건물을 하나 사서 한인회관으로 사용하라고 기증을 했을 만도 했다. 하지만 하지 않았다. 만약 기증을 했었더라면 장관으로 내정되었을 때 동포들이 엄청나게 성원을 보냈을 것이고, 그리고 한국에 있는 야당의원들까지도 김00 씨를 장관내정자로서 크게 환영했었을 것이라고 생각이 든다.

1970년도에 김형욱이라는 사람이 있었다. 박정희 대통령 밑에서 중앙정보부장을 하면서 막강한 힘을 발휘했었던 사람이었었다. 뉴욕으로 망명 왔었다. 그 당시, 듣는 소문에 의하면, 김형욱 씨는, 돈이 얼마나 많았는지, 라스베가스에 가서 하룻밤에 1백만 달러를 잃었었다고 했다. 하룻밤 사이에 백만 달러를 풀(잃을) 수 있을 정도로 돈이 많은 김형욱 씨도 한인사회에는 전연 기부를 하지 않았었다. 그 당시 뉴욕 한인사회에 20만 불짜리 건물하나 사서 뉴욕 한인 사회에 한인회관으로 사용하라고 기증을 했었더라면! 어떤 일이 벌어질 수 있었을까? 김형욱 씨가 행방불명이 되었을 때 뉴욕 동포들이 뉴욕 길거리에 나와, "김형욱 씨를 찾아내라"고 강하게 데모를 하고도 남았었을 것이다. 김형욱 씨가 없어졌을 때, 내 기억으로는, 단 한 사람도 김형욱 씨를 찾아내라고 소리외친 사람은 없었다.

미국 내에서 거주하고 있는 동포 억대부자가 한인회관이나 문화회관 같은 것 하나 지어서 한인사회에 기증을 해준다면! 얼마나 좋을까.

한국여성 의식이 많이 달라졌다

한국에서는 남자들이 성추행을 하면, 대개의 경우, 주위사람들이 "여자가 창피스럽게 왜 그런 일을 경찰에 보고를 하니? 하지마, 너 잘못하면 시집도 못가." 하고는 신고를 하지 못하도록 말렸었다.

미국은 다르다. 이년 전, 2011년 5월에, 호텔 청소부를 성추행했었다는 신고를 받고서 뉴욕 경찰은 그 당시 IMF 회장 스트라우스-칸을 체포해서 영창에 집어놓고 조사한 적이 있었다. 만약 이번에도 윤 전 청와대 대변인이 하루만 더 미국에서 체류를 했었더라면 체포되어 조사를 받게 되었을 지도 모른다.

워싱턴에서, 윤 씨는 박대통령의 한미동맹 60주년 기념만찬에는 참석하지 않고, 그 대신, 다른 호텔로 B양을 밤 9시에 불러내 술자리를 함께 하면서 B양의 궁둥이를 움켜쥐었다고 했다. B양은 미시민권자로서 한국대사관에서 근무하는 20대의 인턴직원이었다. B양은 이 사실을 경찰에 신고했다.

윤 씨는 한국으로 돌아와서 성추행 행위를 부정했다. '미국의 문화'에 대해 잘 알지 못했다고 했다. '미국의 문화'를 잘 알지 못했다는 말은 무엇을 의미할까? 한국에서는 그런 성추행을 자주 해왔었다는 것이고, 그런 성추행을 하더라도 여자들이 경찰에 신고한 적이 없었다는 것이고, 그리고 이에 반해서, 미국에서는 성추행을 하면 여인들이 금방 경찰에 신고해버린다는 사실을 이제 알게 되었다는 의미인 것 같다.

이번 윤 씨 추행사건이 '한국에서' 일어났다고 가정해보자. 어떤 일이 일어났을까 하고 상상을 해보았다. B양의 주위사람들은, B양에게, "야, 네가 얼마나 점잖지 못한 행동을 했었기에 남자가 너한테 그런 짓을 했겠니?" 하고 B양을 나무랐을 것이다. "네가 가만히만 있었더라면 괜찮을 텐데 괜히 고발을 해가지고, 한국이 세계적으로 망신을 샀단 말이야"하고 B양을 욕질했었을 것이다. "야, 너 때문에 윤 씨가 청와대 대변인 자리를 놓치고 말았단 말이야. 그 사람 불쌍하지 않니? 네가 경찰에 고발을 한 탓이야"하고 B양을 비난했었을 것이다. 가족들은, "야, 너 때문에 어디 창피해서 고개 들고 다닐 수 있겠니?" 하고 B양을 꾸짖었을 것이다. B양 자신은 "괜히 고발했나?" 하고 후회가 막심했었을 것이다.

한국에서, 전에는 못된 짓은 남자들이 저질러놓고 그리고 책임은 여자들이 다 뒤집어썼었다.

하지만 지금은 다르다. 한국 현대 여성들은 많이 변했다! 강하게 힘차게 변해가고 있다. 한국에서도 2006년도에 어느 국회의원이 여기자를 성추행했었다고 신문에 대대적으로 보도되어 떠들썩한 적이 있었다. 그 이후부터 한국에서도, 특히 20대 여성들은 성추행을 당하면 금방 경찰에 신고를 해버린다. 하지만, 30-40대 이상 중년층 여자들은 아직도 경찰에 성추행 신고를 하지 않는 버릇이 있다고 전해 들었다. 이번 B양을 통해서 한국의 중년층 여인들도 성추행을 당하면 당국에 신고를 하는 준법정신을 갖추어주었으면 좋겠다.

워싱턴 B양이 겪은 고통에 연민을 느낌과 동시에 신고를 한 B양의 용기와 대담성에 칭찬을 보낸다. 이번 일을 계기로 해서 한국의 여성권익이 많이 신장되기를 기원해본다.

술을 마시려면 당신 돈으로

미국인들은 '내 것' '네 것'이 분명한데, 한국 사람들의 경우에 있어서는 '내 것' '네 것'의 한계가 뚜렷하지가 않다. 얼굴이 두껍고 염체 없는 사람들이 항상 이익보기 마련이고 수줍어하고 점잖은 사람들이 항상 손해 보기 마련이다.

미국직장에서는, 여럿이 점심을 먹을 때면, 의례히, 식사를 다 하고 난 후, 식사비용을 덧취 트리트 (Dutch treat), 서로 나누어 분담을 한다. 결코 한 사람이 산 적이 없다. 식사비용은 덧취 트리트 한다고 해도 술값은 또한 별도다. 술값은 식사비용에 포함되어 있지 않다. 술을 마신 사람이 술값을 따로 개인적으로 지불하는 것이다. 이게 미국식이다. 한데 교포모임에서는 식사비용을 분담할 때도, 술값도 같이 분담하게끔 해버린다. 다시 말하면 술을 마시지 않는 사람도 술값을 분담하는 것이다.

이승만 및 박정희 정권 때는 한국에 법은 분명히 있었지만 법을 지키지 않는 사람들이 많이 있었다. 이승만-박정희 시절 때 살다가 미국에 이민 온 사람들 중에 일부 교포는, 미국에 와서도 한국식으로 생활하려고 하고 있다.

대략 15년 전에 생겼었던 일이다. 어느 단체에서 초대회장이 장학기금으로 1만5천 달러를 모금해놓았다. 이삼년 후에 그 돈이 다 없어지고 말았다. 왜냐고? 새로 당선된 회장이 술을 좋아했다. 재무 총무를 매일 모이게 해서는 그 돈으로 술을 다 마셔버리고 말았다. 신기하다(?)고나 할까, 아무 누구도 회장한테 왜 그 돈을 다 써버렸느냐고 따진 사람이 없었다. 미국 같으면 경찰에 보고해서 회장이 탕진해버린 모든 돈을 다 되찾아냈겠지만 말이다.

집을 수리하기 위해서 한국 일꾼들을 부르면 한국일꾼들은 빈손으로 와서 일을 한다. 그리고 우리더러 점심을 해내라고 한다. 이와 반대로 미국일꾼들은 꼭 샌드위치하고 드링크를 가지고 와서 자기네가 가지 온 점심을 먹는다. 결코 우리더러 점심을 해내라고 하지 않는다.

교포사회에서는 아직도 점심이나 저녁을 먹을 때는, 한 사람이 부담하는 경향이 있다. 한 두 명의 친구인 경우에는 한 사람이 부담을 해도 괜찮겠지만, 10여명의 사람이 같이 밥을 먹을 때는, 한 사람이 모든 식비를 부담하는 것은 무리한 짓이다.

어떤 사람은 저녁때가 되었으니까 식당에 들어가서 점심이나 먹자고 해놓고 그리고 저녁을 다 먹고는 얼른 밖으로 나와 버린다. 뭣 모르고 늦게까지 식당에 남아있는 사람이 모든 식사비용을 부담해야만 하는 경우가 가끔 있었다.

나도 봉을 몇 번 당한 적이 있었다. 저녁때가 되어서 모두들 (10여 명 정도) 식당으로 들어갔다. 나중에 안 일이지만, 한 명이 미리서 식당 주인한테, 나를 지적하면서, “저분이 오늘 식사비용을 낼 테니까, 우리들에게 저녁 주문을 받으세요.” 하고는 저녁을 다 시켰다. 다 먹고 나서는 화장실에 좀 다녀오겠다고 하면서 나더러 기다리고 있으라고 했다. 나더러 기다리라고 한 사람은 나타나지 않고, 나 혼자 기다리고 있으니까 식당주인이 와서 나더러 모든 저녁 식사비용을 다 지불하라고 했다. 기가차지만 지불했다.

친구한테 들은 이야기다. 3명의 선배들이 “가서 술 한 잔 하자”고 하면서 룸살롱(Room salon)으로 데리고 가더란다. 술 한 병을 시키니까, 남자 한 명당 접대부 여자들이 옆에 앉아서 술을 따라주더란다. 그리고 춤도 한두 번 추고 말이다. 끝날 때가 되어 나오려고 하니까 술값이 2천3백 달라! 이때 같이 가서 술 한 잔 하자는 한 선배는, 술에 취해 의식을 잃은 척 바닥에 뒹굴어져 있었고, 다른 선배는 토한 척 하면서 배가 아프다고 말을 하고는 집으로 도망가 버렸다. 다른 선배 한 분은 변소에 들어가서는 나오지를 않더란다. 할 수 없이, 친구가 돈을 다 부담했다고 했다.

술을 공짜로 마신 사람에게 2천3백 달러는 아무 것도 아니겠지만, 술값을 지불하는 사람에게 있어서 2천3백 달러는 엄청나게 큰 돈이다. 네 명이 마셨으면 네 명이 분담해서 580달러씩 지불하면 좋은 텐데, 한인들은 남의 돈으로 공짜로 술을 마시려고 하지, 결코 자기 돈으로 술을 마시려고 하지 않는다. 친구는 2천3백 달러를 혼자서 지불하고 난 후, 하도 억울해서 며칠간 잠을 자지 못했었다고 하소연을 했다. 친구에게 나도 그런 비슷한 봉을 두세 번 당한 적이 있었다고 말을 해주면서 위로를 해준 적이 있었다.

미국인들은 저녁을 먹거나 술을 마신다고 하더라도 어디까지나 자기 돈으로 먹는다. 한국인들도 미국인들하고 식사를 할 때나 술을 마실 때는 잔말 없이 자기 돈을 내고 식사를 하고 술을 마시면서도, 한국인들끼리 만나서는 남의 돈으로 식사나 술을 마시려고 한다. 이제는 미국식으로 각자 자기 돈 내서 자기 것 먹고 마셔야 할 때가 온 것 같다.

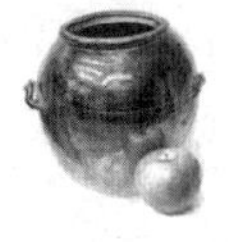

내 죽음을 한국에 알리지 말아다오!

내가 60이 되었을 때만 해도 인생은 60부터 시작이라는 생각을 가지고, 지난 10년 동안 인생을 힘차게 살았었다. 헌데 70세가 되고 보니까, 앞으로 살날이 얼마 남지 않았구나 하는 불안감이 스며들어온다.

5년 전에 매형이 죽었다. 2년 전에 어렸을 때부터 쌍둥이처럼 같이 붙어 다니면서 자랐었던 사촌형이 죽었다. 한국에 나가 조의를 표했어야 했는데 미국에 살고 있는 나로서 한국에 나간다는 것이 그리 쉬운 일은 아니었다. 장례에 참석할 수 없다고 전화로 사과했고, 용서를 빌었다. 한국에 가지 못한 대신, 조의금만 보냈다. 하지만, 한국에 직접 나가 장례에 참석하지 못한데 대한 나의 죄책의식은 심했다.

이런 죄책의식을 한국에 있는 형제에게 주고 싶지 않아서, 아내한테 내가 죽으면 한국에 있는 내 형제에게 내 죽음을 알리지 말라고 당부했다. 내 죽음을 전해 듣고, 한국에서 뉴욕에 온다는 것이 결코 쉬운 일이 아니라는 것을 나는 잘 알고 있다. 그렇다고 내 죽음을 들은 이상, 뉴욕에 오지 않을 수도 없고…. 이런 고통과 갈등을 형제에게 주고 싶지 않아서, 형제에게 나 죽거든 내 장례에 참석할 생각이랑 아예 하지 말라고 미리 말해주었다. 아내에게는 내가 죽고 난 후, 3-4개월 후 쯤에 나의 죽음을 한국에 알려주라고 했다.

얼마 전에 누나한테 전화했다. 이런저런 이야기를 하다가 유서를 써놓았느냐고 물어보았다. 그랬더니 유서 같은 것을 써놓아서 무엇하겠느냐고 오히려 반문했다.

누나는 자식들에게 나누어줄 재산이 없다는 것이다. 그래서 그런 소리 하지 말라고 말해주었다. 지금 누나가 살고 있는 집만 하더라고 큰 재산이라고 말해주었다. 지금 누나가 편히 먹고 살고 있는 것을 보면 뭔가 충분한 재산을 갖고 있다고 짐작이 간다고 말해주었다. 누나가 죽고 나면 자식들 간에 누나 재산분배 때문에 괜한 싸움이 벌어질 수 있으니까, 그런 불화를 미리 예방해놓아야 한다고 말해주었다. 내가 웃으면서, 하지만 심각하게 누나에게 빨리 유서를 써놓고, 그리고 묘 자리도 만들어놓으라고 말해주었다. 그랬더니 그렇게 하겠다고 말을 하더니만, 누나가, 옛날 사람들이 인생은 일장춘몽(一場春夢)이란 말을 자주 했었는데, 이제 나이가 77세가 되고 보니, 인생은 일장춘몽이란 말의 의미를 뼈저리게 알게 되었다고 말했다. 나도 일장춘몽이란 말에 동의하면서, 허탈하게 웃을 수밖에 없었다.

아내하고 자식들에게 내가 죽거든 내 무덤을 만들지 말라고 했다. 만약 '나'라고 하는 영혼이 있다고 한다면, 나는 넓고 광활한 이 우주 방방 곳곳을 자유로이 훨훨 돌아다니면서 살고 싶지, 결코 비좁은 무덤에 영원히 갇히고 싶지 않아서 이다.

만약 무덤을 만들어놓으면 아내나 자식들은 적어도 일 년에 한두 번은 내 무덤에 찾아와서 성묘를 해야만 할 의무를 갖는다. 무덤에 찾아와야 한다는 그런 귀찮음을 가족들에게 주고 싶지 않아서 무덤을 만들지 말라고 말해주었다. 만약 무덤이 있다고 가정해보자. 자식들이야 성묘를 오겠지만, 손자 증손자 그리고 후손들은 내 무덤이 어디에 있는지 조차 모를 테니까 말이다. 그래서 나한테 무덤은 필요가 없는 것이다.

내가 죽거든 병원에서 즉시 화장터로 가서 화장하라고 했다. 재를 한 곳에 뿌리면 그 곳이 나의 무덤이 될 테니까, 한곳에 뿌리지 말고 여기 저기 흩어서 뿌리라고 말해주었다. 화장을 했으니까 서두를 필요 없이 넉넉하게 날짜를 잡아서, 토요일이나 일요일에, 몇 명의 친한 친구들만 불러서 간단하게 장례를 치루라고 했다. 화장하면 장례비를 엄청나게 많이 절약할 수가 있다. 절약된 장례비용을 손자손녀 교육자금으로 저금해두라고 했다. 생자필멸(生者必滅)이라고 사람이란 어느 땐가는 꼭 죽게끔 돼 있으니까….

나는 부모님 제삿날에, 매년 <금강경>을 독송해드리고 있다. 나는 자식들에게 영어로 된 <금강경>을 한권씩 나누어주었다. 자식들에게 도를 깨칠 수 있는 기회를 갖게 해주기 위해서, 제삿날에, 나의 영정 앞에서 <금강경>을 한번 독송해주기를 바란다고 말해주었다.

내 제삿날에 금강경을 독송해다오!

나이 75세가 넘고 보니까 뭔가 달라졌다. 뭐가 달라졌을까? 죽음에 대한 의식일까? 그렇다. 죽음에 대한 의식이다. 아내는 나더러 은퇴를 하라고 한다. 은퇴해서 뭣해?! 아직은 은퇴하고 싶지는 않다. 하지만, 죽음을 향에 서서히 다가가고 있는 삶이기에 죽음을 받아들일 수밖에 없다. 죽음에 대한 준비를 서서히 해놓지 않을 수 없다. 내가 소유하고 있는 물건에 대한 애착을 서서히 버리면 삶은 간편화될 것이다. 더 오래 살아야겠다하는 욕심을 버리면 여생은 편안해질 것이다. 사는 한 건강하게 살아야 하니까, 매일 운동하는 것은 필수적이다.

어떤 사람은 죽음에 대해 생각을 아예 하지 않아버린다. 죽음을 모른 척 해버린다. 그래도 죽음은 어느 땐가는 꼭 오게끔 돼 있는 것이다. 죽음은 피할 수가 없다. 죽음이란 남이 내 대신 죽어줄 수가 없다. 내가 꼭 죽어야만 하는 것이다. 죽음을 모른 척 한다고 해서 죽음이 오지 않는 것은 아니다. 죽음에서 오는 불안을 적게 갖기 위해서는 죽음을 미리 받아들이면 되는 것이다.

오래 동안 수도를 닦은 스님들은 죽음을 받아들이고 있다. 세계적인 베스트 셀러, <승려와 철학자> (장 프랑스아 르벨, 마티유 리카르 공저)는, “죽음은 상당한 정신적 성숙을 이루지 못한 초심자에게는 두려움의 원인이다. 하지만 전 생애를 바친 수도자는 죽음 앞에서 즐거워한다. 인간이라는 존재, 현상의 견고함, 소유에 대한 모든 애착이 사라진 이상 죽음을 두려워할 이유는 없다. 죽음은 친구 같은 존재, 삶의 한 단계, 단순한 옮겨감일 뿐이다”라고 말했다.

부처는, 늙어진 육체는 헌 수레와 같은 것이라고 말하면서, 죽은 후, 화장하도록 했다. 나도 죽으면 화장하라고 가족에게 미리 일러주었다. 화장하고 그리고 재를 사방에 뿌려서 묘를 만들지 말라고 했다. 나는 영혼의 존재를 믿고 있지 않지만, 만약 나에게 영혼이라는 것이 있다면, 구태여 조그마한 무덤에 내 영혼을 가둬놓고 싶지 않다. 이 넓으나 넓은 우주를 훨훨 날아다니면서 살고 싶다. 그래서 무덤은 필요치 않다. 무덤이 있으면 가족들에게 내 무덤에 성묘를 와야 한다는 의무감을 준다. 가족이 내 묘에 성묘를 와야 한다는 의무감과 수고를 덜어주기 위해서 내 묘를 만들지 말라고 일러주었다.

어떤 사람들은 부모를 명당자리에 모시면 후손들이 잘될 것이라고 믿고 있는데, 나는 가족에게 그런 것 믿지 말라고 말해주었다. 이조왕실을 보라. 이조 왕들은 한국에서 제일 좋은 명당자리에다 묘 자리를 썼지만, 일본한테 망하고 말았다. 미국에서 부모를 명당자리에 모시기 위해서 명당자리를 찾고 다니는 사람을 아직 보지 못했다. 미국의 어느 대통령치고, 자기 선조들의 무덤자리가 좋아서 대통령에 당선되었다고 말하는 대통령을 보지 못했다. 명당자리는 한국에서나 따지는 것이지 미국에서 따지는 것이 아니니까, 내가 죽거든 명당자리를 찾으러 다니기는커녕 묘도 만들지 말라고 말해주었다.

내가 만약 치매에 혹은 심한 뇌졸중에 걸려 의식을 잃고 식물인간이 될 것 같으면, 치료를 거부해서 나더러 빨리 죽게끔 해달라고 부탁했다. 결코 인공호흡기나 위경관식이법(Gastric tube feeding)으로 나의 생명을 무의미하게 연장시키지 말라고 부탁했다. 의식 없는 육체 속에 내 영혼을 가두어 놓아 내 영혼에게 고통을 주는 것보다는, 차라리 빨리 죽어, 윤회해서, 다음 생에 태어난 것이 훨씬 나을 것이라고 말해주었다.

나는 장남이기에, 부모님의 제사를 매년 지내주고 있다. 아내는 제사상에 올린 음식을 장만하는데 적어도 3시간 이상 시간을 소모한다. 제사를 지낸다는 것이, 한두 번도 아니고, 매년 지낸다는 것이 결코 쉬운 일은 아니다. 자식들에게 이런 쉽지 않는 일을 부탁하고 싶지 않지만, 그래도 내 제삿날에, 음식을 차릴 필요는 없고, 그 대신 <금강경>을 독송해달라고 부탁했다. 자식들에게 영어로 된 <금강경>을 한 권씩 나눠주었다. 정월 초하루에 자식들이 세배를 하러 오면, 내 부모님과 선조께 제사를 같이 지내면서, 자식들하고 같이 앉아서 함께 <금강경>을 독송했다. 자식들은 <금강경>이 무슨 책인가를 알고 있다.

<금강경>이란 한두 번 읽어서 알게 되는 책자가 아니다. <금강

경>이란 수십 번 읽어야 살짝 이해가 갈까 말까 할 정도로 심오한 뜻을 포함하고 있는 책인 것이다. 자식들에게 내가 유언으로 남겨두고 싶은 말이 <금강경> 안에 들어있고, 그리고 유산으로 남겨주고 싶은 책자가 바로 <금강경>이라고 말해주었다.

모든 사람은 '나'라고 하는 유일하고 변치 않는 실체가 있다고 믿고 있다. 하지만, 그렇지가 않다. '나'라는 실체가 있다고 믿고 있는 것을 아상(我相)이라고 한다. '나'는 부모의 난자와 정자의 만남으로서 생겨난 것이다. 인연 따라 '내'가 생겨난 것이다. 내가 태어나기 전의 '나'하고, 태아 (胎兒)였었을 때의 '나', 10살 때의 '나', 50이나 90이 되었을 때의 '나' 그리고 죽은 후의 '나'하고는 다 다른 '나'인 것이다. '나'라고 생각하고 있는 '나'가 이처럼 변해가고 있는 것이다. <금강경>은 "모든 상(相)이 상이 아닌 줄을 알면 여래를 알게 될 것이다"라고 말했다. 아상이 진짜 상이 아니라는 말이다. '나'라는 고정된 실체가 없기에, 부처는 무아(無我)라고 말했다. 어떤 상이든 상에 머무르지 말고 마음을 내라고 했다.

내 자식들은 여기 저기 떨어져서 살고 있다. 한 자리에 모이는 것이 그리 쉽지 않다. 내가 죽거든, 매년 내 제삿날에, 자식들이 한 자리에 다 모일 수가 없으니까, 각자 집에서, 내 제사를 지내달라고 부탁을 했다. 음식을 차리지 말고, 그 대신, 양편에 촛불을 켜놓고, 향을 피워놓고, 내 영정(독사진)에 큰 절을 두 번 한 후, 앉아서, <금강경>을 독송해달라고 부탁했다. 나의 영혼을 위해서가 아니라, 자식들을 위해서 인 것이다. <금강경>을 한번 독송하는 데 대략 35분 - 40분 정도 걸린다.

> "일체유위법 (있고 없는 모든 법)은
> 꿈과 같고 환상, 물거품, 그림자 같고
> 이슬과 같고 또한 번개와도 같으니
> 마땅히 이와 같이 밝게 봐야하느니라"

"이슬과 같고 번개와도 같다"는 말은 우리 인생의 무상함을 말해주고 있는 것이다. 이게 바로 <금강경>에 마지막에 써진 부처님의 말씀이다.

자식들로 하여금 <금강경>을 매년 독송하게 함으로 해서 인생이 무엇인가를 스스로 체득하게끔 도와주기 위해서 인 것이다.

인공호흡기 제거를 유언을…

김선생이 양노원에 갔다 왔다고 했다. 어머니가 의식을 잃은 채 지난 몇 개월 동안 양노원에서 인공호흡기와 경관이식법 (Tube feeding)으로 생명을 연명해가고 있었다. 의사가 김선생한테 인공호흡기를 떼어도 좋겠는가 하고 물었다고 했다. "떼어버리는 게 좋지요" 하고 내 의견을 김선생한테 말해주었다. 그랬더니 김선생은 화를 냈다. "인공호흡기를 떼어버리면 어머니가 죽게 되는데, 왜 내가 어머니를 살인한단 말이야. 어머니를 살인할 수는 없어!" 그러면서 인공호흡기를 떼지 못하게 했다. 그 후 삼 개월 더 살다가 어머니는 별세하셨다.

미시스 박의 어머니도 양노원에서 인공호흡기로 생명을 연장해가고 있었다. 미시스 박은 어머니를 자주 방문했다. 어머니는 의식도 없다 식물인간인 것이다. 그저 인공호흡기로 호흡을 하고 있을 뿐이다. 심장이 뛰고 있으니까 살아있다고 볼 수는 있지만, 그래도 의식도 없고 반응도 없으니까, 살아있다고도 볼 수가 없는 것이다.

다른 인간하고 의미 있는 대인관계를 맺을 수가 없다면 인간이 아니라고도 볼 수가 있는 것이다. 미시스 박은 열렬한 기독교 신자이었다. "당신은 기독교 신자. 영혼의 존재를 믿고 있지요" 하고 물어보았다. 믿고 있다고 했다. "그렇다면 왜 당신 어머니의 영혼을 식물인간의 육체 속에 오래도록 가두어두고자 합니까?" 물론 영혼을 식물인간 육체 속에 일부러 가두어두고 싶은 자녀들은 한명도 없을 것이다. "영혼을 빨리 해방시켜 천당으로 가게해서 천당에서 행복하게 사시도록 해주시는 게 좋지 않겠소?" 하고 반문했다. 미시스 박도 자기의 심정을 이해해주지 못한다고 화를 냈다. 자기 어머니를 죽이고 싶지 않다고 말했다. 그녀도 인공호흡기를 떼지 못하게 했다. 그녀 어머니는 6개월 더 살다가 타계하셨다.

인공호흡기를 떼게 함으로 해서 자기 어머니를 죽인다는 사고방식 때문에 많은 자녀들이 인공호흡기를 떼지 못하게 하고 있다.

의식이 없다고 하더라도 그래도 죽을 때 제대로 죽지 못해 인공호흡기로 살아가고 있는 본인도 괴로움을 당하고 있는 것이고, 그리고 이런 괴로움을 당하고 있는 부모를 간병하는 것도 또한 자녀들에게 커다란 고통이고 아픔일 수밖에 없다. 이런 괴로움과 고통을 피하는 방법은 없을까? 있다.

부모들이 살아있을 때 자녀들에게, 만약 자기가 의식을 잃은 채 식물인간으로서 인공공호흡기에 의지해서 살아갈 처지가 되면, 부모가, 자기는 식물인간으로서 생명을 연명 연장하고 싶지 않으니까, 인공호흡기를 떼어버리라고 미리서 유언해줄 것 같으면, 본인도 제때에 죽어서 좋고, 그리고 자녀들도 부모를 살인한다는 죄의식을 갖지 않고 인공호흡기를 제거해줄 수가 있어서 좋은 것이다.

가야할 때를 알고 가는 이의 뒷모습은 차라리 아름답다고 어느 시인이 말했듯이, 죽을 때가 되어서 죽어가는 사람으로 하여금 제때에 죽게끔 도와주는 것이 오히려 자녀들이 해야 할 의무가 아닐까, 죽음이란 피할 수가 없는 것이고 그리고 어느 땐가는 꼭 죽게끔 돼 있으니까 말이다.

단식하면 얼마나 오래 살 수 있겠는가?

"한국에서는 정치적 또는 사회적 투쟁 수단으로 단식이 종종 쓰이는 것 같다. 미국에서 30년 이상 살았어도 단식하는 정치인을 보지 못했는데, 한국에서는 툭 하면 음식 먹기를 거부한다. 단식은 '설마 내가 굶어죽게 내버려두기야 하겠나?' 하는 식이라 사실 좀 웃기는 투쟁 방식이다. 단식해서 정치적 목적을 달성한 정치인을 보지 못했고, 단식하다 진짜로 굶어죽은 정치인을 보지 못했다. 대개 다 투쟁을 스스로 포기하고 단식을 중단한다." (조화유: <생활영어>에서, 뉴욕한국일보 09/7/25).

죽기 위해서 단식을 하는 것은 아니다. 단식이란 상대방에게 내 주장을 들어달라는 조건으로써 단식을 하게 되는 것이다. 일종의 극한 투쟁방식이다. 그러니까 단식을 하면 얼마 후에 죽는가를 먼저 알고 난 후 단식을 해야만 원치 않는 죽음을 모면할 수가 있는 것이다.

보통 빼빼마른 사람들은 하루에 2천 칼로리의 음식을 섭취한다. 물론 육체적인 노동자들은 하루에 적어도 3000~4000 칼로리를 먹는다.

1파운드 혹은 0.45킬로그램은 4천 칼로리이다. 그러니까, 가령 우리가 2천 칼로리를 섭취한다고 가정하면, 하루 단식함으로 해서 반(절반) 파운드의 몸무게, 혹은 0.22 킬로그램을 잃게 된다. 사람이 굶으면서, 온종일 가만히 앉아있으면 하루의 칼로리 소모량은 줄어들기 마련이다. 그러니까 삼일을 굶어야 한 파운드 (0.45 킬로그램)가 줄어들게 된다. 물론 단식을 하더라도 물하고 비타민, 미네랄은 꼭 섭취해야만 한다. 물을 마시지 않는다면 일주일 내로 죽고 만다. 물을 마시지 않는다면 심한 통증과 환각에 시달리면서 고통스럽게 죽어간다.

죽지 않고, 얼마나 오래 동안 단식을 할 수 있겠는가? 닥터 클라인(Samuel Klein, Cecil 내과 교과서)은 말하기를, 아이리시(Irish) 군인들이 단식을 했었을 때, 살이 찌지 않는 군인들은 대략 2달 안으로 죽었다. 기록적으로 455파운드 (207킬로그램)의 몸무게가 나간 군인은 382일간을 단식했는데도 죽지 않고 살아남았다고 했다.

단식을 하면, 몸에 쌓여있는 지방이 없어지고, 그리고 근육의 단백질이 또한 없어진다. 내장(內臟)의 크기가 점차적으로 줄어든다. 대략 40%의 몸무게를 잃을 경우 죽게 된다. 40%의 몸무게를 잃으면 죽는다고 했으니까, 20%의 몸무게를 잃었을 경우에는 단식을 중단해야 한다. 만약 30%의 몸무게를 잃었을 경우에는, 단식하는 사람을 강제로라도 병원에 입원시켜 단식을 중단시켜야만 한다. 그렇지 않으면 생명을 잃게 된다.

위에서 말한, 455파운드 (207킬로그램)가 나간 뚱뚱한 군인은 거의 400일을 굶었는데도 살아남았다. 군인이 하루에 200파운드의 음식을 먹는다고 가정한다면, 하루를 굶음으로 해서 하루에 반(1/2) 파운드의 살이 빠진 셈이다. 400일을 간단하게 계산하면, 많아야 200파운드 (90Kg)의 살이 빠진 셈이다. 하지만, 운동하지 않고 단식을 하는 경우에는 에너지 소모량이 많이 줄어든다. 대략 150 파운드 정도 빠졌을 것이라고 추측이 된다. 455파운드에서 150 파운드 정도의 몸무게가 빠졌다면, 겉에서 보기에, 날씬해졌을 것이다.

인도의 간디는 빼빼 마른 사람이었다. 그러니까 단식하면 한 달 넘기기가 어려웠을 것이다. 간디는 모든 인도인이 숭앙하고 있었던 영웅이었다. 힌두 종교인하고 무슬림 간에 전쟁이 벌어졌을 때, 전쟁을 멈추지 않으면 단식해서 굶어 죽어버리겠다고 말을 한 후 간디는 단식에 들어갔었다. 인도사람들은 간디가 혹시 단식하다가 죽을까봐 겁을 냈다. 그래서 전쟁을 3주내로 멈추었다. 단식해서 성공하고 싶거든 간디처럼 온 국민의 지지를 받아야만 한다. 온 국민의 지지를 받고 있지 않다면 아예 처음부터 단식하려고 해서는 안 된다. 조화유 씨가 말한 대로, 한국의 정치인들은 단식해서 성공했거나 굶어죽은 사람은 단 하나도 없었던 것으로 나는 알고 있다.

식물인간 테리 샤이보와 영혼 문제

형님, 안녕하십니까.

요사이(05년3월), 테리 샤이보(Terri Schiavo, 41세)에 대한 뉴스가 많이도 나옵니다..

테리 샤이보는 아마 "신경성 과식욕증"(Bulimia nervosa)에 시달리고 있었는가 봅니다. 신경성 과식욕증이란 복통과 구역질이 날 때까지 많은 양의 음식을 빨리 먹어댑니다. 그리고 토합니다. 먹고 토하고 먹고 토하고 하는 것이 과식욕증의 특징입니다. 어떤 환자들은 살이 찌지 않기 위해서 많이 먹고 그리고 토해버리기도 합니다.

자주 토하니까, 혈중내 칼슘(Hypokalemia)이 낮아졌습니다. 전해질의 불균형 때문에 1990년에 심장마비가 생겼습니다. 심장마비 때문에, 뇌에 산소 공급이 부족해서 혼수상태에 빠졌습니다. 혼수상태에서 빠져나왔지만, 의식을 회복하지 못했습니다. 식물인간이 되어버리고 말았습니다.

테리 샤이보의 대뇌피질(Cerebral cortex)은 크게 손상을 입었습니다. 생각하고 말하고 느끼는 정신기능이 없어져버렸습니다. 타임지(4/4/05)에 실린 두뇌 X-레이를 보니까 대부분의 대뇌피질은 없어져버리고, 그 대신 뇌 속에는 물이 가득 차 있었습니다.

허지만, 목에 가까운 뇌의 부분인 연수(延髓: Medulla oblongata)는 살아서 기능을 하고 있었습니다. 그래서 샤이보는 스스로 숨도 쉬고, 심장도 제대로 박동하고, 그리고 소화도 해냈습니다. 허지만 의식이 없기에, 스스로 밥을 먹지를 못했습니다. 1990년부터 지금까지 "음식공급관"(Feeding tube)을 통해서 음식을 그녀의 위 속으로 집어넣어 주었습니다. 지난 15년 동안 "음식관"의 음식을 먹으면서, 자기가 살아있다는 의식조차 없이, 식물인간으로 살아왔었던 것입니다.

테리 샤이보는 살아있었을 때, 남편에게 만약 그녀가 식물인간이 될 경우에는 죽게끔 해달라고 부탁(Living will)을 했었다고 합니다. 그녀의 부탁대로, 남편은 샤이보의 음식공급관을 떼어내서 샤이보로 하여금 죽게끔 해달라고 법정에 호소를 했습니다.

허지만, 테리 샤이보가 실제로 남편에게 이런 부탁을 했었다는 어떤 물적 증거도 없고 그리고 증인이 없었기에, 그녀의 부모는 음식관을 제거하지 못하도록 했습니다. 부모들의 끈질긴 호소 때문에 샤이보는 지금까지 식물인간으로서 생명이 연장되어 왔었습니다.

드디어, 판사는 05년 3월 18일자로 음식관을 제거해버리라고 명령했습니다. 샤이보는 음식의 섭취가 없으니까 지금 서서히 죽어가고 있습니다. 그녀는 아마 한 달 내로 죽을 것이라고 의사들은 추측을 하고 있습니다.

샤이보가 죽어가는 것을 보고서 많은 사람들은 분개하고 있습니다. "법의 살인"(Judicial murder)이라는 등, "의료 테러리즘의 행위"(Act of medical terrorism)라는 등, 심지어는 "현대판의 십자가 처형"이라고 힐난하게 비난하고 있습니다.

샤이보를 살려야 한다고 하면서 연방국회의원 심지어는 미국의 대통령까지 떠들어대고 있습니다. 허지만, 여론조사에 의할 것 같으면, 75%의 미국인들은 대통령과 국회의원들이 이런 문제에 관련해서는 안 된다고 했습니다. 이런 여론 조사가 나온 후부터 많은 정치인들은 조용하니 뒷전으로 물러났습니다. (타임지 주간지 05/4/4)

형님은 어떻게 생각하십니까. 만약 형님이 테리 샤이보의 남편이라면?, 만약 형님이 샤이보의 부모라면?, 만약 형님이 테리 샤이보 본인이라면? 어떻게 하시겠습니까? 샤이보를 죽게끔 하겠습니까 혹은 생명연장을 시키겠습니까?

가야할 인생이라면

형님이 답변을 하시기 전에 먼저 물어볼 말이 있습니다. 형님은 영혼의 존재를 믿고 있습니까. 형님은 저승의 존재를 믿고 있습니까. 형님은 천당이 있다는 것을 믿고 있습니까. 저는 믿고 싶습니다. 왜 믿고 싶다고 말을 하느냐구요. 저는 아직까지 저승의 존재를 확인하지를 못했습니다. 허지만, 저승이 있기를 바라고 있습니다. 바라고 있기에 저는 있다고 믿고 싶습니다. 저는 영혼의 존재도 아직 확신하지 못하고 있습니다. 허지만, 저는 영혼이 있기를 바라고 있습니다. 영혼이 있기를 바라기에 저는 영혼이 있을 것이라고 생각하고 있습니다.

만약 영혼이 있다면, 만약 저승이 있고, 그리고 천당이 있다면, 천당이 있다는 것을 믿고 있다면, 어느 영혼이 식물인간의 몸뚱이 안에서, 테리 샤이보의 영혼처럼, 15년 동안 갇히어서 살고 싶어하겠습니까. 저 같으면 얼른 식물육체에서 벗어나서, 하루라도 빨리 천당에 가서, 그 넓으나 넓은 천당에서 자유롭게 새로운 삶을 살아가겠습니다.

식물인간의 몸뚱이 안에서 영혼이 오래 있어야 할 이유가 무엇입니까, 식물인간의 몸뚱이 안에서 영혼이 오래 살아서 무슨 이익을 볼 수가 있단 말입니까. 형님, 저는 저의 영혼이 식물인간의 몸뚱이 안에서 오랫동안 갇히어 있기를 원하지 않습니다.

만약 제가 샤이보의 남편일 것 같으면, 샤이보의 남편이 하는 식으로 판사에게 음식관을 제거해달라고 호소하겠습니다.

만약 제가 샤이보의 부모일 것 같으면, 저는 샤이보로 하여금 편안하게 죽게끔 샤이보의 남편이 하라는 대로 하겠습니다. 그리고 딸을 잃어버린대 대해 애도를 하겠습니다. 인간이란 때를 쓴다고 해서 안 되는 일이 되어지는 것은 결코 아닙니다.

어느 시인이 말한 대로, 떨어져야 할 때 떨어지는 꽃잎은 차라리 곱다고, 죽어가는 인생을 억지로 잡아놓아서는 안 됩니다. 가야할 인생이라면 아무리 슬프더라도 가게끔 도와주어야 합니다. 제가 보기에 샤이보의 부모들은 샤이보를 살려야겠다는 집념으로 아직까지 적절하게 애도(哀悼)를 하고 있는 것 같지는 않습니다. 하루라도 빨리 적절하게 애도를 해야 합니다. 그리고 샤이보의 영혼으로 하여금 천당에 가서 새로운 삶을 살 수 있게끔 명복을 빌어주어야 한다고 저는 생각합니다.

치료비를 댈 수가 없어서

형님, 미국은 부자의 나라입니다. 사람이 이처럼 오래도록 장기(長期) 치료가 필요하면 국가에서 모든 경비를 다 댑니다. 아주 좋은 나라입니다.

아마 사 오 개월 전의 일인 것 같습니다. 중앙일보에서 읽었는데, 한국의 어느 젊은 여인이 일주일에 두 세 번씩 투석(Dialysis)을 받아야만 했었습니다. 그녀의 아버지는 투석비용을 대기 위해서, 마지막으로, 살고 있는 집까지 팔았습니다. 더 이상 팔 것이 없었습니다. 아버지는 비관(悲觀)했습니다. 결국은 딸을 죽였고 그리고 자신도 자살했습니다. 슬프고 슬픕니다.

미국에서는 어느 환자가 되었든 투석비용은 다 국가에서 대줍니다. 헌데 한국에서는 투석비용은 개인 부담인 것 같습니다. 그래서 아버지는 더 이상 치료비를 댈 수가 없어서 딸을 죽이고 본인도 자살했다는 비보를 듣고서 혼자서 괴로워한 적이 있었습니다. 한국도 투석을 국가에서 다 부담해서 환자로 하여금 경제적인 걱정없이 투석을 받게 해 줄 수만 있다면 얼마나 좋겠습니까

형님, 제가 이런 이야기를 하는 이유는, 만약 샤이보의 생명연장을 위해서, 부모들이 치료비를 댄다고 가정한다면, 아마 샤이보의 부모들도 이처럼 자기 딸의 생명을 연장하게끔 해 달라고 때를 쓰지는 않았었을 것이라고 혼자서 생각해보았습니다.

(위의 글은 샤이보가 살아있었을 때 쓴 글이었습니다. 샤이보가 3월 31일에 죽었습니다. 그리고 4월2일에는 존 폴 2세 교황이 또한 죽었습니다.)

리빙 윌 (Living Will)의 중요성

형님, 샤이보가 죽기 바로 이삼일 전에, 남편은 샤이보를 화장하겠다고 했고, 그리고 부모들은 샤이보를 매장하겠다고 서로 싸우는 것을 보았습니다. 이번 샤이보의 죽음을 통해서 많은 사람들은 Living will을 준비해놔야겠다고 말을 하는 것을 들었습니다. 우리의 죽음이 어떻게 될지 아무도 모릅니다. 그러니까, 자기가 죽으면, 인공호흡기 혹은 음식공급관을 사용하라든가 혹은 사용하지 말라든가, 혹은 화장을 원하는지 매장하기를 원하는지, 자기가 원하는 것을 확실히 해놓은 것이 좋을 것 같습니다. 만약 결정하지 못할 것 같으면 누구누구의 의견에 따르라고 정확하게 명시해놓아서 혼동과 가정싸움을 피하게끔 해주는 것이 중요하다고 생각합니다.

죽음 진단을 성기만지기로

형님 안녕하십니까.

최인호 씨가 쓴 <길 없는 길>에 재미있는 이야기가 나와서 여기에 적어봅니다.

내가 나가거나 말거나, 가출하거나 말거나, 죽거나 말거나 어머니는 상관을 하지 않았다. 내가 나가도 어머니는 술상을 벌리고 손님을 받았으며 거문고를 뜯고 춤을 추었다.… 내가 죽겠다고 어머니가 잠 안 오는 밤에 먹던 수면제를 다섯 알이나 먹고 누었을 때도 어머니는 먼 바깥채에서 노래를 부르고 있었다.… 다섯 알을 먹고 죽으려고 누우니 천장이 빙빙 돌고 있었다.… 어머니는 흐트러진 옷매무새로 내게 다가왔다. 술이 몹시 취해 있어 어머니의 몸에서는 술 냄새가 몹시 났다.

"몇 알이나 먹었는데, 아이구 이 새끼야"

순간 어머니의 손이 내 목구멍을 파고들었다. 목젖이 찢어질 정도로 어머니의 손가락이 깊숙이 들어와서 내 목구멍을 휘저었다. 욕지기가 솟구쳐 오르고 나는 꽃밭에 토하기 시작했다.

다음 날 새벽녘에 나는 이상한 느낌에 잠이 깼다. 놀랍게도 어머니가 내 곁에서 함께 잠들어 있음을 나는 알게 되었고, 어머니의 손이 내 바지 속으로 들어와 내 성기를 꼬무락거리면서 만지고 있음을 느꼈다. 나는 차마 부끄러워서 깨어났음을 알릴 수가 없었다. 그래서 잠을 자는 체 그냥 누어있으려니 어머니의 손길이 계속 내 성기를 만지고 비비고 하는 통에 그만 성기는 내 의지와는 상관없이 성이 나서 부풀어 오르기 시작했다. 참으로 난처한 일이었다. 내가 낯이 발개졌으면서도 그냥 잠자는 체 누어있으려니 어머니가 뱀이라도 만진 듯 내 바지 속에서 손을 꺼내들고 나서 한숨을 쉬며 말하였다.

"망할 새끼, 죽지는 않겠구나. 죽을 때면 불알이 쪼그라들고, 비비고 주물러 터뜨려도 꿈쩍 않는 법이라던데, 그래서 옛말에 아, 죽은 자식 불알 만지기란 말도 있지 않은가. 그만하면 되었다. 염병을 할 새끼야. 니놈이 나가 버리든 가출을 하든 내 상관할 바는 아니지만 죽지만은 말거라, 절대로 말거라. 죽어서는 안 될 몸이니까. 니가 죽을까 봐 불알 좀 만져 보았는데 빳빳해지는 걸 보니 이제 죽지 않고 살아나겠다."

어머니는 안심이 된다는 듯 휙 한숨을 크게 쉬고 나서 일어나 방문을 열고 나가다 말고 내가 듣거나 말거나,

"그건 그렇고, 대가리에 피도 안 마른 새끼가 고것 하나는 알토란처럼 실해 가지고 에끼 놈, 아이구야, 홋호호 호호호." ……

차마 죽을까 겁이 나서 내 성기를 만지던 천진한 어머니. 죽을 때까지도 철부지였던 내 어머니 ….

형님, 죽은 자식 불알 만지기란 말을 가끔 듣기는 들었습니다만

그 뜻을 정확하게 몰랐습니다. 저희들이 골프를 치다가 실수를 해서, 다른 사람이 돈을 따는 경우, 실수를 한 친구가 실수를 했기 때문에 돈을 푸게(잃게) 되었다고 우울해하면, 다른 친구가, "야, 죽은 자식 불알 만지기야, 이미 져버렸는데 후회한들 무슨 소용이 있단 말야." 하고 더 이상 후회를 못하게 합니다. 그래서 저는 죽은 자식 불알 만진다는 말이, 이미 엎드러진 물을 다시 주어 담을 수 없다는 식으로, 한 번 실수를 해버렸으면 후회해도 소용없다는 뜻으로 이해를 했었습니다.

헌데, 위의 글에서는, 불알 만지기란 말이, 남자가 혼수상태에 빠져 있었을 때, 죽었는지 혹은 아직도 살아있는지를 판별하기 위해서, 불알을 만져본다는 사실을 이제 알게 되었습니다.

많은 죽음들

형님, 제가 1967년도에 미국에 처음 와서 맨해튼 다운타운에 있는 비크만(Beekman) 병원에서 인턴으로 근무하고 있었을 때입니다. 동네에서 사람이 죽으면, 제가 가서 사망진단서를 썼던 일들이 기억납니다.

사람이 죽으면 우선 청진기로 심장이 아직도 뛰고 있는지, 아직도 숨을 쉬고 있는지, 혹은 눈동자에 전등불을 비쳐서 동공이 반사하는지, 목구멍 속을 자극해서 기침이나 구역질 반사가 있는지 등등을 검사해봅니다. 그리고 나서 사망진단서를 써줍니다.

만약 의사가, 죽었는지 혹은 살았는가를 판별하기 위해서, 환자의 성기를 "만지고 비비면", 옛날이나 지금이나 성추행 죄로 체포되어 영창에 갈 것입니다.

제가 보아온 몇몇의 죽음에 대해 이야기해보겠습니다.

맨해튼 남단에 있는 중국 촌에서 사람이 죽었다는 말을 듣고서 갔습니다. 그랬더니 조그만 아파트에 먹다 만 자장면 한 그릇이 밥상 위에 있고, 그리고 늙은 중국인은 변기에 앉아있는 채 조용하게 죽어있었습니다. 사망진단서를 써 주었습니다.

자유여신상을 보러온 여행버스 안에서 사람이 죽었다는 보고를 받았습니다. 가서 보니까 백인 노인이 죽어있었습니다. 옆에는 아내가 올 것이 왔다는 듯, 체념한 채 앉아있었습니다. 그래도 이 노인은 마지막 죽는 순간까지 활동하다가 죽었습니다. 가족들에게 폐도 끼치지 않고, 그리고 사랑하는 아내 옆에서 조용하게 죽었습니다. 어찌 보면 행복한 죽음이라고 할까요, 하지만 아내에게는 남편의 죽음은 언제나 슬플 것입니다.

잔잔하고 조용한 죽음이 있는가 하면, 또한 좋지 않는 죽음도 있었습니다. 맨해튼의 허드슨 강(Hudson river)에 두 시체가 발견되었습니다. 가서 보니까, 누가 죽여서 물속에다 집어던졌는가 봅니다.

젊은 여인의 주검도 보았습니다. 방 한 구석에, 망치로 머리를 맞아서, 머리가 깨져서 죽었습니다. 아마 그녀 남자 애인이 화가 나서 그녀를 살인했었던 것 같습니다.

잔인한 죽음도 있었습니다. 아파트에 불이 났습니다. 소방서원들이 미리 와서 불을 껐습니다. 들어가 보니까, 어느 남자가 불에 타서 죽어있었습니다. 온 몸뚱이는 검게 타 있었습니다. 손과 발이 침대의 네 모퉁이에 묶여 있는 채, 몸에다 휘발유를 뿌려놓고, 불을 질러 죽게 했었습니다. 얼마나 뜨거웠는지, 몸부림치다가, 두 발 하고 한 손이 침대에서 풀어져 나왔습니다만, 한 손은 아직도 침대 한 모퉁이에 묶여있는 채, 마룻바닥에 떨어져 죽어있었습니다. 제가 들어가 보니까, 몸에서 아직도 김이 뭉개 뭉개 풍겨져 나왔습니다. 형사에게 죽었다고 말해줄 필요도 없이 그 사람은 이미 죽어있었습니다. 하도 끔찍스러워서 그 사람의 죽음이 지금도 제 머리에 생생합니다.

살렸는데 죽이는...

40년 전에 본 불란서 영화인데, 내용은, 한 젊은 여인이 한 남자를 사랑했었습니다. 사랑이 서로 얽기고 설키여서, 여자가 남자를 총으로 쏴서 죽였습니다. 그리고 그녀는 가스(Gas)를 틀어놓고 자살을 기도했습니다. 옆 아파트에서 가스 냄새를 맡고서 경찰에게 신고했습니다. 두 의사가 의식을 잃은 여인 앞에서 응급치료를 하려고 했습니다. 이 때 한 의사가, 다른 의사에게, “이 여인을 살리면, 이 여인은 살인을 했었기에, 재판을 받아 결국 사형을 당하게 될 것입니다. 차라리 죽게끔 가만 놔두는 게 좋지 않겠습니까.” 하고 말했습니다. 그랬더니 다른 의사가, “죽이고 살리는 것은 판사가 할 일이고, 의사는 사람을 살리는 것이 의무”라고 말을 하면서, 그 여인을 살렸습니다. 그 여인은 재판을 받고 있는 도중, 영창에서 자살했습니다. 죽어야 할 사람을 다시 살리는 것도 어찌 보면 불란서의 실존소설가 까뮤(Albert Camus)가 말하는 대로 일종의 부조리현상인 것 같습니다.

부관참시(副棺斬屍)라는 말을 들은 신 적이 있으십니까. 이미 죽어버린 사람의 시체를 파내서, 시체의 목을 베어 다시 죽이는 것을 말합니다. 이미 죽어버린 사람을 다시 죽인다고 해서 한번 죽어버린 사람이 또 죽게 됩니까? 옛날 사람들은 이처럼 어처구니없는 짓들을 가끔 했었던 것 같습니다.

음식이 되어주는 죽음

형님, 위의 글을 다 쓰고 난 후, 뉴스데이 (News Day)신문(06-1-11)을 읽어보니까, 다음과 같은 믿지 못할 괴괴한 글이 실려 있습니다.

44세, 컴퓨터 수리공인 마이베스(Meiwes)는 사춘기 때부터 사람을 먹고 싶어했었습니다. 그래서, 마이베스는 인터넷(Internet)에 자기의 밥이 될 사람을 찾고 있다고 공고했습니다. 베를린에서 컴퓨터 엔지니어로 근무하고 있던 브란데스(Brandes)가 자발적으로 밥이 되어주겠다고 했습니다. 이 두 사람은 2001년 3월에 마이베스 집에서 만났습니다. 브란데스가 원한대로, 마이베스는 칼로 배를 찔러 브란데스를 죽였습니다. 죽인 장면을 다 비데오로 찍어놓았습니다. 냉장고에 집어넣은 후, 브란데스 시체를 한 달 동안 요리해서 먹었습니다.

그 후, 마이베스는 다시, 자기의 밥이 될 사람을 찾는다고 인터넷에 광고를 냈습니다. 거의 2년이 지난, 2003년 12월에 어떤 사람이 경찰에 신고했습니다. 마이베스는 체포되었고, 살인죄로서 8년 징역형을 받았습니다. 헌데 오늘 (2006년 3월) 독일 대법원에서, 브란데스가 원했기에, 마이베스가 브란데스를 죽였는데, 이게 "처벌을 받아야 할" 살인인가 아닌가를 다시 조사해서 재심하라고 고등법원에 회부했습니다. 형님은 이에 대해 어떻게 생각하십니까.

따뜻한 죽음

어느 모임에서 어느 사람이, 85세 먹은 노인이 병원에서 죽어가면서도 어여쁘고 젊은 간호사를 보면 궁둥이를 만져보고 싶어 하는 게 남자의 본능이라고 말을 했습니다. 그러니까 한 여인이, 한국에서 실제로 목격했었다고 말을 하면서 다음 이야기를 했습니다.

늙은 홀아비가 죽어가고 있었습니다. 임종이었습니다. 아들이 노인 아버지에게, 젊은 여자를 하나 들여보내줄까요 하고 물었습니다. 그랬더니 아버지가 고개를 끄덕거리더랍니다. 젊은 창녀를 노인 방으로 들여보냈습니다. 얼마 있다가 노인은 죽었습니다. 여인은 말했습니다. 노인은 섹스는커녕 그녀의 몸의 여기저기를 만지지도 않았답니다. 단지 그녀의 따뜻한 알몸을 조용히 껴안은 채 누워 있다가 죽었다고 그녀는 말했습니다. 외롭지 않은 죽음이었습니다.

편안하게 죽고, 평화스럽게 죽고, 비참하게 죽고, 잔인하게 죽고, 고통을 받으면서 죽고, 죽는 자체는 다 마찬가지겠지만, 다르게 죽는다고 해서, 만약 영혼이 있다면, 영혼이 다름을 느낄까요? 다시 말하면 평화스럽게 죽는다고 해서 영혼이 평화스럽게 천당에 가고, 잔인하게 죽는다고 해서 영혼이 화를 내고 억울해하면서 천당에 갈까요? 형님은 어떻게 생각하십니까?

독도와 일본

일본은 쓰나미에다 지진(2011년 3월)이 생겼고, 그리고 후쿠시마 원자로가 터져서 난리를 겪고 있는 와중에도, 일본은 "독도는 자기네 땅인데 한국이 독도를 불법 점거하고 있다"는 식으로 일본 중학교 국정교과서에 적어놓았다. 일본은 한국을 아주 업신여기고 있는 나라다. 듣는 말에 의하면 일본을 우습게 보는 나라는 단지 한국뿐이라고 말하는데, 실은 일본이 한국을 더 우습게보고 있는 것이다. 임진왜란 때도 일본은 한국을 거의 집어삼켰었다. 다행히도 전쟁 말기에, 이순신 장군이 일본인들을 혼내주기는 했었지만 말이다. 1백 년 전에 일본은 한국을 아예 집어삼켜버리고 말았다. 안중근 의사가 조선 통감 이또 히로부미(伊藤博文)를 죽였다고 하지만 해방이 되지는 못했다. 한국이 일본으로부터 해방된 것은 이차대전 때 미국이 일본한테 원자탄 세례를 주었기 때문이었다.

한때 일본은 한국하고 만주를 합쳐서 "대일본"이라는 나라를 만들었었다. 일본은 마음속으로는 아직도 이런 꿈을 버리지 못하고 있는 것이다. 한국을 다 먹었는데도 미국 때문에 할 수 없이 한국을 억지로 해방시켰지만, 그래도 한국을 집어삼키고 싶은 마음은 지금도 강해서 독도는 자기네 땅이라고 트집을 잡고 있는 나라인 것이다.

일본이란 나라는 침범하기를 좋아하는 나라였었지, 결코 이웃나라하고 같이 평화스럽게 지내기를 좋아하는 나라는 아니었다. 이차대전 전에, 일본이 강한 나라였었을 때 일본은 아시아의 여러 나라를 침범해서 점령했었다. 지금도 일본은 다른 나라를 점령하고 싶은 욕망을 간직하고 있을 것이다. 겉으로는 점잖은 채 하면서도 기회만 엿보고 있는 나라가 바로 일본인 것이다.

역사를 통해서 볼 것 같으면 한 나라가 항상 강한 것은 아닌 것이다. 아무리 강한 나라도 어느 땐가는 꼭 망하게 돼 있는 것이다. 그렇게 강했었던 원나라도 망했고, 고대 로마제국도 망했다. 고대 그리스도 한때는 강했었지만, 근대에 와서는 터키의 오토만 제국의 압박 하에 있었다. 청나라도 한때는 강해서 중국을 점령 통치했었지만, 지금에 와서 만주는 중국의 속국으로 변해버리고 말았다. 아직까지는 일본이 한국보다 강한 나라이지만, 내가 보기에 일본은 지금부터 서서히 쇠약해가고 있는 것이다. 대신 한국은 서서히 부흥해가고 있다. 한국의 장래가 일본보다 훨씬 더 밝다. 일본은 아직까지는 한국보다 강하다고 볼 수 있겠지만, 역사는 돌고 돌아서, 어느 땐가는 일본이 오히려 한국의 속국이 될 날도 있을 수 있다.

어느 날 점심시간에 한국식당의 주차장에 놓여있는 차들을 보았다. 거의 90%가 일본차였다. 일본이 독도는 자기네 땅이라고 주장할 때마다 한국인들은 제정신을 잃을 정도로 극도로 흥분해서 일본사람들은 죽일 놈들이라고 욕질을 하면서 데모를 한다. 허지만 자동차를 살 때는 다들 일본차를 사서 몰고 다닌다. 왜 일본차를 사서 몰고 다니느냐고 물어보았다. 그랬더니 일본차가 더 좋아서 일본차를 산다고 말한다. 독도 문제가지고 일본인들을 미워하더라도 일본 자동차까지 미워해서야 쓰겠느냐고 말한다. 물론 일본자동차를 미워해야할 이유는 없다. 그렇다고 우리가 미워하는 일본인들, 일본인들이 만든 자동차를 사주워야 할 이유는 없는 것이다. 우리가 한국의 좋은 자동차들을 사주지 않고, 대신 일본차를 사주고 일본물건을 사준다면, 일본은 더 부자나라가 될 것이고 그리고 일본은 한국을 더 얕잡아볼 수밖에 없을 것이다. 한국을 다시 삼켜먹으려고 기회를 호시탐탐 노릴 것이다. 하지만 우리가 일본인들에게 겉으로는 친절하게 대해주면서도 일본 자동차며 일본물건을 사주지 않고 국내산물건을 사준다면 일본인들은 한국인들을 두려워하게 될 것이다.

독도와 위안부에 따르는 감정해소

일본은 결코 한국을 위해서 독도가 한국땅이라고 인정해주지를 않을 것이고, 그리고 위안부에게 배상은커녕 사과도 하지 않을 것이다. 그렇다면 어떻게 이 문제를 대처해나가야 할 것인가?

한국을 가장 못살게 군 나라가 바로 일본인 것이다. 임진왜란 때 일본인들은 한국인들을 많이 죽였지만, 1910년도에는 일본은 아예 한국을 집어삼켜버리고 말았다. 미국의 덕택으로 2차대전이 끝남과 동시에 한국은 해방이 되었다. 일본은 2차대전 때 일본군인들의 성적 만족을 채워주기 위해서 한국의 많은 젊은 여성들을 강제로 잡아다가 전선으로 보냈다. 종군 위안부들이 당한 고통이란 이루 말할 수가 없었다. 일본은 위안부들에게 잘못했다고 말을 하기는커녕 위안부들이 당한 고통에 대한 배상을 거부하고 있다. 여기에다가 독도가 일본 땅이라고 일본 중학교 교과서에 적어놓았다. 한국인들은 분노했다.

한국인은 위안부를 상징하는 소녀상을 서울 주한 일본대사관 앞에다 버젓하게 세워놓았다. 물론 일본인들은 기분나빠했다. 어떤 일본인은, 서울까지 와서, 위안부 소녀상을 매춘부 상이라고 부르고 그리고 독도는 일본땅이라는 주장이 적힌 말뚝을 소녀상에 박아놓았다.

이에 대해, 김씨라는 한국인은, 화가 잔뜩 나서, 트럭을 한대 몰고 와서 일본대사관 정문을 냅다 들이받았다 (2012/7).

일본대사관 정문을 들이받은 김씨의 심정을 십분 이해하고 있다. 하지만, 이런 충동적인 행동은 문제해결에 결코 도움이 되지 않는다. 홧김에 일본대사관 정문을 들이받으면 자기 트럭만 망가지는 것이고, 망가뜨린 일본 문짝은 자기가 나중에 배상해주어야 하고, 그리고 일본대사관 문짝을 들이받았다는 죄목으로 또한 영창까지 가야만 하는 것이다. 그래서 아무리 화가 난다고 해도 감정적으로 문제를 해결하려고 해서는 안 된다.

내가 일본에 가보았더니, 일본인들은 아예 한국 차를 타고 다니지를 않고 있다. 유럽이나 남미에 가보면, 모든 호텔이 삼성 텔레비전이나 LG TV를 벽에 걸어놓았다. 하지만 일본 호텔에는 소니 제품 텔레비전을 벽에 걸어놓았지 삼성이나 LG 텔레비전을 갖고 있지 않다.

여러분 중에 어디 재미 일본인들이 현대나 기아차를 사서 타고 다니는 것을 본적이 있으신가? 없을 것이다. 미국에 살고 있는 일본인들은 다들 일제 타를 타고 다니지 결코 한국 차를 사서 타고 다니지 않는다.

일본식당을 경영한 적이 있었던 어느 한국 사람이, 일본사람들은 일본식당 주인이 한국인이라는 것을 알게 되면 밥을 먹다가도 그만 나가버린다고 했다. 일본인들은 한국 식당에 오지 않는다고 했다. 그런데 한국 사람들은 어떤가? 많은 재미동포들은 일본식당에 가서 일본 밥을 먹는 것을 자랑으로 여기고 있다. 대부분의 재미동포들은 앞장서서 일본차를 사서 타고 다닌다. 돈 있는 교포들은 일제 렉서스를 사서 타고 다닌다. 한제 고급차 제너시스나 에쿼스 차를 타고 다니는 한국동포들을 아직 본 적이 없다.

하지만, 나는 자녀들에게 될 수 있으면 일본제품을 사지 말아달라고 부탁했다. 일본자동차 대신 한국 차를 사라고 당부했다.

우리가 일본제품을 불매(不買)할 때 조용하게 불매해야지, 일본제품을 사지마라고 큰소리로 외치고 다닌다면, 일본사람들도 한국제품 불매운동을 벌리고 말 것이다. 그러니까, 외부에 알리지 말고, 재미동포끼리만 조용하게 일본제품을 사지 않는 것이, 화가 난다고 해서 트럭을 몰고 일본대사관 정문을 들이받는 것보다는, 일본인에 대한 우리의 분노를 가라앉히는 데 더 큰 효과가 있을 것이다.

불교와 하나님

신문에 보면, 극히 소수지만, 어떤 기독교신자는 절에서 염불하고 있는 스님한테 하나님을 믿으라고 했고, 어떤 목사는 20여 명의 기독교신자들과 함께 서울 봉은사 절에서 예수를 믿으라고 예배를 보기도 했었다. 심지어는 절에 불을 지르고, 절 안에 모셔있는 불상을 훼손하기도 했다. 예수를 믿으면 죽어서 하나님 나라에 갈 수 있고, 천당에 가면 영원히 행복하게 살게 된다고 말을 해주면서 말이다.

성경의 "신명기 (5장 및 13장)에 보면, 하나님은, 다른 '신'을 믿고 있는 사람을 "앞장서서 죽이라"고 했다. 부처는 인간이지 신(神)은 아닌 것이다. 힌두교나 자라투스트라 교는 다른 신을 숭앙하고 있다. 하지만, 불교는 다른 종류의 신을 믿고 있지 않고 있는 것이다. 그러니까 기독교신자들은 불교인들을 미워해야 할 이유가 없는 것이다.

부처는, "나를 믿으면 구원을 받으리라"고 말한 적이 없다. 오히려 거꾸로, "나를 믿지 말고, 나의 가르침(불법)을 따라서 수행을 닦아나간다면 모든 고통에서 해탈할 수 있을 것"이라고 말했다. 불교의 핵심 가르침은 연기법(緣起法)이다. 모든 것은 다 인연 따라 변해가는 것이다. 제행무상 (諸行無常)인 것이다. 어떤 것도 변하지 않고 항상 그대로 있는 것은 하나도 없다. '나'라는 사람도, 내가 태아(胎兒)였었을 때의 '나'하고, 어렸을 때의 '나'하고 그리고 지금의 '나'는 다 다른 것이다. 그래서 부처는 무아(無我)라고 했다. 비록 '나'의 태아하고 지금의 '나'하고는 다르지만, 그래도 태아가 인연 따라 변해서 지금의 '나'가 된 것처럼 불교는 연속성을 믿다. 만약 내가 죽어 천당에 간다면 지금 현재 '나'하고 천당에 있는 '나'는 다른 '나'일 수밖에 없다. 내가 전생의 나를 모르고 있듯이, 내가 죽어 저승에 간다면, 저승의 나는 지금의 내가 누구였었는지를 전연 모르는 것이다.

모든 것은 다 연기(緣起)해가기에, 불교에서는 생자필멸(生者必滅)이라고 했다. 태어난 자는 반드시 죽는다는 말이다. 하나님도 살아있는 생명체라면 어느 땐가는 늙고 병들고 그리고 죽어가게끔 돼 있는 것이다. 변치 않는 '나'가 없기에 '무아'인 듯, 신도 변치 않는 신이 없기에 무신(無神)인 것이다. 영원히 변치 않고 그냥 그대로 살아있다는 신의 존재를 불교인은 결코 믿고 있지 않다. 불교에도 극락이나 지옥이 있다. 극락에 간다고 해도 자기가 지어놓은 업의 공덕이 다하면 극락에서 빠져나오게끔 돼 있는 것이고, 지옥에 간다고 해도 자기가 지은 전생업의 죄 값을 다 치르고 나면 지옥에서 빠져나오게끔 돼 있는 것이다. 인연 따라 항상 변해가는 것이 불교의 교리인 것이다.

기독교인들은 천당에 가면 영생을 한다고 믿고 있는데 불교 사고방식으로는 천당에 간다고 해도 생로병사의 고통을 당해야 하고 탐진치에 시달려야 하는 것이다.

모든 것은 다 변해가니까, 부처는 '나'라고 하는 변치 않는 실체가 없다고 말했다. 헌데 사람들은 '나'라고 하는 변치 않는, 영구히 항상(恒常)하는 '나'라는 실체가 있다고 믿고 있는 것이다. '나'가 없는데 있다고 믿고 있는 것, 부처는 이것을 치(痴; 어리석음)라고 불렀다. '나'라고 하는 실체가 없는데도 '나'라고 하는 실체가 있는 것처럼 믿고 있기에 '나'에 대한 욕심이 생긴다. 이게 바로 탐(貪; 욕심)이다. 욕심이 채워지지 않을 때 우리는 진(瞋:화, 성냄)한다. 화를 낸다는 말은, 욕심을 채우기 위해서 폭력도 행사하고, 거짓말도 하고, 도둑질도 하고, 사기도 치고, 심지어는 살인까지 한다. 탐진치를 3독이라고 부른다. 이 삼독이 바로 인간을 고통스럽게 만들어주고 있는 것이다.

하나님도 살아있는 생명체라면 하나님도 탐진치에 시달리고 있을 수밖에 없다. 탐진치를 없애는 방법은 '나'에 대한 집착심을 갖지 않는 것이다. <금강경>에 보면, 부처님의 가르침은 뗏목과 같은 것이라고 했다. 부처님의 가르침에도 집착하지 말라고 했다. 헌데 불교인더러 하나님한테 집착하라고? 하나님에 대한 집착은 오히려 탐진치를 더 악화시켜줄 뿐이다. 불교는 아무 것에도 집착하지 말라고 했다. 아상 (我相)에서 벗어나야 한다고 했다.

내가 한국에 있었을 때는 한국인에 대해 잘 아는 것처럼 착각을 했었다. 헌데 미국에 와서 살고 보니까, 내가 한국에 살았었을 때 알고 있었던 한국인에 대한 모든 것이 다 참이 아니라는 것을 알았다. 한국인에 대해 더 잘 알고 싶거든 외국에서 적어도 일이년 정도는 살아봐야 한다. 외국생활을 하다보면 한국인이 누구인가를 보다 더 잘 알 수가 있게 되는 것이다. 기독교인들도 기독교가 무슨 종교인가를 알고 싶거든 다른 종교, 특히 불교나 힌두교에 대해서 공부해보아야 한다. 내가 불교인인줄 뻔히 알고 있으면서도 나더러 하나님을 믿으라고 권유하는 친구들이 있다. 이런 친구들에게, 불교를 믿을 필요는 없지만, 하여튼 불교를 먼저 공부하고 난 후, 우리 하나님에 대해 이야기해보자고 말해준다.

제2부
기독교 천당 이야기

천당 가는 것은 아주 쉬운 일인데…

예수는, "나는 길이요 진리요 생명이니 나를 통하지 않고서는 아무도 아버지(하나님)께 갈 수 없다." (요한 14:6)라고 말했다. 쉽게 말하면 예수만 믿으면 천당에는 그냥 쉽게 가게끔 돼 있다. 어떤 사람이 예수에게, "영원한 생명 (천당)을 얻으려면 무슨 선한 일을 해야 하느냐고 물었다. 예수는 6 계명을 지키라고 했다. 살인하지 말고, 간음하지 말고, 도둑질하지 말고, 거짓말하지 말고, 부모를 공경하고 그리고 이웃을 네 몸 사랑하듯 사랑하라고 했다. 미국이나 한국에서 법을 지키면서 사는 보통 사람들이야, 전쟁터가 아닌 이상 살인하지 않을 테고, 도둑질하지 않을 테고, 다른 여자 남자들하고 몰래 바람피우지 않을 테고, 이웃교인들을 자기 몸 사랑하듯 사랑하고 있다고 볼 수 있다. 그리고 대개의 경우 부모를 잘 모시고 있으니까, 기독교 신자들은 쉽게 천당에 가게끔 돼 있다.

엄밀한 의미에서 거짓말을 하지 말라고 했는데, 가령 아주 못생긴 아이를 보고는, "아주 못생겼네." 하고 참말을 하는 것보다는, 그래도 엄마의 마음을 달래주기 위해서, 아이가 못생겼다고 말을 하는 대신, "아주 잘 생겼네." 하고 일부러 거짓말을 해주는, 이런 거짓말은 천당에 가는 데 오히려 도움이 될 것이라고 나는 생각한다.

베드로는, 예수가 잡힌 후 (마태26:34), 1번도 아니고, 3번이나 예수를 모른다고 거짓말을 했는데도, 베드로는 초대 교황이 되었고, 그리고 천당에 올라가서 예수를 보좌하고 있는 것을 보면 어느 정도의 거짓말은 천당에 가는 데 허용되는 것 같다. 베드로는 거짓말을, 남을 해치기 위해 한 것이 아니었고, 잡히면 자기도 죽으니까, 죽지 않기 위해서, 자기의 생명을 살리기 위해서 거짓말을 했었으니까, 이런 거짓말은 천당에 가는 데 아무런 지장이 없는 것으로 생각이 든다.

만약 6계를 지키지 못하고 잘못을 저질렀다고 하더라도, 앞으로는 그런 못된 짓을 더 이상 하지 않겠다고 참회하고 예수에게 빌면 다 용서를 받게끔 돼 있다. 예수는 이 세상을 구원하러 오신 분이시고, 이 세상을 처벌하러 오신 분이 아니시니까, 예수는 당신을 쉽게 용서해주시고 말 것이다. 하나님도 "아들(예수)을 믿는 이는 영원한 생명을 얻는다."(요한3:36)고 말씀했다. 예수만 믿으면 모든 죄악으로부터 용서를 받고 그리고 천국에 가게끔 돼 있다.

예수 옆에서, 함께 십자가에 못 박히어 같이 죽어가는 죄수 한명이 예수에게, "예수님, 선생님의 나라에 들어가실 때 저를 기억해 주십시오."하고 말하였다. 그러자 예수는, "내가 진실로 너에게 말한다. 너는 오늘 나와 함께 낙원에 있을 것이다."라고 그에게 말해주었다 (루카23:42). 이 죄수는, 전에 예수를 믿은 적이 없었지만, 마지막 순간에 예수에게 자기를 기억해 달라는 한 마디의 부탁만으로도, 예수와 함께 천국에 갔다.

기독교에서 가장 흉악한 범인은 바로 예수를 죽인 사람들일 것이다. 하지만, 예수는 이런 흉악한 사람들을 다 용서해주셨다. 예수는, 하나님께 "저들은 자기들이 무슨 일을 하는지 모릅니다. 저들을 용서해주십시오 (루카 23:34)"라고 하나님께 기도했다. 기독교에서는 성부 성자 성령이라고 삼위일체를 부르짖고 있다. 예수가 바로 하나님이시고, 하나님이 바로 예수인 것이다. 예수를 죽였다는 말은 바로 하나님을 죽였다는 말인데, 하나님을 죽인 사람들조차 예수는 용서해주었다. 그러니까, 예수를 믿고 따르기만 하면 100%천당에 가게끔 돼 있다.

내가 어쩌다가 교회에 가보면, 목사들은 천당에 가는 것이 아주 어려운 일인 것처럼 설교를 하고 있다. 하지만, 내 의견은 다르다. 내 의견은, 천당에 가는 것은 아주 쉬운 일인데, 어려운 일은, 천당에 가서 영생동안 무엇을 해서 먹고 사느냐 이다. 기독교신자들에게 천당에 가서 무엇을 해서 먹고 살 참이냐고 물어보았더니, 답변은 두 가지다. 첫째는 천당에는 영혼이 올라가기에 영혼은 음식을 필요로 하지 않으니까 먹을 것에 대해서는 우려할 필요가 없고, 둘째는 천당에 올라가면 하나님이 다 알아서 우리를 행복하게 해주니까, 아무 것도 걱정할 필요가 없다는 것이다. 당신은 위의 두 답변이 옳다고 생각하고 있으신지?

천당사람도 먹어야 산다!

50여 명의 친구들한테, "당신은 기독교신자로서, 주말이면 교회에 나가고, 그리고 예수를 섬기고 있으니까 죽으면 100%로 천당에 가게끔 돼 있는데, 천당에 가서 뭣해서 영생동안 먹고 살 계획이요?"하고 물어보았더니, 다들 의외의 질문에 깜짝 놀라기도 했고, 심지어 어떤 친구들은 한참 동안 멍해버리기도 했다. 그리고 한다는 대답들이 대개 두 가지다. 사람이 죽으면 천당에 영혼이 올라가니까, 영혼은 먹지 않으니까 천당에서 먹을 걱정을 할 필요가 없다는 것이고, 그리고 두 번째 대답은, 천당에 올라가면 자비스러운 하나님이 우리 인간을 위해서 우리를 모두 다 행복하게 해줄 테니까 우리는 걱정할 필요가 없다는 것이다. 하나님만 믿으면 된다는 것이다. 그러면서 나더러 왜 그런 바보 같은 질문을 하느냐고 반문하는 친구도 더러 있었다.

천당에는 영혼만 올라간다고 많은 기독교신자들은 말을 하고 있고, 그리고 또 그렇게 믿고 있는데, 이 말은 사실은 아닌 것이다. 천당에는 영혼이 올라가는 것이 아니고, <성경>에 의하면, 육체가 있는 인간들이 살고 있다는 사실을 알고 있어야 한다.

<창세기> (1:26)에, 하나님은, "하나님하고 비슷하게 하나님 모습으로" 인간을 만들었다고 했다. 하나님이 육체를 가지고 있으니까 아담과 이브에게도 육체를 만들어주었었던 것이다. 하나님이 매일 먹고 사시니까, 아담과 이브에게도 하나님처럼 먹고 살라고 했었던 것이다.

복음서에 보면 예수는 십자가에 못 박히어 죽고 난 후, 3일 만에 부활해서, 육체를 가지고 하늘나라로 올라갔다고 했다. 만약 하늘나라에는 육체가 없는 영혼들만이 살고 있다면, 예수가 구태여 무거운 육체를 끌고 하늘나라로 올라갈 이유가 없었을 것이다. 하늘나라 사람들이 육체를 가지고 살고 있기에 예수가 하늘나라로 육체를 끌고 올라갔었던 것이다.

가톨릭에서는 1964년까지는 공식으로 화장을 하지 못하게 했다. 왜냐하면 예수가 강림해 내려오시면 죽었었던 모든 사람들이 다시 살아나서 예수의 심판을 받고 그리고 하늘나라로 간다고 믿고 있었기 때문이었다.

모든 살아있는 생명체는 다 육체를 가지고 있고, 그리고 육체가 있는 한 먹어야만 하는 것이다. 먹지 않으면 육체는 죽어 없어지고 만다. 그래서 하나님도 인간에게 먹을 것을 바치라고 했다. 천당에서도 영생을 하고 싶으면 먹어야만 하는 것이다.

하나님은 (창세기 1:29), 천국에서 아담을 만들어놓고, "이제 내가 온 땅 위에서 씨를 맺는 모든 풀과 씨 있는 모든 과일나무를 너희에게 준다. 이것이 너희의 양식이 될 것이다." 라고 아담에게 말했다. 하나님(창세2:16)은 천국에서 사람에게, "너는 동산에 있는 모든 나무에서 열매를 따 먹어도 된다. 그러나 선과 악을 알게 하는 나무에서는 따 먹으면 안 된다"고 말했다. 헌데 아담과 이브는 하나님이 따 먹지 말라는 열매를 따먹었기에 하늘나라에서 쫓겨나 지상으로 왔었던 것이다.

모세가 이스라엘 사람들을 데리고 광야에서 헤매고 있었을 당시 양식이 다 떨어지고 없었다. 이때 하나님(탈출 16:4)은, "이제 내가 하늘에서 너희에게 양식을 비처럼 내려 줄 터이니, 백성은 날마다 나가서 그날 먹을 만큼 모아들이게 하여라."라고 말했다. 이스라엘 사람들은 하늘에서 내려온 양식을 "만나" (Manna)라고 불렀다. "만나는 고수풀 씨앗처럼 하얗고, 그 맛은 꿀 섞은 과자 같았다" (탈출17:31)라고 했다. 이스라엘 사람들은, "아침마다 제가 먹을 만큼만 거두어들였다"라고 했다. 이처럼 하늘나라에도 '만나'라는 양식이 있는 것을 보면 하늘나라에 살고 있는 하나님이나 천사들이 '만나'(Manna)라는 음식을 먹고 있었다는 사실을 추측해 낼 수가 있는 것이다.

<레위기> 1장에 보면, 하나님은, "너희 가운데 누가 짐승을 잡아 주님에게 예물을 바칠 때에는 소 떼나 양 떼 가운데에서 골라 예물을 바쳐야 한다."고 말했다. "작은 가축, 곧 양이나 염소 가운데에서 예물을 골라 번제물로 바치려면, 흠 없는 수컷을 바쳐야 한다."

고 말했다. 하나님도 고기를 좋아하신 것만은 사실인 것 같다.

창세기4:1에 보면, 아담과 이브는 카인과 아벨 두 아들을 낳았었다. 카인은 땅을 부치는 농부가 되었고, 그리고 아벨은 양을 기르는 양치기가 되었다. 카인은 농부이니까, 땅에서 나오는 곡식을 주님께 제물로 바쳤고, 아벨은 양 떼 가운데 '맏배들과 그 굳기름'을 바쳤다. 주님은 아벨이 바친 제물을 좋아하셨지만, 카인이 바친 제물은 굽어보지 않으셨다고 했다. 이런 것을 보면 하나님은 아벨이 바친 고기를 좋아했었던 것만은 사실이었다.

하나님(이사야서: 25:6)이, "살찌고 기름진 음식과 잘 익고 잘 거른 술로 잔치를 베푸시리라"라고 말했었던 것을 보면, 살찌고 기름진 고기뿐만 아니라, 하나님은 술도 즐겼었던 것 같다. 예수도 포도주를 마셨다. 예수 (마르14:25)도, "내가 하느님 나라에서 새 포도주를 마실 그날까지…"라고 말한 것을 보면 하늘나라에는 분명히 포도주 술까지 있는 것으로 나는 알고 있다.

<혼인잔치의 비유> (마태복음 22장)에 보면, 하늘나라에서, 어떤 임금이 "황소와 살진 짐승을 잡아서" 아들의 혼인 잔치를 준비해놓고 그리고 사람들을 초대하는 이야기가 나온다. 하늘나라에서도 결혼을 한다는 사실! 하늘나라에서는 목사나 신부가 없을 텐데, 그렇다면 하늘나라에서 결혼을 할 때는 누가 주례를 서줄까? 하고 궁금해보는 것도 재미있는 상상일 것 같다.

<열 처녀의 비유> (마태복음 25장)에서 보다시피, 하늘나라에서 열 처녀가 등을 들고 신랑을 기다리고 있는 이야기이다. 슬기로운 5명의 처녀는 등과 함께 기름도 그릇에 담아가지고 있었다. 하지만 어리석은 5명의 처녀는 등을 가지고 있었지만 기름을 가지고

있지 않았다. 신랑이 늦어지자 처녀들은 모두 졸다가 잠이 들었다. 그런데 한밤중에 신랑이 온다는 외침소리가 났다. 기름을 준비해 놓지 않았었던 어리석은 5명의 처녀들은 그때 기름을 사러 밖에 나갔다. 어리석은 처녀들이 기름을 사러 밖에 나간 사이에 신랑이 들어왔다. 기름을 미리 준비해놓은 슬기로운 처녀들은 신랑과 함께 혼인잔치에 들어갔다. 어리석은 5명의 처녀가 기름을 산 후 되돌아오니까, 문이 닫혀 있었다. 문을 열어달라고 해도 신랑은 문을 열어주지 않았다. 어리석은 5명의 처녀는 문이 닫히어 있었기에 혼인잔치에 들어가지 못했다는 이야기이다.

"준비하고 있던 5명의 처녀들은 신랑과 함께 혼인 잔치에 들어갔다"고 했다. 말이 좀 빗나가지만, 5명의 처녀들하고 한 명의 신랑이 함께 혼인 잔치에 들어갔다는 말은, 아마 천국에서는 일부다처제인지도 모를 일이다. 하여튼 천국에서도 결혼을 하고, 그리고 결혼식에는 혼인잔치가 있기 마련이고, 잔치가 있었다는 말은 천국에 있는 사람들도 먹으면서 살고 있다는 사실을 우리에게 말해주고 있는 것이다.

신통한 사실은, 몇 명의 친구들에게 위의 혼인잔치는 '하늘나라' (Kingdom of heaven)에서 생긴 일이라고 여러 번 설명해주어도 내 말을 곧이듣지 않았다는 사실이다. 내가 직접 성경책을 들이대면서 내 손가락으로 "하늘나라" (the kingdom of heaven)라는 단어를 지적해준 후에 마지못해 하늘나라에서 생긴 일이라는 것을 긍정해주었다.

예수(마태13.16)는 "너희의 눈은 볼 수 있으니 행복하고, 너희의 귀는 들을 수 있으니 행복하다"라고 말했다. 많은 기독교 신자들은 눈과 귀를 가지고 있는데도, 천국에 있는 사람들이 음식을 먹고 살고 있다는 사실을 모르고 있다. 눈이 있어 볼 수는 있지만 제대로 보지 못한다면, 귀가 있어 들을 수는 있지만 제대로 듣지 못한다면 결코 행복하다고 볼 수는 없는 것이다.

천국은 행복한 곳? 혹은 고통스러운 곳?

많은 기독교인들은 교회에 가서 목사가, "하나님을 믿으십시오, 그러면 천당에 갑니다. 천당에 가면 영생토록 행복하게 살게 됩니다."라는 설교를 듣는다. 어떤 기독교인들은 하나님한테 밥(헌금)도 주고, 하나님에게 집(교회)도 지어주고, 그리고 하나님을 지극하게 모시고 있다. 이처럼 하늘나라에 많은 보물을 쌓아놓았으니까, 이제는 걱정이 없다는 것이다. 천당(하늘나라)에 가기만 하면 영생토록 행복하게 살게끔 돼 있다는 것이다.

기독교신자들에게 <성경>을 믿느냐고 물어보았다. 다들 믿는다고 대답했다. <성경>은 바로 하나님의 말씀이 적힌 책이니까, <성경>에 적힌 말들은 다 사실이라고 했다. 그래서 <성경>은 하늘나라에 대해 어떻게 묘사하고 있는가를 알아보기 위해서 <성경>을 읽어보았다.

1) 마태 13:24 : 예수께서 비유를 들어 말씀하셨다. "<u>하늘나라는</u>

(밑줄은, 하늘나라라는 것을 알려주기 위해서 필자가 일부러 그어 놓았음), 자기 밭에 좋은 씨를 뿌리는 사람에 비유할 수 있다. 사람들이 자는 동안에 그의 원수가 와서 밀 가운데에 가라지(Tare: 毒보리)를 덧뿌리고 갔다. 줄기가 나서 열매를 맺을 때에 가라지들도 드러났다. 그래서 종들이 집주인에게 가서, '주인님, 밭에 좋은 씨를 뿌리지 않았습니까? 그런데 가라지는 어디서 생겼습니까?' 하고 묻자, '원수가 그렇게 하였구나.' 하고 집주인이 말하였다.

◆ 여기 비유에서 보면, 두 가지 사실을 알 수가 있다. 천국에서도 씨를 뿌리는 사람이 있고 집주인이 따로 있다는 사실이다. 일꾼이 있고, 그리고 일을 시켜먹는 주인이 따로 있는 것이다. 가난한 사람이 있고 그리고 부자가 따로 있다. 더군다나 훼방을 놓는 원수도 있다. 천국인데도 원수가 있다는 사실! 훼방을 놓는 원수가 있는 데 어찌 마음 편하게 행복하게 살 수가 있단 말인가?

2) <혼인잔치의 비유> 마태22:1-14): 다음은 예수가 하신 말씀이다. "하늘나라는 자기 아들의 혼인잔치를 베푼 어떤 임금에게 비길 수 있다. 임금은 황소와 살진 짐승을 잡고 모든 준비를 해놓고, 그리고 종들을 시켜 사람들을 잔치에 초청해오도록 했다. 하지만 사람들은 아랑곳하지 않고, 어떤 자는 밭으로 가고 어떤 자는 장사하러 갔다. 나머지 사람들은 종들을 붙잡아 때리고 그리고 죽였다. 임금은 군대를 보내어 그 살인자들은 없앴고 그리고 그들의 고을을 불살라버렸다. 그러고 나서 임금은 종들에게, 고을 어귀로

가서 아무나 만나는 대로 잔치에 불러오라고 명령했다. 종들은 거리에 나가 악한 사람 선한 사람 할 것 없이 만나는 대로 데려왔다. 잔칫방은 손님들로 가득 찼다."

◆ 여기서 보면 천국에는 선한 사람도 있지만 또한 악한 사람도 살고 있다. 더군다나 사람들이 살인까지 했고, 심지어는 군대를 보내서 고을을 불살라버리기도 했다. 나는 천국하면 모든 사람들이 다 영생하는 것으로 알고 있었는데! 천국에서 살인당한 사람의 영혼은 그렇다면 도대체 어디에로 갈까?

3) <매정한 종의 비유> (마태 19:23-35): 다음은 예수의 말씀이다. "그러므로 하늘나라는 자기 종들과 셈을 하려는 어떤 임금에게 비길 수 있다. 임금이 셈을 하기 시작하자 1만 달란트를 빚진 사람 하나가 끌려왔다. 그런데 그가 빚을 갚을 길이 없으므로, 주인은 그 종에게 자신과 아내와 자식과 그 밖에 가진 것을 다 팔아서 갚으라고 명령하였다. 그러자 그 종이 엎드려 절하며, '제발 참아 주십시오, 제가 다 갚겠습니다.' 하고 말하였다. 그 종의 주인은 가엾은 마음이 들어, 그를 놓아주고 부채도 탕감해주었다.

그런데 그 종이 나가서 자기에게 백 데나리온을 빚진 동료 하나를 만났다. 그러자 그를 붙들어 멱살을 잡고, '빚진 것을 갚아라.' 하고 말하였다. 그의 동료는 엎드려서, '제발 참아 주게, 내가 갚겠네.'하고 청하였다. 그러나 그는 들어주려고 하지 않았다. 그는 동료가 빚진 것을 다 갚을 때까지 감옥에 가두었다.

동료들이 그렇게 벌어진 일을 보고 너무 안타까운 나머지, 주인에게 가서 그 일을 죄다 일렀다. 그러자 주인이 그 종을 불러들여 말하였다. '이 악한 종아, 네가 청하기에 나는 너에게 빚을 다 탕감해주었다. 내가 너에게 자비를 베푼 것처럼 너도 네 동료에 자비를 베풀었어야 하지 않느냐? 그러고 나서 화가 난 주인은 그를 고문형리에게 넘겨 빚진 것을 다 갚게 하였다. 너희가 저마다 자기 형제를 마음으로부터 용서하지 않으면, 하늘의 내 아버지께서도 너희에게 그와 같이 하실 것이다.

◆ 여기서 보면, 천국에서도 빚진 사람이 있다는 사실이다. 빚을 못 갚으면 영창에도 가고 심지어는 고문형리에게 넘겨져서 고문까지 당한다는 것이다. 빚을 못 갚을 경우, 빚진 사람과 그의 가족을 팔아서 갚아야 한다고 했다. 인신매매가 천국에서 행해지고 있다는 기막힌 사실이다. 빚진 것만으로도 불행한데, 빚을 갚지 못했다고 해서 고문까지 당하고 그리고 가족까지 팔려야하고! 이런 곳이 행복한 천국이라고 볼 수가 있을까?

4) <달란트의 비유> (마태 25:14): 예수가 말씀하셨다; 하늘나라는 어떤 사람이 여행을 떠나면서 종들을 불러 재산을 맡기는 것과 같다. 각자의 능력에 따라, 첫 번째 종에게는 다섯 달란트, 두 번째 종에게는 두 달란트, 그리고 세 번째 종에게는 한 달란트를 주고 여행을 떠났다. 첫 번째 종하고 두 번째 종은 그 돈을 활용하여 배로 벌어놓았다. 그러나 한 달란트를 받은 세 번째 종은 땅을 파

고 주인의 돈을 숨겨놓았다. 오랜 뒤에 종들의 주인이 되돌아왔다. 첫 번째 종하고 두 번째 종은 두 배로 벌어놓은 돈을 되돌려주었다. 그러자 주인은 그들에게 "잘하였다. 착하고 성실한 종아! 네가 작은 일에 성실하였으니 이제 내가 너에게 많은 일을 맡기겠다. 와서 네 주인과 함께 기쁨을 나누어라"

하지만 세 번째 종은, 땅에 묻어놓았었던 한 달란트의 돈을 끄집어내서 주인에게 되돌려주었다. 주인은 화를 냈다. "이 악하고 게으른 종!"이라고 심하게 꾸짖었다. 그리고 "저자에게서 그 한 달란트를 빼앗아 열 달란트를 가진 이에게 주어라. 누구든지 가진 자는 더 받아 넉넉해지고, 가진 것이 없는 자는 가진 것마저 빼앗길 것이다. 그리고 저 쓸모없는 종은 바깥 어둠속으로 내던져버려라. 거기에서 그는 울며 이를 갈 것이다."

◆ 여기서 보면, 능력에 따라 주인은 종들에게 돈을 맡겼었다고 했다. 세 번째 종은 능력이 적었기에, 한 달란트만 받았었다. 능력이 없다는 것을 스스로 알고 있었기에 이 종은 주인이 준 돈 한 달란트를 땅 속에 묻어두었다가, 주인이 되돌아오니까, 한 달란트를 되돌려주었다. 자기 능력에 맡게 행동했었다. 돈을 벌 능력도 없으면서 괜히 사업한다고 사업하다가, 1달란트마저 없애버리는 것보다는, 돈 벌 능력이 없다는 것을 스스로 알고서, 주인이 맡겨놓은 돈 1달란트를 땅에 묻어놓고, 그리고 주인이 되돌아오니까, 주인에게 한 달란트를 되돌려준 것이 나로서는 이 세 번째 종이 아주 착실한 종처럼 보였었다. 헌데 주인은 돈을 배로 벌어놓지 않았다

고 해서, 세 번째 종을 "게으르고 악한 종이라"고 심하게 꾸짖고는 그리고 어둠 속(지옥)으로 내던져 버렸다는 사실이다.

내가 보기에는 능력이 없는 종이 돈을 배로 벌어놓지 않았다고 해서 종을 지옥으로 쫓아버리는 주인의 행동은 아주 잔인하기 짝이 없다. 이런 잔인한 주인 밑에서 종노릇을 하면서 살아야 하는 곳이 하늘나라란 말인가? 주인은 또한 "가진 것이 없는 자는 가진 것마저 빼앗길 것이다"라고 말을 하면서 가난한 이는 더 가난하게 해주었고, 그리고 부자는 더 부자가 되게끔 해주었다. 어떻게 이럴 수가 있단 말인가? 가난한 사람은 천국에서 쫓겨나는 곳이 천국이란 말인가? 부자가 잘 사는 곳이 바로 천국이란 말인가?

이게 실제로 하늘나라에서 생긴 일이라면, 물론 예수가 하신 말씀이시니까, 거짓이 아니고 사실이겠지만, 그렇다면, 돈을 벌 능력이 없는 사람들은 영원토록 천국에서 살 수가 없단 말인가?

<성경>에 적혀있는 천국은, 내가 보기에는, 결코 행복한 곳은 아니다. 예수 (마태 18;18)는, "내가 진실로 너희에게 말한다. 너희가 무엇이든지 땅에서 매면 하늘에서도 매일 것이고, 너희가 무엇이든지 땅에서 풀면 하늘에서도 풀릴 것이다"라고 말했다. 이런 것을 보면 땅이나 천국이 별로 차가 있는 것은 아닌 것이다. 그런데 기독교신자들은 "천국에만 가면 만사가 형통해서 영생토록 행복하게 살게 될 것"이라는 아이디어와 믿음을 갖고 있는데, 도대체 이런 아이디어와 믿음을 어떻게 갖게 되었을까?

천국에서 무엇을 해서 먹고 살 계획이요?

사람이란 어느 땐가는 꼭 죽게 돼 있다. 내 나이 76세, 언제 죽을지 모르는 인생이다. 나는 불교인으로서 기독교의 천당이 존재한다는 것을 믿지 않고 있다. 불교인들은 생과사의 윤회를 믿고 있다. 현세의 삶이 다음의 생으로 연속되어 간다는 것을 나는 믿고 있는 것이다. 나의 현재의 삶을 살펴 보건데, 내가 죽으면 나는 다시 인간으로 태어날 것이라고 믿고 있다. 만약 인간으로 다시 태어난다면 지금과 같이 의사로서 그리고 문필가로서 계속 생활을 해 갈 수 있도록 준비를 하고 있는 중이다.

내 아내는 가톨릭 신자이고 그리고 주위에 있는 많은 친구들은 기독교 신자들이다. 기독교신자들이 죽으면 도대체 천당에 가서 무엇을 해서 먹고 살까 하는 호기심이 생겼다.

주위에 있는 기독교 친구들에게, "당신은 예수를 믿고 있으니까, 죽으면 분명히, 내가 자신을 하는데 100%로 천당에 가게끔 돼 있는데, 천당에 가면 무엇을 해서 먹고 살 참이요?"하고 물어보았다.

의외로 모든 기독교 친구들이 천국에 가면 무슨 일을 해서 먹고 살 것인가에 대해 전연 준비를 해놓고 있지 않는 것을 보고 놀라지 않을 수가 없었다. 이네들은 한결같이, "자비스런 하나님이 우리를 행복하게 해주실 테니까 사후(死後)에 대해서는 걱정할 필요가 없습니다. 하나님만 믿으면 됩니다. 하나님만 믿으십시오." 하고 대답들을 했다.

이네들은 천국에 대해 전연 모르고 있었다. 천당은 이네들이 생각하고 있는 것처럼 결코 행복한 곳이 아니라는 것을 전연 모르고 있었다. 다음은, 예수가 하늘나라(천당)에 대해 말씀하신 것을 아주 간단하게 요약해보았다.

"하늘나라에는, 선량한 사람들도 살고 있지만, 또한 악한 사람들(마태22:10)도 살고 있고, 우리를 괴롭히는 원수(마태13:24)도 살고 있고, 사람을 죽인 살인자(22:6)도 살고 있다. 천국에는 영생을 한다고 하지만, 하늘나라에서 살인을 당해 죽은 사람들도 있다. 임금은 임금의 종들을 죽인 살인자를 잡아 처벌하기 위해서 임금이 군대(22:8)를 보내 온 고을을 불로 태워버리기도 했다. 부자가 있는가 하면 장사하는 사람도 있고, 그리고 아주 가난하게 살아가는 사람들도 있다. 빚을 못 갚으면 고문 형리(19:23)에게 보내어져서 고문을 당하기도 하고, 빚을 다 갚을 때까지 영창에서 보낸다. 농장 주인이 있는가 하면 농장에서 일하는 종들도 있다. 또한 결혼(22:2)도 한다."

위의 천당에 대한 예수의 말씀은 <성경> '마태복음서'에 써져 있다.

천당이라고 하지만 특별한 게 아니고, 인간 세상의 희로애락을 다 갖고 있는 곳이 바로 천당인 것이다. 예수가 말한 천당은, 내 짐작으로는, 미국사회보다 못하다. 미국에서는 적어도 형리에게 보내어져 고문을 당하는 일은 없으니까 말이다. 미국에서는 빚을 많이 지면, 파산신고를 해버리면 더 이상 빚쟁이한테 쫓겨 다니지는 않으니까 말이다. 미국사회가 천당보다 훨씬 더 좋은 곳 같다. 하지만, 사람은 어느 땐가는 꼭 죽게끔 돼 있고, 그리고 죽으면 지옥에는 갈 수는 없는 일이고, 싫든 좋든, 할 수 없이 천당에 가야만 하니까, 미국사회보다 못하다고 하더라도 천당을 거부할 수 있는 입장은 아닌 것이다.

"하나님은 스스로 돕지 않는 자는 도와주지 않는다."라는 서양 속담이 있다. 하나님은 스스로 돕지 않는 자는 도와주지 않는다는 말이다. 가령 당신이 게으름을 피워서 가난하다면 하나님은 결코 당신을 부자로 만들어주지 않는다는 말이다. 가령 당신이 마약이나 피우고 술을 매일 마셔 병(病)이 들었다면 하나님은 당신의 병을 고쳐주어 건강하게 해주지 않는다는 말이다. 만약 당신이 열심히 일을 해서 부자가 되었다면, 당신 스스로가 열심히 일을 해서 부자가 된 것이지 결코 하나님이 당신을 도와주셔서 당신이 부자가 된 것이 아니라는 말이다. 다시 말하면 부자가 되던 가난뱅이가 되던, 하나님이 도와주어서 당신이 부자나 가난뱅이가 된 것이 아니고, 당신 스스로가 부자가 되고 그리고 당신 스스로가 가난뱅이가 되었다는 말이다.

만약 당신이 죽어서 하늘나라에 간다면, 하늘나라에서 농장 주인으로서 잘 사느냐 혹은 종으로서 가난하게 사느냐는 바로 당신한테 달린 것이지, 결코 하나님한테 달린 것은 아니라고 말해주었다. 이왕 천당에 갈 바에야 천당에서 잘 사는 게 낫지 않겠느냐고 말해주었다.

천당에 가기 전에, 천당에 가면 무엇을 해서 먹고 살 것인가 하고 미리 계획을 세워놓고 그리고 준비해놓으면 천당에서 잘 살 수 있는 가능성이 더 많은 것이라고 생각해보았다.

어린 아이들은 성장하면 뭐가 되겠다는 꿈을 갖고 자란다. 이런 꿈을 갖고 자란 아이들은 커서 성공할 가능성이 훨씬 더 많은 것이다. 일류대학에 가야겠다고 마음을 먹은 고등학생들은 평소 때 보다 더 열심히 공부하고 노력하고 있다. 그런 식으로 천당에 가서 주인으로서 그리고 부자로서 살고 싶다는 계획을 세운 사람들은, 살아있을 때, 천당에서 부자로서 살기 위해서 보다 더 열심히 준비를 해놓을 것이다.

어떤 사람이, 어떻게 해야 천당에 가서 부자로서 그리고 주인으로서 잘 살 수 있는가 하고 나한테 물었다. 나는 모른다고 대답했다. 하지만, 우리 같이 연구해보자고 대답해주었다.

많은 이민자들은 미국에 오기 전에 미국에 오면 무엇을 해서 먹고 살겠다는 계획을 세우고 난후 이민 온 사람들이 많다. 이처럼 계획을 미리 세우고 이민 온 사람들은 미국에 정착하는데 성공하는 비율이 더 많다. 이와 반대로, 아무런 계획 없이 덮어놓고 미국에 이민 온 사람도 있다. 계획 없이 미국에 이민 온 사람들은 고생이 더 많을 수밖에 없다.

이런 식으로 우리는 천당에 가기 전에, 천당에 가면 무엇을 해서 먹고 살 것인가 하고 미리 계획을 세워놓고 그리고 천당에 가야 옳다고 본다. 무척대고 천당에 가서 하나님이 다 먹여살려주겠지 하는 막연한 기대감을 갖고 천당에 가면 큰 낭패를 당하게 될 것이라는 것을 미리 알고 있어주기 바란다. 천당에서 커다란 낭패를 당하고 싶지 않으면 살아있을 때, 지금부터 천당에 가면 무엇을 해서 먹고 살 것인가를 미리 준비해놓아야만 한다고 나는 주장하고 싶다.

미국에 이민 와서 미국에서 살고 있는 교포들을 유심히 관찰해 보았다. 한국에서 사업을 잘 해서 돈을 잘 벌고 있는 사람이 미국에 오면 미국에 와서도 사업을 해서 계속 돈을 잘 벌고 있는 것을 보았다. 한국에서 의사들이나 간호사들은 미국에 와서도 의사나 간호사로서 삶을 살아가고 있는 것을 보았다. 한국에서 교육을 많이 받은 사람들은 미국에 와서도 좋은 직책을 가지고 살아가고 있는 것을 보았다. 한국에서 건강한 사람들은 미국에 와서도 계속 건강하게 살아가고 있는 것을 보았다. 한국에서 머리가 총명한 사람들은 미국에서도 총명하게 살아가고 있는 것을 보았다. 한국에서 사기꾼들은 미국에서도 사기꾼이 되어 살아가고 있는 것을 보았다. 한국에서 가난한 사람들은 미국에서도 가난하게 살아가고 있는 것을 종종 보았다. 한국에서 술을 잘 마신 사람들은 미국에서도 계속 술을 마시는 것을 보았다. 한국에서 잘 사는 사람들은 미국에 와서도 잘 살고 있는 것이다.

이런 식으로, 한국에서 미국으로 삶이 연속되어지듯이, 지상의 삶이 천국으로 연속되어 질 것이라고 나는 믿고 싶다. 지상에서 잘 살고 있는 사람들은 천당에서도 계속해서 잘 살아갈 것이라고 나는 짐작하고 있다. 지상에서 의사나 변호사, 사업가, 배우, 정치가, 등등, 이런 사람들은 천당에서도 같은 직업을 가지고 생활해 갈 것이라고 나는 혼자서 생각해보았다. 그래서 나는 주위사람들에게, 천당에서 머리가 영리하게 살고 싶거든, 은퇴한 후에도 게으름 피우지 말고 계속 책을 읽으면서 열심히 공부하라고, 그리고 사회에 봉사할 수 있으면 많이 봉사하라고 권해주었다.

내가 교회나 성당에 가면, 모든 목사나 신부들은, "하느님을 믿으십시오, 하느님을 믿으면 다들 천당에 가서 영원토록 행복하게 삽니다." 하고 설교를 하고 있는 것을 보았다. 이래서는 안 된다. 교회에 나오는 모든 신자들은 다들 100% 저절로 천당에 가게끔 돼 있는 것이다. 다 천당에 가게끔 돼 있는데 구태여 하느님을 믿으라고 설교를 할 필요는 없다. 그 대신, 천당에 가면, 게을러서 쫓겨나지 않도록, 천당에서 가난해서 종노릇을 하지 않도록, 어떻게 하면 천당에서 부자로 잘 살아갈 수 있는가에 대해서, 지금 우리가 살고 있는 이 지상에서 어떻게 그리고 무엇을 미리 준비를 해야 할 것인가에 대해서 설교를 해주어야 한다고 나는 생각하고 있는 것이다. 천당에서 부자로 잘 살 수 있는 방법에 대해서 목사나 신부가 설교를 해야, 그게 옳은 설교라고 나는 생각하고 있는 것이다.

밀 알이 살아있어야…

다음은 요한복음 (12:24)에 있는 말씀이다;

예수님께서 그들에게 대답하셨다. "사람의 아들(예수)이 영광스럽게 될 때가 왔다. 내가 진실로 진실로 너희에게 말한다. 밀알 하나가 땅에 떨어져 죽지 않으면 한 알 그대로 남고, 죽으면 많은 열매를 맺는다. 자기 목숨을 사랑하는 사람은 목숨을 잃을 것이고, 이 세상에서 자기 목숨을 미워하는 사람은 영원한 생명에 이르도록 목숨을 간직할 것이다. (밑줄은 필자가 그었음)

내가 고등학교 때 이 말을 듣고서, 아! 참 멋있는 말이로구나 하고 감탄을 한 적이 있었다. 헌데 성장해놓고 보니까, 그게 아니었다.

"밀알 하나가 땅에 떨어져 죽지 않으면 한 알 그대로 남는다."라고 말했는데, 이 말은 옳은 말은 아닌 것이다. 땅에 떨어진 밀알이 죽지 않고 있으면 "한 알 그대로 남아있는 것"이 아니고, 살아있는 그 밀알 하나가 발아되어 많은 열매를 맺게 해주는 것이다.

이와 반대로, 밀알 하나가 땅에 떨어져 "죽으면 많은 열매를 맺는다."라고 했는데, 밀알 하나가 땅에 떨어져 죽으면, 죽은 밀알은 썩어서 그냥 없어져버리는 것이다. 죽은 밀알은 결코 많은 열매를 맺을 수가 없는 것이다. "밀 알 하나가 땅에 떨어져 죽으면 많은 열매를 맺는다."라는 말은 틀린 말인 것이다.

"밀알 하나가 땅에 떨어져 죽지 않고 살아있어야만 그게 싹이 트고 줄기가 자라서 밀이 되어 많은 열매를 맺게 되는 것이다."라고 몇 명의 친구들에게 말해주었다. 친구들이 내 말을 듣고서, 참말을 해주어서 고맙다고 나한테 감사하게 여겨줄 듯 알았었는데 오히려 화를 내고 그리고 나한테 싸울 듯이 달라 드는 것을 보고서 놀랬다.

예수는, "자기 목숨을 사랑하는 사람은 목숨을 잃을 것이라"고 말했다. 이 말은, "밀 알 하나가 땅에 떨어져 죽지 않으면 한 알 그대로 남고"라는 말하고 상통하는 바가 있는 것 같다.

"자기 목숨을 미워하는 사람은 영원한 생명에 이르도록 목숨을 간직할 것이다"라는 말은, 위의 "밀알이 죽으면 많은 열매를 맺는다."라는 말하고 서로 통하는 바가 있는 것 같다. 하지만 이 말도 내 귀에는 틀린 것처럼 들린다.

"자기 목숨을 사랑하는 사람은 목숨을 잃을 것이다"라고 말했는데, 자기 목숨을 사랑하지 않는 사람이 어떻게 영원한 생명에 이르도록 목숨을 간직할 수가 있단 말인지? 나로서는 도저히 이해가 안 간다.

예수는 "내가 진실로 진실로 너희에게 말한다."라고 말을 하면서 '진실로'라는 말을 두 번이나 사용했다. 왜 진실로 라는 말을 두 번이나 사용해야만 했었을까? 진실로 라는 말을 사용하지 않고도 "내가 너희에게 말한다." 라고 말만했어도 예수의 제자들은 다 예수의 말씀을 믿고 따를 텐데, 왜 두 번이나 진실로 진실로 라는 말을 사용해야만 했었을까? 뭔가 미심쩍어서? 남들이 자기 말을 믿어주지 않을 것 같아서?

천당에 갔다 왔다는 책들

천당에서 아는 사람만나보고 왔다고 말하면, 이 사람은 바로 기독교신자이지 불교신자는 아닌 것이다.

어느 날, 아침을 먹으면서 텔레비전을 보니까, 닥터 매리 닐 (Mary C. Neal)이라는 정형외과 여자 닥터가 칠레에서 카약을 타다가 사고가 생겨 물에 빠져 의식을, 그녀 말에 의하면, 10분 내지 14분 정도 잃었었는데, 다행히도 동료들이 소생심폐술을 해서 되살아났다고 했다. 의식을 잃은 동안에, 그녀는 하늘나라에 갔다 왔다고 했다. 그러면서 <천당에 갔다 왔다> (To Heaven and Back)라는 책까지 발간했다. 천당이 아주 좋다면, 왜 다시 지상으로 되돌아왔느냐고 텔레비전 앵커가 물으니까, 그녀에게 어린 두 자식이 있어서 어린 자식들을 양육하기 위해서 그녀는 되돌아와야만 했었다고 대답했다.

유행인지는 모르겠지만, 요사이 천당에 갔다 왔다는 사람들이 점점 많아지고 있다. 인터넷 아마존(Amazon) 서점에 들어가서 보니까, 천당에 갔다 온 후 쓴 책들이 아마 30권 내지 40여 권이나 있다. 미국 이외, 다른 나라에서도 천당에 갔다 왔다고 해서 천당기행문을 쓴 사람들이 꽤나 있을 것이라고 짐작하고 있다.

가장 잘 알려진 책이, 14세기 초에, 단테가 쓴 <신곡>이다. 단테는 지옥에 가서 보니까 4명의 전직 교황들이 지옥에서 고통을 당하고 있는 것을 보았다고 썼다. 단테는 천국도 갔다 왔었다.

내가 아는 사람들 중에서, 나한테 천당에 갔다 왔다고 말한 사람이 벌써 세 명이나 있었다. 이 세 사람은 다들 죽고 말았다. 천당에 갔다 왔다고 말한 사람들의 특징은, 병 때문에 혹은 사고(事故) 때문에, 의식을 잃은 후 응급실에서 치료를 받고 난 후 의식을 회복한 사람들이었다. 의식을 회복한 후, 천당에 갔다 왔다고 말을 하는 것을 보면 정신은 다 말짱한 사람들이었다. 정신이 말짱하다고 하는 말은, 의식을 잃은 기간에 두뇌에 어떤 손상을 크게 입지 않았다는 말이다. 더군다나 천당에 갔다 왔다고 책까지 쓴 것은 보면, 두뇌에 전연 이상이 없는 사람들이다. 만약 두뇌에 어떤 이상이 생겼더라면, 손상된 두뇌를 가지고 어떻게 책을 쓸 수가 있단 말인가. 그래서 천당에 갔다 왔다고 하는 사람들의 두뇌는 다 건전한 편인 것이다. 이런 사람들이, 아무리 의식을 잃었다고 하더라도, 숨을 쉬고 있는 한, 심장이 뛰고 있는 한, 아직은 완전히 죽은 상태가 아닌 경지에서 천당에 갔다 왔었으니까, 이것은 실제로 천당에 갔다 온 것이 아니고, 깨어나기 전에 잠깐 꿈을 꾼 상태인 것 같다고 설명해주었다. 자기네들은 실제로 천당에 갔다 왔다고 믿고 있었는데, 천당에 갔다 온 꿈을 꾼 것 같다고 설명을 해준데 대해 이 친구들은 은근히 나한테 섭섭해 했었다.

어떤 사람들은 다른 사람들이 천당에 갔다 왔다는 말은 듣고는, 아!, 그래, 나도 응급실에서 의식을 잃고 치료를 받은 적이 있었는데, 그때 깨어나기 전에 꾼 꿈이 바로 천당에 갔다 왔다는 소리구만, 그렇다면 나도 천당에 갔다 온 적이 있었는데! 하고 천당에 실제로 갔다 왔었다고 착각을 하는 사람도 더러 있을 수 있다. 그리고 는, 자기도 천당에 갔다 왔노라고 다른 사람들에게 말하고 다닌다.

예수는, 천당에 가기 위해서, 온 몸을 이끌고 하늘로 올라갔었는데, 천당에 갔다 왔다고 주장하는 사람들은, 자기 몸뚱이는 응급실이나 지상에 놔두고 영혼만 천당에 갔다 왔다고 말을 하고 있다. 영혼만 천당에 갔다 왔다고 하는 사람들의 말을 믿을 수가 없는 것이다. 만약 예수처럼 온 몸을 이끌고 하늘로 올라간 후 내려왔다면, 이런 사람들이 천당에 갔다 왔다고 말을 한다면, 이런 사람들의 말은 내가 곧이들을 수가 있는 것이다. 그렇지 않고서는 천당에 갔다 왔다는 말을 곧이곧대로 믿을 수가 없는 것이다.

천당에 갔다 왔다고 한 사람들은 세 가지 공통점이 있다. 첫 번째는, 천당은 아주 아름답고 평화스럽고 그리고 즐거운 곳이라는 것, 둘째는 먼저 죽었었던 사람들을 천당에서 다 만나보았다는 점이다. 셋째는, 천당에 가서 언어에 지장을 느꼈다고 말을 한 사람들이 하나도 없는 것을 보면, 천당에는 언어소통에는 아무런 지장이 없는 곳인 것 같다.

모든 기독교인들은 다 알고 있겠지만, 예수가 죽은 지 3일 만에 다시 살아났다. 그리고 이삼일 내로 하늘나라로 올라갔다. 예수는 지상에서 갖고 계셨던 그 모습대로 하늘로 승천하셨던 것이다. 그래서 어떤 사람들은, 천당에 가서 예수를 만나보고 왔다고 말을 하는 사람들도 있다.

성경 (루카:16장)에 보면, 부자 집 앞에서 살았었던 가난한 라자로가 죽었다. 천사들이 그를 아브라함 곁에다 데려다 주었다. 얼마 후에 부자가 죽었다. 부자가 저승에 가서 보니까, 라자로가 아브라함 곁에 앉아있는 것을 보았다. 부자는 불 속에서 고통을 받고 있었다. 부자는 아브라함에게 부탁했다. 라자로를 시켜서 자기의 고통을 덜게 해달라고. 하지만, 아브라함은 거절했다. 부자는 지옥에 있었고, 그리고 라자로는 천당에 있었기 때문에, 천당에 있는 라자로는 지옥에 있는 부자를 도와줄 수가 없다고 아브라함은 말했다.

여기서 보면, 가난한 라자로가 먼저 죽었고, 그리고 부자가 나중에 죽었다. 지옥에 떨어진 부자는 천당에 있는 라자로를 보자마자 라자로를 알아보았다. 라자로도 부자를 알아보았다. 기독교에서는 죽은 후 천당에서도, 지상에서와 마찬가지고 '나'라고 하는 생김새하고 '나'라고 하는 주체의식을 그냥 그대로 갖고 있다고 믿고 있는 것이다. 그래서 천당에 갔다왔다고 하는 사람들의 책을 읽어볼 것 같으면 천당에 가서 전에 알았었던 많은 사람들을 천당에 가서 만나보고 왔다고 보고를 하고 있다. 이게 기독교적인 사고방식인 것이다. 불교의 사고방식은 다르다.

불교의 핵심사상 중에 하나는 모든 것은 다 변화무상(無常)하다는 것이다. 어떤 것도 변하지 않고 그냥 그대로 있는 것은 없다는 것이 무상인 것이다. 무상하기에, 태어나면 변해서 늙어가는 것이다. 늙어가기에 우리는 어렸을 때의 나하고 지금의 나의 생김새는 많이 달라져 있는 것이다. 그리고 늙어서 병이 들고, 결국에는 죽게 되는 것이다. 죽은 후 다시 태어나면, 다른 사람으로 태어나게 된다. 우리가 우리의 전생을 모르듯, 우리는 죽고 나면 후생의 나가 어떻게 생겼는지 전연 알 수가 없는 것이다. 불교에서는 무아(無我)라고 했다. '나'라고 하는 변치 않는 실체가 없다는 것이다. 불교에서는 연속성을 말하고 있지만, 결코 같은 사람으로서 태어난다고 믿고 있지 않다. 생김새도 다르고 그리고 '나'라고 하는 주체의식도 다른 사람으로 태어난다고 믿고 있는 것이 불교인 것이다.

불교는 연속성을 믿고 있다. 전생의 '나'하고 현재의 '나'는 서로 연속 연결되어 있지만, 같은 '나'는 아닌 것이다. 예를 들면, 당신이 태아였었을 때의 '당신'하고 지금의 '당신'이 다른 식인 것처럼 말이다. 지금의 '당신'하고 그리고 죽은 후의 당신은 다를 수밖에 없는 것이다.

불교인들은 전생에 자기네가 누구였었는지를 전연 모르고 있는 식으로, 후생인 천당에 가서 태어난다면 전연 다른 생김새하고 다른 주체의식을 갖고 있는 다른 '나'로서 태어난다고 알고 있는 것이다. 그러니까 천당에 갔다 온 사람이 천당에 가서 알고 있었던 모든 사람들을 다 만나보고 왔다고 말을 한다면 그 사람은 기독교인이지 불교인은 아닌 것이다. 만약 불교인이 천당이나 극락에 갔다 왔다면, 아는 사람들을 만나보고 왔다고 말을 하지 않을 것이다. 만약 아는 사람을 만나보고 왔다면 그 사람은 기독교인으로서의 사고방식을 갖고 있는 사람이지, 무상하다는 불교사상을 알고 있는 진짜 불교인은 아닌 것이다.

그렇다면 왜 사람들은 천당에 가서 아는 사람들을 만나보고 왔다고 말을 할까? 그 이유는, 어렸을 때부터, 사람들은 죽으면 천당에 가고, 그리고 우리가 죽은 후 천당에 가면, 우리보다 먼저 죽었었던 사람들을 다 만나볼 수가 있다고 그렇게 교육을 받아왔기 때문인 것이다. 우리는 어렸을 때부터 천당은 행복한 곳이라고 교육을 받아왔었기에, 천당에 갔다가 온 사람들은 한결같이 천당은 아주 행복한 곳이고 그리고 천당에서 아는 사람들을 다 만나보고 왔다고 말들을 하고 있는 것이다.

기독교인의 눈이 아니라, 불교인의 눈으로 볼 것 같으면, 천당에서 아는 사람들을 만나보고 왔다고 말을 하는 사람들은 천당에 갔다 온 꿈을 꾸고서는 그게 진짜 천당에 갔다 온 것으로 착각을 하고 있는 사람들이든가, 혹은 기독교를 홍보하기 위해 일부러 천당에 갔다 왔다고 꾸며 썼거나, 그렇지 않으면 정신상태가 혼탁해서 생긴 환시의 천당을 보고 왔다고 밖에 볼 수가 없는 것이다. 내 눈으로 보기에는, 천당에 갔다 왔다고 하는 책들은 사실이 아니고, 다 거짓인 것이다.

한국인들의 신앙심

<황국의 제국>이란 시리즈 텔레비전 영화에서, “건물만 있으면, 창세기도 읽어보지 못한 사람들이 지붕 위에다 십자가를 세워놓고, 그리고 서울역에서 잠자고 있는 집 없는 사람들을 새로 지은 교회에 갖다놓으면 사람들이 교회에 모여든다고 했다. 아마 요사이 서울에서 수많은 교회가 생긴 데 대해 빈정댄 소리를 해놓은 것 같다.

미주기독교신문 크리스찬 투데이(2014/1/16)에 의하면, 미국 내 한인교회가 4,300개가 넘는다고 했다. 2010년 연방센서스가 공개한 한인인구가 170만 명인 것을 감안하면 394명당 1개꼴이다.

뉴욕하고 뉴저지에 한국교포들이 대략 20만 명 정도 살고 있다. 헌데 교회가 700가 넘는다. 교포들이 많이 살고 있는 뉴욕 퀸즈, 특히 플러싱 지역에는 한 블록마다 교회가 세워져 있을 정도로 한인교회가 많다. 퀸즈 지역에는 중국 사람들이 더 많이 살고 있다.

하지만 중국인들의 교회는 눈에 보이지 않는 것을 보면 중국교회는 그리 많이 있는 것 같지는 않다. 물론 공산국가 중국에서 온 중국인들은 아마 교회에 대해 그리 많은 흥미를 갖고 있으리라고 믿고 있지 않다.

한 친구는, “한국동포들은 돈을 벌면 교회에다 바치고, 반면에 중국 사람들은 돈을 벌면 자기네 사업을 늘린다.”고 말했다. 퀸즈 플러싱 지역에는 중국인들의 사업은 날로 번창해가고 있다. 근래에 많은 고층건물이 들어섰는데 이게 다 중국인들이 소유하고 있다. 플러싱 지역에 한국인들이 먼저 들어와서 장사를 시작했었지만, 지금에 와서는 중국인들이 좋은 상가지역을 다 차지하고 있다. 그 대신 한국동포들은 대형교회를 많이 짓고 있다. 대형교회란 2천명 이상의 신도들이 예배를 볼 수 있는 커다란 교회를 말하는 것이다. 신앙생활에는 한국동포가 이기고 있지만, 사업에는 중국인이 분명하게 이기고 있는 것이다.

불교는 어떠한가? 뉴욕 뉴저지에 한국교회가 700개가 넘는데 사찰은 20이 되지 못한다. 미국 전체에 한국사찰이 아마 200도 못되는 것으로 나는 알고 있다.

한국에는 불교 신자숫자가 기독교 숫자하고 거의 비슷한데 왜 미국에서는 불교인들의 숫자가 줄어들었을까? 줄어들어도 엄청나게 줄어들었다. 뉴욕에서, 한 대형교회의 신도 숫자가 3-4천명이 넘는다. 그런데 뉴욕에 있는 모든 절에 나오는 불교인들의 숫자는 3천명이 넘지 못하는 것으로 나는 알고 있다.

내 주위에 있는 몇 명의 사람들은, 한국에서는 불교인으로서 사찰에 나갔었다고 했다. 헌데 미국에 온 후에는 교회에 나가게 됐다고 했다. 왜 교회에 나가게 됐느냐고 물어보았다. 친구 따라 그리고 사업 때문에 교회에 가게 되었다고 대답했다. 이네들은 기독교하고 불교의 차이점이 무엇이냐고 물어보았다. 차이점은 아주 간단했다. 기독교에서는 죽으면 천당에 가고 그리고 불교에서는 극락에 간다고 대답했다. 천당이나 극락 둘 다 죽은 후 살기 좋은 곳이라고 했다. 다를 게 없다는 것이다. 이네들은 불교의 교리가 무엇인지 그리고 기독교의 교리가 무엇인줄을 전연 알지 못하고 있다. 알려고 하지도 않는다. 알아보았댔자 무슨 소용이 있느냐 이다. 설령 알고 싶다고 해도 알 시간이 없다고 했다. 개종해야할 이유가 많이 있었겠지만, 간단하게 말해보자면, 불교에서 기독교로 개종한 한인교포들은 하나님이나 부처를 보고 교회나 절에 가는 것이 아니고 그냥 친구 따라 그리고 사업 때문에 교회나 혹은 절에 간다고 했다.

목사들의 성의는 지독할 정도이다. 사람들을 교회에 나오게 하기 위해서 목사들이 직접 자동차를 몰고 매 주말마다 신도들을 교회에 데려오고 그리고 집으로 데려다 주고 있다. 하지만, 스님들은 그런 일들을 하고 있지 않다.

제3부
차복남 선생의 돈 잃지 않고 본전 노름하기

라스베가스에 구경가다! (1)

매년 3천만 명 내지 4천만 명이 라스베가스에 여행 와서 평균 300달러 내지 500달러를 푸고 (잃고) 간다. 돈을 푸고도 오히려 즐겼다고 좋아들 한다. 도대체 라스베가스가 무슨 매력 혹은 마력을 가졌기에 돈을 푸고도 좋아들 하는가? 한번 알아보기 위해서, 2002년 8월에 나도 라스베가스에 구경 갔었다.

다음은, 사실을 근거로 해서 써진 베스트 셀러 소설, <MIT 수학천재들의 카지노 무너뜨리기> (벤 메즈리치, 황해해 번역)에 써진 말이다.

"세상 어디에서 일개 칵테일 웨이트리스가 집과 차에 대한 할부금을 낼 정도로 충분한 돈을 버는 곳이 있겠는가? 도대체 지구 어디에 카지노 주차요원을 하는 대학 중퇴생 출신이 자기 자식을 사립학교에 보낼 정도로 돈을 벌 수 있을까"

웨이트리스 그리고 주차요원이 이처럼 많은 돈을 벌 수 있다는 말은, 그만큼 많은 돈을 푸고 있는 사람이 있다는 것을 증명해주고 있는 것이다.

돈쩍새

조홍주 박사(광주광역시 이비인후과 개업)가 쓴 책 <원숭이 의사 선생님>에, 라스베가스에서 돈 잃고 가슴아파하다가 죽은 사람들이 "돈쩍새"가 되어 슬피 울고 있다는 시 구절이 있어 여기에 적어본다.

라스베가스
돈 잃은 아픔은
핏빛 진달래꽃 대신 화려한 불빛이 되고
돈 때문에 죽은 사람들은 돈쩍새가 되어
돈쩍 돈쩍
돈이 적다고
돈쩍새가 되어 운다.

여기서 "핏빛 진달래꽃 대신 화려한 불빛이 되고"에 대해 설명하자면, 조홍주 박사의 책에, 옛날 옛적, 촉(蜀) 나라에 '두우'라는 왕이 있었는데, 왕은 믿었던 신하한테 배반당한 후 왕위에서 쫓겨났다. 촉나라로 가고 싶었다. 촉(蜀)나라로 되돌아가고 싶어서 귀촉(歸蜀), 귀촉 하고 슬피 울어댔다. 울면서 피를 토했는데, 이때 토한 붉은 피는 진달래가 되었다고 했다.

두우 왕이 죽고 난 후 새가 되었는데 이 새를 두견새라고 했다. 두견새를 소쩍새, 접동새, 귀촉도라고도 부른다. 나도 대학생 시절, 여름에, 시골에서 두 달 동안 지낸 적이 있었는데, 밤이면, 더군다나 달 밝은 밤이면, 가끔 소쩍새의 울음소리를 들은 적이 있었다. 어찌나 슬펐는지 나의 애간장을 태운 적이 있었다. 소쩍새의 울음소리를 직접 들어보지 못한 사람에게 소쩍새의 울음소리가 얼마나 슬픈가를 알려준다는 것은, 마치 코카콜라를 마셔본 적이 없는 사람에게 코카콜라의 맛이 어떻다는 것을 알려주는 것만큼이나 어려운 일이다.

조홍주 박사는, 소쩍새를 돈쩍새로 이름을 바꾸어 돈 잃은 사람들의 애간장 터지는 아픔을 시적으로 표현했다.

라스베이거스에서 돈을 잃고 패가망신한 후, 돈이 적다고, 돈이 다 떨어졌다고, 돈이 없다고, 돈 돈 하면서, 돈을 원망하고, 돈을 원통해하면서 울어댈 때 토한 피가 진달래꽃이 되지 않고, 그 대신 라스베가스의 밤을 훤히 비쳐주는 불빛이 되었다고 했다. 그리고 죽은 후 돈쩍새가 되어 지금도 라스베이거스에는 수많은 돈쩍새가 밤이면 울어대고 있다고 조홍주박사는 읊조리고 있다.

라스베이거스의 밤하늘에 수많은 돈쩍새가 슬피 울고 있는데, 돈쩍새의 울음소리를 들을 수 있는 자는 노름꾼이 되지 않겠지만, 돈쩍새의 울음소리를 듣지 않고 있는 노름꾼들은 지금도 계속 노름을 하고 있을 것이다.

영화 <오우션의 11명> (Ocean's 11)

라스베가스 하면 제일 먼저 머리에 떠오르는 게 바로 영화 <오우션 11명>이다. 얼마나 감동 깊게 이 영화를 보았으면 40년이 지난 지금에도 생생하게 영화내용이 기억이 난다.

낙하산 부대에서 같이 근무했었던 동료들이, 15년이 지난 후, 연말파티에서 다시 만난다. 라스베가스에 있는 5개의 카지노를 털기로 계획을 짠다. 이때 전기를 잘 다룰 줄 아는 토니가, 심장질환 때문에 참여할 수가 없다고 거절한다. 하지만 프랑크 시나트라가 설득시켜 참가케 한다. 프랑크 시나트라(Frank Sinatra)가 주동이 된다. 2명이 한 조가 되어 한 카지노를 책임진다. 딘 마틴(Dean Martin)은 카지노에서 가수로서 노래를 부르면서 도둑에 참가한다. 새해를 맞이한 후, 1분 30초가 지나자, 토니(Tony)가 15분 동안 정전을 시킨다. 온 세상이 갑작스럽게 캄캄해진다. 오우션 일행은 5개의 카지노에 있는 모든 돈을 다 턴다. 훔친 돈을 쓰레기통 주머니에 집어넣어서 쓰레기통에 버린다. 다음날 아침에, 토니가 심장병으로 죽는다. 한편 새미 데이비스(Samy Davis)는 쓰레기차를 몰고 와서 돈주머니를 다른 데로 옮긴다.

라스베이거스의 모든 교통은 완전히 차단된다. 경찰이 들어오고 나가는 모든 차량을 조사한다. 비행기의 승객들의 짐도 철저하게 조사한다. 도둑질한 돈을 라스베가스 밖으로 가지고 나갈 수가 없다. 오우션 일당은, 심장마비로 갑작스럽게 죽은 토니의 아내한테 돈 1만 달러를 전보로 보낸다. 토니 아내는 로스엔젤레스에서 살고 있다. 아내는 라스베이거스로 온다. 오우션 11명은 훔친 모든 돈을 토니의 관속에 집어넣는다. 아내가 관을 로스엔젤레스로 옮겨서 로스엔젤레스에서 장례를 치를 것이라고 기대한다. 아내는 관속에 돈이 들어있는 줄을 전연 모르고 있다. 아내는 관을, 라스베이거스에 있는 가까운 교회로 가져간다. 그리고 교회에서 장례를 치루고 난 후, 교회 안에 있는 화장터에서에서 관을 화장한다. 관속에 들어있는 모든 돈은 불에 타서 다 없어지고 만다. 오우션 11명은, 교회의 화장터에서 돈이 타서 제가 되어버린 것을 보고서 너무나도 기가 차서인지 아무도 아무 말도 하지 않고, 허전한 표정으로, 맥이 빠진 채, 다 같이 교회 밖으로 걸어 나온다.

내가 이 영화를 1960년도에 봤다. 지금도 기억이 나는 이유는, 이네들이 수백만 달러란 엄청난 돈을 훔쳤을 때, 마치 나도 오시언 11명중에 한 명으로서 그 돈을 훔친 것 같은 기분이 들었고, 혹은 내가 돈을 훔치고 싶었었던 내 욕망을 이네들이 내 대신 돈을 도둑질해 주었기에, 하여튼 그 모든 돈이 불에 타서 다 없어졌을 때, 마치 내 돈이 불에 타서 없어진 것처럼 내 마음이 무척 아팠었고 그리고 불에 타버린 돈에 대한 욕심 때문에, 이 영화가 지금도 기억에 생생히 남아 있는 것 같다. 이 글을 쓰기 위해서 이 영화를 다시 보았다.

돈 잃고 질 놈의 게임!

1983년 가을에, 친구하고 같이 뉴욕에서 크루즈 (Cruise; 여행

배)를 타고 버뮤다에 일주일간 간 적이 있었다. 배 안에는 노름장-카지노가 있었다. 친구 중에 한 친구는, 노름을, 물론 오락으로서, 즐기고 있었다. 이 친구가 블랙잭(Black Jack)을 하는데, 옆에서 보니까, 쉽게 돈을 따고 있었다. 저렇게 쉽게 돈을 딸 수 있는 게임일 것 같으면 나도 한번 해보자 하고서, 친구 옆에 앉아서 블랙잭을 시작했다. 30분도 못 되어서 금방 100달러를 펐다. 그 당시 100달러는 기어코 적은 돈은 아니었다.

뉴욕으로 되돌아 온 후, 얼마 후에 친구 집에서 모임이 있었다. 모임이 끝난 후, 자연 포커(Polka)게임을 했다. 나는 포커(Poker) 게임이 무엇이라는 것을 알고는 있었지만, 잘 할 줄을 몰랐었다. 하여튼 친구들이 하니까, 나도 끼어서 했다. 친구들은 포커 게임을 매 주말마다 모여서 한다고 했다. 알고 보니까, 나는 내 표도 제대로 읽을 줄을 몰라 망설이고 있으면 옆에 앉아있는 친구가 내 표를 보고, 하라고 혹은 하지 말라고 가르쳐 주었다. 친구가 하라는 대로 했다. 30분도 못 되어서 금방 100달러를 펐다. 그 때, 나는 노름에는 실력이 전연 없는 인간이라는 것을 깨달았다. 노름에 실력이 없는 인간! 실력이 없으면 지게끔 돼 있는 것이다. 지고 돈 푸는 노름을 왜 해야만 하겠는가? 그 후부터 다시는 노름을 하지 않았다.

어렸을 때의 일이 생각난다. 내가 중학교 때 권투시합을 본 적이 있었다. 한 선수가 이겼다. 모든 관중들이 이긴 선수한테 박수를 쳐주었다. 나도 권투하면 이길 것만 같았다. 그래서 어머니한테 권투를 배우고 싶으니까 돈을 달라고 졸랐다. 하지만 어머니는, “후들어

(두들겨) 맞고 질 놈의 운동을 해서 뭘 할래? 하지 말라" 라고 했다. 결국 돈이 없어서 권투를 배우지를 못했었다. 나는 권투를 배우면 이길 수 있다는, 긍정적인 사고방식을 가졌었는데, 어머니는 권투라는 것은 후들러 맞고 질 운동으로 보았었다. 권투에 대한 어머니의 사고방식은 상당히 부정적이었다. 물론 권투해서 이긴 자도 있다. 허지만 대부분의 권투 선수들은 지게끔 되어 있는 것이다.

노름도 마찬가지인 것 같다. 거의 대부분의 사람들은 노름하면 지게끔 돼 있는 것이다. 아까 말한 내 포커 게임 표를 보고서 하라 말라 하고 일러 준 친구는 포커게임을 아주 잘 했다. 잘하기에, 나중에, 의기양양하게 애틀랜틱시티에 갔다. 가서 왕창 푸고 말았다. 얼마나 퍼버렸는고 하면, 사업도 망해먹고, 빚쟁이에 쫓겨서 어느 날 밤에 몰래 도망쳐서 어디론가 숨어버렸다. 노름이란 돈 잃고 지는 게임이다. 질 놈의 게임을 해서는 안 된다는 어머니의 사고방식에 나도 동의하고 있다.

라스베가스에서 돈을 푸고 있는 환자들

환자 중에 몇 명은 라스베이거스에 가끔 가서 노름을 즐겼다. 기분장애 (Mood disorder) 환자, 55세 된 라니(Ronnie)는 3개월에 한번은 꼭 카지노에 가서 300달러 내지 500달러를 폈다. 그 돈을 모아서 유럽이나 남미를 구경 가는 것이 좋지 않겠느냐고 말해주었다. 아니란다. 라니는 혼자 살고 있었다. 3개월에 한번쯤 카지노에 가서 노름을 하고 나면 몸이 확 풀린다고 했다. 마치 남자들이 가끔 술을 마시고 외박하고 나면 몸이 풀리는 식인 것 같은 인상을 풍겨주었다. 프로이드가 말했던가? 노름은 일종의 자기 수음행위라고. 라니에게 돈을 따면 어떻게 하느냐고 물어보았다. 돈을 따면 딴 돈이 다 없어질 때까지 노름을 한다고 했다. 그래서 집에 올 때는 항상 빈손이었다.

미국에서 일류대학을 졸업하고 지금은 은행에서 근무하고 있는 강박장애 (Obsessive-compulsive disorder) 환자, 크리스토퍼가 있었다. 크리스토퍼는 카지노에서 노름을 하다가 많은 빚을 졌다. 적은 봉급으로 빚을 갚아나갈 수가 없었다. 할 수 없이 크리스토퍼는 다시 부모 집으로 되돌아와서 살았다. 물론 부모가 다 무료로 방도 제공해주고 밥도 먹여주었다. 그래서 크리스토퍼는 봉급에서 얼마를 떼어서 달 달이 빚을 갚고 있는 중이었다. 그러면서 하는 소리가, 빚만 다 갚으면 다시 카지노에 가서 지금까지 잃은 돈을 기어코 다 따내고 말겠다고 말했다.

우울증에 빠진 40세 여인 리사는, 남편이 사업을 확장하기 위해서 모아놓은 사-오만 달러나 되는 많은 돈을 애틀랜틱시티(Atlantic City)에 가서 다 퍼버리고 말았다. 자살하고 싶은 충동이 있었지만, 자살은 하지 않았다. 결국, 남편한테 이혼 당했다. 항우울제를 복용하고 있으면서 동시에 GA(노름꾼들의 자조 모임)에 가서 치료를 받고 있는 중이다.

라스베가스에 가보았다!

왜 많은 사람들이 카지노에 와서 노름을 하는가? 카지노가 무슨 매력이 있기에 이처럼 많은 사람들을 끌어당기는가? 카지노가 어떻게 생겼는가 한번 알아보기 위해서, 관광도 할 겸, 노름에 대해 글을 쓰기 위해서, 아내하고 같이 2002년 8월에 라스베가스에 일주일간 구경 갔었다. 많은 사람들이 미리 와서 카지노에서 노름을 하고 있었다. 우리가 호텔에 들어가서 등록하고 있는 사이에 어떤 젊은, 넥타이를 맨 남자가 슬롯머신(Slut machine)에 25센트 짜리 쿼터를 집어넣고 있었다. 옆에서 가만히 지켜보았다. 금방 10달러를 날려버렸다. 그 남자는 "재수가 없네" 라고 혼자 지껄이고는 밖으로 나가버렸다.

호텔 방에 짐을 풀어놓고, 그리고 다시 카지노로 나왔다. 여기저기 돌아다녔다. 한 여인이 100달러 지폐를 슬롯머신에 집어넣는 것을 보았다. 흥미를 가지고 그 여인을 지켜보았다. 10분도 못 되어서 여인은 100달러를 잃어버렸다. 일어서더니만, 다른 슬롯머신으로 갔다. 그리고 다시 100달러 지폐를 슬롯머신 안에 집어넣었다. 마찬가지다 아까처럼 10분도 못되어서 100달러를 펴버렸다. 그녀의 얼굴에는 웃음이란 게 없었다. 잠깐 일어서서 여기 저기 돌아다녔다. 그리고 다시 다른 슬롯머신에 앉아서, 아까처럼 100달러를 또 금방 푸고 말았다. 더 이상 돈이 없는 모양인지, 그녀는 밖으로 나갔다.

모든 고객이 다 이 여인처럼 돈을 쉽게 푸고 있는 것은 아니었다. 어떤 젊은 남자는 맥주를 마셔가면서 기분 좋게 슬롯머신 게임을 하고 있었다. 가끔 돈이 댕댕 하고 떨어지는 소리도 들렸다. 따기도 하도 푸기도 하면서 꽤나 오랫동안 노름을 하는 것을 보았다.

하지만, 결국은 푸고 말았다.

어떤 젊은이는 하나의 슬롯머신하고 온 종일 씨름하고 있는 것을 보았다. 이 젊은이의 아이디어는, 슬롯머신 하나만 가지고 온종일 노름을 하면, 어느 땐가는 슬롯머신 안에 들어있는 모든 돈을 다 긁어낼 수가 있을 것이라고 생각하고 있는 모양이었다. 천만의 말씀이다. 슬롯머신에 고객들이 돈을 집어넣으면, 자동적으로 30%는 하우스(카지노 주인)가 먹게끔 다 프로그램 돼 있는 것이다. 그리고 나머지 70% 가지고 고객들이 서로 경쟁해서 나누어먹기로 돼있는 것이다. 한 슬롯머신가지고 온종일 노름을 하면 결국 30%는 푸게끔 돼 있는 것이다.

룰렛(Roulette)하는 데로 가보았다. 어느 젊은이는 25세쯤 돼 보였다. 얼굴은 무표정이었다. 앞뒤를 생각하지 않고, 두 세 곳에 돈을 거는 것을 보았다. 다른 사람들은 룰렛에 일 이 달러, 많아야 5달러 돈을 거는데, 이 젊은이는 돈도 아까운 줄 모르는지, 20 달러짜리 지폐를 세 네 곳에 걸었다. 그러니까 한 번 거는데 적어도 60달러 내지 80달러를 걸었다. 이 젊은이가 돈을 건 곳에는 단 한 번도 이기지를 못했다. 가만히 지켜보니까, 이 젊은이가 가는 곳만 피하면 금방 돈을 딸 수가 있을 정도로, 이 젊은이는 꼭 지는 곳에만 돈을 걸고 있었다. 금방 내 앞에서 돈 500달러를 푸고는, 우울해 하면서 그 젊은이는 어디론가 가버렸다.

라스베가스에 구경가다! (2)

노름의 맛이야 달콤하겠지만

어느 여인은, 노름을 하지 않는 나를 보고서, 노름하지 않으려면 왜 라스베가스에 왔어? 하는 식으로, "돈을 번 이유는 인생을 재미있게 살기 위해서 인데, 라스베가스까지 와서 노름도 하지 않는다면 무슨 재미로 인생을 삽니까" 하고 따졌다. 그녀의 말이 옳은 말인 것처럼 들렸다. 허지만 옳은 소리는 아니었다. 인생을 재미있게 살아야 한다는 그녀의 말에 대해서는 동의를 했지만, 노름을 해야만 인생이 재미있어진다거나 혹은 인생을 재미있게 살기 위해서 노름을 해야만 한다는 것에 대해서 나는 동의하지 않았다.

노름하는 재미야 꿀맛 같고 그리고 돈을 땄을 경우 쾌감이야 이루 말할 수 없을 정도로 좋겠지만…. 어느 환자는 말했다. 헤로인 마약을 복용했었을 때의 그 황홀경은 이루 말로 다 표현할 수 없을 정도로 달콤하다고 했다. 허지만, 그런 황홀경을 우리는 직접 맛볼 필요는 없는 것이다. 그런 황홀경을 실제로 맛보려고 한다면 인생은 비참해지고 만다. 단지 마약환자들이 하는 말만 듣고, 그런 황홀경이 있다는 것을 알고만 있으면 되는 것이다. 노름의 맛도 마찬가지다. 노름의 맛도 좋다는 것을 듣고 알고만 있으면 되는 것이다. 꼭 우리가 그런 경험을 직접 해볼 필요는 없는 것이다.

헤로인의 뒷맛이 좋지 않는 것처럼 노름의 뒤끝도 좋지 않다. 이기는 경우 노름이야 달콤하겠지만, 지는 경우에는 괴로움 또한 말로 표현하기 힘들 정도로 아픈 것이다.

펐을 때의 애통함이란!

나이는 35세, 젝키라는 백인 여자 환자가 있었다. 젝키는 얼마 전에 정신병원에서 퇴원했다. 가족들이 젝키를 즐겁게 해주기 위해서 애틀랜틱시티로 데리고 갔다. 젝키는 가족 따라 슬롯머신에 앉아서 노름을 시작했다. 처음부터 일 달러짜리 노름을 했다. 두세 번 1달러 동전을 집어넣으니까, 댕댕 댕댕 하고 100개의 동전이 쏟아져 나왔다. 그때의 기분이란 이루 말할 수 없을 정도로 좋았다. 또 나올 것이란 기대하에 계속 1달러 동전을 머신 속에 집어넣었다. 한참 있으니까 이번에는 20개 동전이 쏟아져 나왔다. 계속 했다. 운이 다 된 모양인지 그 후부터는 동전이 쏟아져 나오지 않았다. 100달러가 다 없어졌다. 호주머니에서 100달러 지폐를 끄집어냈다. 그리고 노름을 계속했다. 이번에는 100달러가 쉽게 증발되어버렸다. 더 노름할 돈이 없다. 젝키는 집에 왔다. 후회가 막심했다. 처음 동전 100개가 나왔을 때 왜 그때 노름을 중단하지

안 했었단 말인가!, 그때 노름을 중단했어야 했었는데!, 그 때 중단했었다면, 돈 1백 달러를 벌었을 텐데, 그때 중단했었다면 호주머니에 있는 돈 1백 달러도 잃지를 않았었을 텐데, … 집에 와서 온 밤을 후회하다가 잠도 제대로 자지를 못했다. 다음날도 또 다음날도 잠도 자지 않으면서 온종일 후회만 했다. 정신쇠약 (Nervous breakdown)이 생겼다. 할 수 없이, 가족들은 젝키를 다시 정신병원에 데리고 가서 입원시켰다.

어떤 여인은, 꼭 이길 것 같은 기분이 들어서 노름을 했다. 그리고 펐다. 본전을 찾고 싶었다. 그래서 더 큰돈을 걸었다. 또 졌다. 몇만 달러를 펐다. 이제는 더 이상 돈을 빌려줄 사람도 없었다. 더 팔아먹을 가구도 없었다. 돈이 나올 데가 없었다. 크레딧 카드도 다 사용했다. 직장에서도 쫓겨났다. 남편한데도 버림받았다. 빚을 갚을 길이 막막했다. 여인은 괴로워하다가 절망했다. 비극으로 끝났다. 그녀는 자살하고 말았다.

병적노름꾼들의 10%는 자살을 기도하든가 혹은 자살해버리고 만다. 이런 비극이 더 이상 생겨서는 안 된다.

지는 데 왜 해?

직장에서 라스베이거스에 일주일간 구경하고 왔다고 말하니까, 어떤 친구는 호기심을 가지고, "닥터 조, 라스베이거스에서 노름했어요?" 하고 물었다. 얼마나 펐느냐 하고 물었다. 노름을 하지 않았다고 하니까, "단 일 달라도 하지 않았단 말예요?" 하고, 믿어지지가 않다는 듯이 되물었다. "단 일 달러도 하지 않았다"고 대답해주었다. 왜 하지 않았느냐고 묻는다.

"지는 노름을 왜 합니까. 왜 노름을 해서, 내 아까운 돈을 라스베가스에 뿌려야 합니까. 그 돈으로 다른 재미를 보고 있지요" "무슨 재미를 요?" 하고 물었다. "노름할 돈으로 쇼도 보고 그리고 라스베가스 밤 구경도 했지요"라고 대답해주었다.

라스베가스 쇼 구경

라스베이거스에 가면 뉴욕 브로드웨이에서 볼 수 없는, 다른 재미있는 쇼들이 많다. <란스 버튼 쇼>를 보았다. 란스 버튼 쇼는 마술을 하는 쇼다. 무대 위는 캄캄했다. 란스 버튼은 손에 깡통을 하나 들고 있었다. 엄지손가락하고 둘째손가락을 튕겨 탁탁 소리를 내면서 동시에, 어둑 껌껌한 공중에서 동전을 나꾸어 챘다. 나꾸어 챈 동전을 깡통에다 하나씩 탕 탕 집어넣었다. 너무나 신기했다. 나도 그런 마술을 배우고 싶었다. 란스 버튼이, 이런 마술을 배우기 위해서 스승한테 고생을 많이 했었다고 고백했다. 다시 말하면 우리 같은 사람에게는 이런 마술을 가르쳐주지 않겠단다. 란스 버튼은, 대 여섯 명의 여인을 한 명씩 차례로, 담요 크기의 천(Cloth)으로 덮는다. 천을 열어보면, 아까 들어갔었던 여인은 어디론가 감쪽같이 사라지고 없었다. 참 신기했다. 이때 관중석에서, "내 아내 없어지게끔, 그런 기술 좀 가르쳐줘요" 하고 어떤 사람이 소리를 질렀다. 모두들 큰 소리로 웃었다.

발리 호텔(Bally)에서 하는 <주비리> (Jubilee) 쇼를 구경했다.

50여 명의 어여쁜 무희들이, 유방을 활짝 내놓고 무대 위해서 춤을 추었다. 아름다웠다. 마치 커다란 나주 배(Pear) 두 개를 가슴에다 달아놓은 것처럼 모든 여인의 유방이 멋있게 생겼다. 단 하나의 유방도 쳐진 게 없었다. 보기 싫은 유방은 하나도 없었다. 아마 다들 유방 성형수술을 받은 것 같았다. 뉴욕에 있는 친구에게 유방수술 비용이 대략 얼마나 되느냐고 물어보았다. 7천 혹은 8천 달러쯤 된다고 했다. 하지만, 라스베이거스 근처나 혹은 멕시코에 가서 유방수술을 받으면 3천-4천 달러쯤 할 것이라고 했다(2002). 라스베이거스에서 웃통 벗고 댄스 하려면, 소위 톱리스 댄서(Topless dancer)가 되려면 삼-사천 달러를 써야만 하는가 보다.

트라퍼카나(Tropicana) 호텔에서 릭 토마스 (Rick Thomas) 마술 쇼도 재미있었다. 호랑이가 무대에 올라왔었을 때, 그리고 릭이 자기 대가리를 호랑이 입 앞에 갖다 댈 때, 혹시 호랑이가 릭의 대가리를 씹어 먹어버리지나 않을까 하고 겁을 냈다.

사람이 만들어놓은 푸른 하늘!

시저(Caesar) 호텔에 처음 들어갔었을 때 깜짝 놀랐다. 호텔 안에 커다란 실내광장이 있다. 광장 위를 쳐다보면, 15 미터, 그러니까 4층 정도의 높이로, 인공 하늘이 만들어져 있다. 천장에 푸른 하늘이 그려져 있다. 진짜 하늘인 것처럼 그려져 있기에, 처음에, 나는 호텔 밖으로 나온 줄로 착각을 했었을 정도다. 이런 인공(人工) 하늘이 베네치아 호텔, 그리고 신바드 호텔 안에도 있다. 시저 호텔 안의 어느 광장의 천장에는, 교황청의 시스틴 채플(Sistine

Chapel) 천장에 그려져 있는 미켈란젤로의 그림이 그려져 있다. 호텔 안, 넓은 광장에는 상점들이 즐비하게 늘어져 있다. 여기저기서 물건도 판다. 아이스크림을 사서 먹었다. 음식값도 비싸지 않았다. 한쪽 가게에서는 마술(Magic)을 하는 물건들을 팔고 있었다. 마술사가, 내 눈앞에서, 손가락에 불을 켰다 껐다 한다. 하도 신기해서 나도 25 달러를 주고 그 마술 손가락을 샀다. 뉴욕으로 되돌아와서, 어느 모임에서, 연설을 하는 도중, 손가락의 불을 켰다 껐다 하면서 마술을 부려보았다. 모두들 신기해하는 것을 보았다.

이 호텔 저 호텔 안을 걸어 다니면서 구경하는 것도 꽤 재미가 있다. 호텔마다 뭔가 재미있게 꾸며놓았다. 엠지엠(MGM) 호텔 안에는 두 마리의 사자가 있다. 정글(Jungle)도 만들어져 있다. 베네치안(Venetian) 호텔 안에는 실내 인공 운하가 있고, 관광객들은 곤돌라 배를 타면서 즐기기도 한다. 벨라지오 호텔에는 미술관이 있다. 들어가서 인상파 그림들을 구경했다. 엔간한 호텔마다 쇼가 있다.

라스베가스의 여름은 무척 덥다. 길거리를 걷다가 더우면 얼른 카지노 안으로 들어가서 몸을 식힌다. 차가운 음료수를 마시면서 몸을 식히는 동안 카지노 안에 설치돼 있는 슬롯머신을 쳐다본다. 슬롯머신은, "지금 동전을 집어 넣어보아라. 너도 돈을 쉽게 딸 수가 있다" 하는 감정을 불러일으켜 준다. 그래서 많은 사람들은, 유혹에 넘어가서 다시 앉아 슬롯머신에 돈을 집어넣는다. 결과는 마찬가지다. 돈을 푼다. 돈을 푸고 나면, 아무 일도 없었다는 듯이, 다시 일어서서 거리로 나와서 시가지를 구경한다. 나처럼 구경하러 온 사람들이 수두룩하게 길거리를 메우고 있다.

대부분의 미국사람들, 그러니까 대략 96%-97%의 사람들은 놀음을 재미로 한다. 돈을 따기 위해서 하는 것이 아니고 즐기기 위해서 놀음을 하고 있는 것이다. 이런 사람들은 처음부터 1백-3백 달러쯤을 풀 것으로 계산하고 노름을 하고 있기 때문에 돈을 푸더라도 기분 나빠하지 않고 오히려 잘 즐겼다고 좋아들 하고 있다.

라스베가스의 밤

라스베가스는 밤이 되면 바빠지는 도시이다. 온 도시가 전깃불로 휘황찬란하다. 벨라지오 (The Bellagio) 호텔 옆에 있는 호숫가에서 "물 댄스, Water dance"가 있다. 오후 3시부터, 매 30분 간격으로 "물 댄스"를 한다. 물 댄스란 리듬에 맞추어서 물이 춤을 추는 것처럼 용솟음쳐 올라오는 것을 말한다. 세린 디안(Celine Dion)이 부르는 타이타닉 주제곡에 맞추어서 대략 6분 간 물이 댄스 한다. 이 "물 댄스"는 여러 번 구경을 했는데도 재미가 있어서 보고 또 보고 했다.

벨라지오 호텔에서 라스베가스 블르바드를 따라, 북쪽으로 일 마일 정도 걸어가면, 미라즈(The Mirage) 호텔이 있다. 미라즈 호텔 바로 앞에 인공 폭포가 있다. 밤이면 30분 간격으로, 이 인공폭포가 "불화산" (Fire volcano)으로 변한다. 3분 정도 폭포에서 불이 확 쏟아져 나온다. 이것 또한 볼만하다.

미라즈 호텔 건너편에 트레져 아일랜드 (Treasure Island) 호텔이 있다. 호텔 주위에 호수가 있다. 이 호수 양옆에서 커다란 두 척의 배가 서로 가까이 다가온다. 대포를 쏘면서 15분가량 해전을 벌린다. 관중이 너무 많아서 또 보고 싶어도 설자리가 없을 정도다. 두 척의 배가 대포에 맞아 부서진다. 배가 불에 훨훨 타면서 돛대가 쓰러지는 광경은 웅장했다. 돛대가 쓰러질 때, 돛대 위에 있었던 선원들이 물속으로 떨어지는 장면도 볼만했다.

쇼가 다 끝나고 나면 망가졌던 배가 다시 원상복귀해서 제자리로 돌아간다. 대포를 쏘는 것도 대포소리만 낼뿐 대포알은 없다. 사람이 대포에 맞아 죽어도 죽지 않는다. 불이 나도 타지 않는다. 배가 망가져도 망가진 게 하나도 없다. 망가진 척 할뿐이다. 싸움이 끝나고 나면 망가진 부분이 다시 제자리로 되돌아온다. 그리고 배는 서서히 왔던 곳으로 떠나간다.

또 공짓의 쇼로서, 인상에 남는 것은, 다운타운에 있는 전광판이다. 밤의 전등불빛을 구경하기 위해서 다운타운에 갔다. 5블럭, 그러니까 거의 500미터 정도의 거리를 차들이 다니지 못하도록 해놓고, 그리고 8층 내지 9층 높이의 공중에다 전구 2백만 개를 장치해서 전광판을 만들어놓았다. 저녁 8시부터 15분 간격으로 전광판에서 전등불이 켜지고 꺼지면서 10분간의 휘황찬란한 뮤직 쇼를 보여주었다. 이것 또한 볼만했다. 수많은 사람들이 길가로 나와서 구경했다. 많은 사람들은 흥이 나서 음악에 맞추어서 춤을 추었다.

라스베가스에 구경 가다! (3)

카지노에서 일하는 여인들

카지노에서 고객에게 술이나 드링크를 갖다 주는 여인들을 볼 것 같으면 얼굴도 예쁘고, 가슴도 멋있고, 그리고 몸매도 아주 날씬하게 생겼다. 저렇게 예쁘게 잘생겼으면, 부잣집 아들들이 미치고 반할 텐데, 왜 부잣집 아들하고 결혼하지 않았을까? 하고 사색해보았다. 얼굴은 못생겼어도 부자로 사는 여인이 있는가 하면, 얼굴이 아주 예뻐도 가난하게 사는 여인도 있다. 이런 것을 보면, 미(美)하고 부(副)는 서로 밀접하게 연관 되어 있는 것 같지는 않다.

닭하고 게임해서 지는 사람들!

시시하지만, 트로피카나 (Tropicana) 호텔(2002)에 가보면, 사람들이 닭하고 틱탁 게임(Tic Tack game)을 한다. 닭한테 이기면 돈 1만 달러를 상금으로 준다고 크게 쓰여 있다. 많은 사람은 닭하고 틱탁 게임을 하면 쉽게 이기겠지 하고 안이한 생각으로 닭하고 틱탁 게임을 하려고 긴 줄을 섰다. 아내도 닭하고 게임을 해서 이겨 1만 달러를 상금으로 받고 싶어 했다. 하지 말라고 했다. 구경이나 하자고 했다.

트로피카나 호텔에서는 그렇게 쉽게 당신들한테 1만 달러를 상금으로 내주고 싶지는 않을 것이다. 오히려 당신의 돈을 따먹기 위해서 당신을 꼬시고 있는 것이다. 닭하고 틱탁 게임을 하려면 조건이 하나 있다. 트로피카나 호텔의 크레딧 카드를 우선 하나 만들어야만 한다. 크레딧 카드를 하나 만들면 자연 트로피카나 카지노에서 노름할 가능성이 높아진다. 노름을 하면 트로피카나는 돈을 벌게끔 돼 있는 것이다. 닭하고 게임을 하게 해놓고, 그리고 당신을 꼬셔서, 돈을 벌어보자는 것이 트로피카나 카지노의 정책인 것이다. 많은 사람은 줄을 서서 닭하고 틱탁 게임을 한다. 그리고 물론 진다. 왜 지는 줄 아시는가? 사람이 틱하고 버튼을 누르면, 닭은 탁하고 버튼을 되받아 누른다. 닭이 이기게끔 컴퓨터로 다 프로그램(설치)해 놓은 것이다. 닭하고 게임을 한 사람들은 실은 컴퓨터하고 게임을 한 셈이 된다. 단 한 사람도 닭한테 이긴 사람이 없다. 다들 바보다. 닭한테 진 것도 바보고, 그리고 닭한테 이기려고 달려드는 것도 또한 바보인 것이다. 닭한테 졌다는 사실은 실은 창피스런 일이다! 그래서 아내한테 닭하고 게임을 하지 말라고 했었던 것이다.

가끔 이기게끔 해주면서 살금살금 다 따먹는다

40년 전의 일이다. 군대에서 군의관으로 근무하고 있었을 때다. 그 당시 내 바둑 실력은 7급 정도이었다. 어느 날은 어느 사병이 와서 같이 바둑을 두자고 했다. 같이 두었다. 다 두고 난 후, 그 사병이 하는 말이 자기가 두 점을 이겼다는 것이다. 어떻게 아느냐고 물어보았다. 자기는 바둑이 2단이란다. 사병이 너무 많이 이기면, 내가 재미없어해 할까 봐 내 눈치를 봐가면서, 가끔 나한테 져주면서, 내가 이길 수 있다 하는 기분을 나로 하여금 갖게 해주면서, 일부러 꼭 두 점만 이겼다는 것이다.

만약 내가 이 사병하고 돈내기 바둑을 두었다면, 이 사병은 가끔 나한테 이기게끔 해주었을 것이다. 일부러 한두 번 나한테 져주면서, 내 돈을 조금씩 조금씩 서서히 갉아먹어 갔을 것이다. 이게 바로 카지노의 수법인 것이다. 당신으로 하여금 가끔 이기게도 해주면서, 당신의 돈을 살금살금 서서히 따먹는 것이 카지노의 수법인 것이다.

이렇게 해서 딴 돈으로 지금의 라스베이거스가 부흥했다.

마리오 푸조는 카지노가 2%- 14%로 이기게끔 설계되어 있다고 했다.

카지노 측에서는 과학적으로 계산을 해서, 적당하게 당신의 돈을 따먹게끔 다 프로그램 해 놓은 것이다. 너무 많이 따먹으면 당신이 다시는 오지 않으려고 할 것이다. 당신으로 하여금 다시 오게 하기 위해서, 가끔 당신한테도 져준다. 당신이 이기게끔 해준다. 당신이 이겨서 기분 좋게도 해준다. 당신으로 하여금 노름장에 가면 돈을 딸 수도 있다는 말을 당신 친구들에게 하도록 당신으로 하여금 가끔 이기게끔 해준다. 만약 어떤 사람이 슬롯머신을 해서 1백만 달러를 따게 되면, 아무개가 1백만 달러를 땄다네 하고 신문에 크게 보도해서, 마치 당신도 슬롯머신을 하면 1백만 달러를 딸 수 있다 하는 허황한 꿈을 당신 머릿속에 심어준다. 그러면 당신은 속도 없이 1백만 달러를 따려고 카지노에 온다. 와서는 당신은 당신의 돈을 왕창 다 퍼버린다. 이게 카지노의 수법인 것이다.

카지노에서 하는 노름은, 처음에 이기면, 또 이기겠지 하는 희망 때문에 오히려 나중에 큰 재앙을 갖게 된다. 아예 처음부터 왕창 져 버리는 것이 낫다. 처음부터 왕창 푸고 져 버리면 더 이상 노름하고 싶은 의욕이 없어져 버릴 테니까 말이다.

카지노에서 하느님(야훼)은 누구 편일까?

어떤 여인이 슬롯머신 앞에 서서 성호(십자가)를 그으면서 조용하게 기도하는 것을 보았다. 아마 하느님(야훼)에게 이기게 해달라고 부탁했었는가 보다. 이 여인은 하느님에게 기도를 했으니까, 이제는 하느님이 도와주시겠지 하는 안도감을 가지고, 자신 있게 슬롯머신에 돈을 집어넣었다. 옆에서 지켜보았다. 이 여인도 30분도 못 가서 2-3백 달러를 쉽게 푼 것을 보았다. 하느님께 기도를 했는데도 돈을 푼 것을 보면 하느님의 효력은 카지노에서는 통하지 않는 것 같다.

신께 기도한다고 해서 돈을 딸 수 있으리라고 생각을 한다면 큰 오산이다. 기도해서 돈을 딴다는 보장이 있다면 나도 내 직업을 집어치우고, 카지노에서 살면서 매일 기도하겠다. 기도해서 돈을 딸 수 있다면 아마 목사나 신부들이 매일 카지노에 와서 노름을 할 것이다. 물론 목사나 신부들은 돈을 딴다면, 하느님의 영광을 위해서, 교회나 성당을 위해서 딴 모든 돈을 다 바쳐야만 할 것이다.

라스베가스는 인구에 비해서 세계에서 제일 많은 교회나 성당을 갖고 있다. 왜냐고? 옛날에 종교계에서 도박을 반대했었다.

종교계가 도박을 반대하면, 정치인들이 종교계의 말을 듣고 그리고 종교계의 편을 들어주어 도박을 불법화 시킬 수도 있는 것이다. 그래서 종교계를 무마시키기 위해서, 카지노에서 많은 돈을 들여 교회며 성당을 지어주었다.

요새는 종교계가 도박을 반대한다고 소리 지르지 않고 있다. 내 생각으로는, 종교계도 카지노 편이다. 하느님도 카지노가 돈을 버는 것을 원했으면 원했지, 노름자 (노름하는 사람)가 이기기를 원하지는 않을 것이라고 나는 생각한다. 도박꾼들은 돈을 따면 딴 돈을 노름에다 다시 꼬라박지 교회에다 헌금하지는 않을 테니까 말이다. 헌데 카지노는 돈을 따면 교회 성당에다 어느 정도를 헌납하고 있으니까 말이다.

딸 수도 있다고 생각을 하면

카지노에서 돈을 딸 수 있다고 생각을 하면, 머지않아 불행과 비운(悲)이 찾아올 것이다.

라디오나 텔레비전에서 가끔, "당신이 일억 달러 복권에 당첨될지 누가 알아요? 당첨될 수도 있을 테니까 한 번 해봐요" 하고 선전을 하고 있다. "나도 일억 달라 복권에 당첨될 수 있다" 하는 선전소리를 자주 들으면, "나도 당첨될 수 있다" 하는 소리가 "나도 당첨될 것이다" 하는 생각으로 바뀐다. "나도 당첨될 것이다" 하는 생각이, "복권을 사기만 하면 당첨 된다" 하는 자신감으로 변한다. 이길 것이라는 자신감을 가지고 있으니까 이제는 복권을 산다. 하지만 당첨되지 않는다. 그래도 당첨될 것이라는 자신감을 갖고 있고, 당첨될 것이라고 당신 머리는 이미 프로그램(Program)되어 있으니까, 지더라도 계속 복권을 산다. 결국은 누구만 좋은 일을 시켜주는가? 복권 팔아먹는 사람만 좋은 일을 시켜준다.

내 환자 라버트는 웰페어 (Welfare)에서 한 달에 600달러를 받는다. 라버트는 자기 어머니 집에서 살고 있다. 어머니가 다 먹여주고 있다. 한 달에 받은 600달러를, 어머니가 30일로 나누어서, 하루에 20달러씩 준다. 이 사람은 하루에 20달러씩 매일 복권을 샀다. 지난 30년 동안 복권을 샀지만 한 번도 크게 당첨된 적이 없었다. 일 년에 7천2백 달러, 지난 30년이니까 7200x30=216,000이다. 20만 달러 이상을 로토(복권)에다 꼬라박았다.

뉴욕 복권에 당첨되는 가능성은 7백만 명에 한 명이다. 하늘의 별 따기처럼 어려운 일이다.

댕댕 댕댕 노름하라고 유혹하는 소리

라스베이거스는 호화스런 호텔들이 즐비하게 늘어서 있다. 호텔 안은 선선하지만 호텔 밖에 나오면 아주 무덥다. 여름인지라 화씨로 110도 이다. 하늘에서 내리쬐는 햇볕도 뜨겁지만, 땅에서 올라오는 열기가 더 뜨겁다. 다행히도 무덥지가 않아서 좋았다. 그래도 금방 땀이 난다. 호텔과 호텔이 연결되어 있다. 길을 걷다가 호텔 안으로 들어간다. 호텔 안은, 에어컨디션 냉방장치가 잘 되어 있어서, 아주 시원하다. 몸을 식힐 겸 카지노 안을 걸어 다니면서 다른 사람들이 노름하는 것을 구경했다. 여기저기서 댕댕 댕댕 하고 슬롯머신에서 동전이 쏟아져 나오는 소리가 들렸다. “슬롯머신에다 돈을 집어넣으면 이처럼 동전이 마구 쏟아져 나옵니다. 자, 당신도 한 번 집어넣어 보세요.” 하고 유혹하는 소리였다. 이 유혹의 소리를 듣고서 아내가 동했다.

“여보, 나도 동전 몇 개 집어넣으면 돈이 마구 쏟아져 나올 것만 같아요”

아내가 슬롯머신 노름을 하고 싶다고 말했다. 돈이 쏟아져 나올 것 같다는 생각하고 현실하고는 다르다고 말해주었다. 카지노에서 비싼 돈을 들여서 카지노를 만들어 놓았을 때는, 다들 우리 돈을 빼앗아 먹기 위해서 만들어놓은 것이지 결코 우리에게 돈을 퍼 주기 위해서 만들어 놓은 것이 아니라고 아내에게 설명해주었다.

아내는 내 설명을 듣고도 그래도 슬롯머신 노름을 하고 싶어했다. 여기까지 왔는데 노름을 안 하고 뉴욕으로 다시 돌아갈 수는 없다는 것이었다. 여기 왔다는 기념으로 슬롯머신이라도 한 번 해봐야 속이 풀리겠다고 했다.

“왜 하려고 해? 하지 마”

“노름하면 재미가 있으니까 하려고 하지”

“돈을 푸는 데도 재미가 있단 말이야?”

아내는 대꾸한다.

“왜 펴요? 딸 수도 있지 않아요?”

“딸 수 있는 것 좋아하네”

"그래도 노름하는 순간은 재미가 있는데 그래요"

아내는 노름을 하면 재미가 있다고 말한다. 재미를 위해서 노름을 하겠다는 것이다.

"노름하고 난 후, 돈을 펐을 때를 상상해 봐요. 그때는 얼마나 마음이 아픈가를!"

아내한테 노름할 돈으로 쇼나 보자고 했다. 아내는 쇼도 보고, 그리고 노름도 하고 싶어 했다. 아내는 50달러만 노름을 하겠다고 우겨댔다. 아내는 예전에 슬롯머신 노름을 해서 이긴 적이 두세 번 있었다. 그때 2-3십 달러를 딴 적이 있었다. 아내는 예전에 진 것에 대해서는 기억이 없다. 이긴 것만 기억하고 있다. 그래서 아내는 슬롯머신만 보면 또 이길 것이라고 자신감을 갖고 있다. 이번에도 30달러만 하면 금방 100달러를 딸 것 같다고 했다. 졸라대기에 하라고 했다. 아내는 50달러를 쉽게 펐다. 돈 푸고 나니까 직성이 풀렸는지 나를 보고 빙긋이 웃었다. 돈을 펐으면 기분 나빠해야 할 게 아니겠는가? 헌데 아내는 돈을 푸고도 기분 나빠하는 기색이 없었다. 마음속으로는, 아마 더 많은 돈을 가지고 했었다면 이길 수가 있었을 텐데 하는 아쉬움을 가지고 있는 것 같았다. 이래서 노름이 사람을 잡아먹게 되는가 보다.

라스베이거스에 구경가다! (4)

노름하면 진다고 하는 생각을 머리에 프로그램해 놓는다

노름에도 우등생이 있고 열등생이 있다. 고기도 씹어 본 놈이 잘 씹고, 거짓말도 해본 놈이 잘한다는 속담이 있다. 노름도 많이 해본 사람이 더 실력이 있는 것이다. 노름장에서 일을 하는 딜러(Dealer)들은 다 노름 전문가들이다. 당신의 돈을 따먹기 위해서 매일 노름에 대해 연구 하고 있는 것이다. 딜러들은 매일 노름을 한다. 그러니까 딜러들의 노름 실력과 기술은 매일 향상되어 가고 있는 것이다.

우리들은 어떠한가. 직장에서 하루에 8시간 일을 한다. 언제 노름을 연습하고, 언제 노름 기술을 연마할 수 있겠는가. 쉽게 말하면 당신의 노름 실력은, 카지노에서 일을 하는 노름 전문가들에게 비하면 새 발의 피인 것이다. 당신이 노름을 하려고 하면, 하기 전부터 당신은 이미 져 있는 것이다. 결코 이길 수는 없는 것이다. 행여나 혹은 혹시나 이기겠지 하는 마음을 가지고 가서 노름을 하면 역시나 지고 마는 것이다. 노름은 운(運)으로 이기고 지고 하는 게임이 아닌 것이다. 실력으로 이기고 지고 하는 게임이다. 당신이 노름에 대한 실력이 없으면 아예 노름을 해서는 안 된다. 정녕 노름을 하고 싶으면 노름 선생한테 찾아가서 돈을 주고 노름에 대해 열심히 배워야 한다. 아무리 당신이 많이 배워도 당신은 카지노를 이길 수가 없다는 사실을 명심하고 있기를 바란다.

다음 글은 <로토> (이철호, 중앙일보 논설위원, 2005/9/27, 분수대)에서 따왔다.

"최초로 도박을 과학적으로 분석한 사람은 16세기 이탈리아의 수학자 카르다노(Cardano)이다. 확률론의 기초를 닦고 3차 방정식의 근을 처음 구한 인물이다. 카르다노는, "도박은 질 수밖에 없는 게임"이라 결론지었다. 그리고 그는, "적당히 즐기되 결코 빠져서는 안 된다"는 충고를 잊지 않았다. 그러나 정작 그 자신은 40년간 노름에 중독이 되어 패가망신했다. 직접 가르친 아들까지 도박에 빠져 가족이 풍비박산 났다. 자신의 이론을 그처럼 온몸으로 완벽하게 입증한 학자도 흔치 않다. … 수학자 카르다노는 말년에 이런 말을 남겼다. "아들의 파멸을 지켜보며 나는 결국 노름을 끊었다. 그래서 인간은 어떤 학문보다 위대하다"

카르다노는 "도박은 질 수밖에 없는 게임"이라고 결론을 내렸으면서도 본인은, 마음속 한 쪽 구석에, 잠재의식적으로, 혹시 이길 수도 있겠지 하는 희망을 갖고 있었기에, 노름을 계속했었던 것 같다. 만약 도박하면 꼭 진다고 하는 확신을 갖고 있었더라면 노름을 하지는 않았을 것이다. 혹은 확신을 가지고 있었는데도 노름을 계속 했다면 이것은 분명히 '병적 도박꾼'인 것이다. 통계적으로 보면, 병적노름꾼들은 대략 1% 정도이고 그리고 문제도박꾼들은 2%-3%가 된다 (Welter et al 2002).

노름을 하지 않는 가장 좋은 방법

돈을 푸면서도, 남 앞에서는 노름만 하면 돈을 딴다고 말을 하는 사람들이 있다. 이런 사람들의 말을 자주 듣다 보면, 나도 노름하면 돈을 딸 수가 있구나 하는 마음을 갖게 된다.

몇 명의 친구들이 돈을 딴다고 해서, 친구들이 항상 이기는 것은 아닌 것이다. 어쩌다가 한두 번 딴 것을 가지고 당신에게 카지노에 가기만 하면 돈을 항상 따는 것처럼 말을 하고 있는데, 길게 보면 당신의 친구들도 실은 지고 있는 것이다. 그러니까 돈을 딴다고 말을 하는 당신 친구들의 말을 곧이들어서는 안 된다. 딸 수 있다고 하는 생각을 가지게 되면, 당신도 노름을 하고 싶어 하는 욕망이 발동하기 시작하고, 노름을 하고 싶어 하는 욕망이 발동하면 자연 노름을 하게 된다. 노름을 하게 되면 결국은 당신은 진다. 진다는 말은 당신은 많은 돈을 잃게 되고, 그리고 잘못하면 패가망신도 당할 수 있다는 말이다.

카지노는 당신한테 돈을 퍼주기 위해서 카지노를 만들어놓은 것은 결코 아닌 것이다. 이분들이, 과학적으로 다 연구해서, 당신의 돈을 적당히 따먹을 수 있을 정도로 카지노를 설치해놓은 것이다. 당신이 지게끔 컴퓨터로 설치해놓은 카지노에서 당신이 노름을 하면 질 수밖에 없는 것이다.

노름을 하지 않는 가장 좋은 방법은, 당신은 당신 자신한테, “나는 노름하면 진다” 하는 사고방식을 당신 머릿속에 강하게 프로그램 해 놔야 한다. “나는 진다”하는 사고방식을 가지고 있으면 어느 누가 노름을 하겠는가.

VIP 룸: 고급고객 노름방

2002년도에 라스베이거스에 구경 갔었을 때다. 로스앤젤레스에서 사업을 하고 있는데 한 달에 한 번씩 라스베이거스에 와서 노름을 한다고 자기소개를 한 후, 나한테, 라스베이거스에는 50여 명의 “고래” (Whales)들이 있어서, 이 50여 명의 고래들이 라스베이거스 도시를 먹여 살리고 있다고 했다. “고래”란 무엇인가. 라스베이거스에 와서, 하룻저녁에 몇 십만 달러씩 노름을 하는 아주 부자 사람들을 말한다. 30여 년 전의 일인데, 한국의 중앙정보부장까지 지낸 XX씨도, 미국으로 망명 와서, 라스베이거스에서 이틀 동안에 1백만 달러를 폈다는 소문을 들은 적이 있었다. 이처럼 큰돈을 가지고 노름을 하는 사람들을 고래라고 부르는 것 같다.

고래들은 주로 큰 사업체를 가지고 있다. 노름에 대해서 어느 정도 지식을 가지고 있다. 하지만, 고래들은 주로 사업을 해야 하기 때문에, 노름을 전문적으로 연구하는 딜러에 비해서는 노름실력이 약할 수밖에 없다. 고래들이 노름하는 방은 따로 있다. 일반 사람들은 그런 방에 들어갈 수가 없다. 영화나 책을 통해서 추측해보면, 고래들이 노름하는 방에 들어갈 것 같으면 둥근 원탁 테이블에 5-6명이 앉아서 포커 게임을 한다. 5-6명의 고래들 중에는 카지노에서 고용된 노름꾼도 포함되어 있다. 이처럼 고용된 노름꾼을 아마 쉴(Shill)이라고 부르는 것 같다. 쉴 중에서, 진짜로 전문적인 쉴이 고래들 하고 노름을 한다. 그리고 돈을 따먹는다. 카지노에서 돈을 따먹고 싶으면 적어도 쉴 보다는 더 노름실력이 있어야만 하는 것이다.

하얀 허벅지에 큰 유방을 가진 젊고 예쁜 아가씨들이 술잔을 들고 와서 빙긋이 웃으면서 술을 들으라고 공것으로 주고 간다. 고래들은 돈을 따면 기분이 좋아서, 공것으로 가져다주는 술을 마신다. 오랫동안 포커게임을 했었기에, 피곤한 대다 이제는 술까지 마셨으니까, 서서히 취기가 올라온다. 머리는 띵해 오고, 정신집중력은 약해지고, 그리고 술기운 때문에 돈 1000달러 칩도 10달러 칩으로 보이기 시작하고, 간이 부어서, 1000달러도 돈 같게 보이지 않고, 그러다 보면 판돈을 올린다. 그래서 금방 몇 만 달러를 쉽게 잃어버리고 만다. 한편 쉴은 많아야 한 시간 혹은 두 시간쯤 노름하면 카지노에서 다른 쉴로 바꾼다. 더군다나 쉴은 술도 마시지 않는다. 그러니까, 자연 쉴이 포커게임에서 이길 수밖에 없다. 만약 쉴이 지고 있으면 카지노 측에서는 노름실력이 더 있는 쉴을 보내서 포커게임을 하게끔 한다. 다시 말하면 VIP룸에서 하는 노름에는 카지노가 이길 가능성이 아주 많은 것이다.

노름실력이 아무리 좋아도 푼다!

내 환자의 남편, 크리스는 롱 아일런드에서 몇 년간 비밀 카지노를 경영했었다. 크리스는 비밀 카지노에서 주로 포커게임을 했었다. 그래서 크리스는 포커 게임에 있어서는 실력이 아주 좋다고 스스로 자부심을 갖고 있었다. 비밀 카지노를 경영하기 위해서는 또한 지역 경찰이며 정치인에게 많은 돈을 집어주어야만 했었을 것이다. 헌데 이유야 어떻든 간에, 비밀 카지노의 문을 닫게 되었다. 크리스는 애틀랜틱시티에 갔다. 그리고 가끔 포커게임을 해서 용돈을 벌어서 썼다. 헌데 어느 날은 4일간 포커노름을 계속 하다가 돈 10만 달러를 푸고 말았다. 실력이 좋다고 스스로 자부심을 갖고 있었던 크리스도 포커게임에서 크게 당하고 말았다.

내가 알고 있는 어떤 사람은 친구들하고 주말에 만나서 포커게임을 하면서 돈을 자주 땄다. 친구 스스로도 포커게임에는 자신이 있다고 자부하고 있는 판이었다. 헌데 몇 년 전에 들은 소식인데, 애틀랜틱시티에 가서 모든 재산을 다 탕진해버렸다고 했다. 심지어는 맨해튼에 가지고 있었던 사업체마저 망쳐버렸다고 했다. 빚쟁이한테 쫓기어 어느 날밤, 어디론가 자취를 감추어버리고 말았다. 미국 속담에 조그만 지식이 사람 죽인다는 말이 있다. 사업을 하면서 주말에 친구들하고 포커 게임을 해서 친구들한테 돈을 땄다고 해서 자기 포커게임실력이 아주 좋다고 생각하고 있는 것 자체가 웃기는 일이다. 카지노에 가면 포커 게임전문가들이 수두룩하게 많다. 이런 전문가들도 다 돈을 펐었기에, 더 이상 먹고살 돈이 없어서, 이제는 카지노에서 고용되어 일을 하고 있는 것이다. 이런 포커전문가의 눈에는, 내 친구들이 하는 포커게임 실력은 새발(Bird's leg)의 피인 것이다. 새 발의 피라는 말은, 새 발에 피가 있으면 얼마나 있겠는가. 아무것도 아니라는 말이다.

사람이란 무슨 게임이든, 돈을 내기할 때는 이겨야 하는 것이다. 이기려면 그만큼 연구하고 노력해서 실력을 쌓아놓아야만 하는 것이다. 실력도 없이 이기려고 하면, 하늘의 별 따기처럼 무모한 짓인 것이다. 무모한 짓을 해서는 안 되는 것이다. 나는 항상 친구들에게 말하지만, 질 놈의 내기는 하지 말라고 말한다. 왜 질 놈의 게임을 해야만 한단 말인가.

차민수 노름 철학

'차민수'하면 한국인 노름꾼으로서는 모르는 사람이 없을 정도로 유명한 분이다. 올인(All In)이란 소설의 주인공이고, 또 이 소설이 영화화되어 수많은 한국인들이 차민수씨를 잘 알고 있다. 차민수씨는 최고 도박사 10여 명에만 붙여진 "월드 클래스 포커 플레이어"라는 영예로운 칭호도 갖고 있는 분이다.

라스베이거스에 오는 많은 한국 사람들이 차민수씨에게 물어보는 질문은 "어떻게 하면 돈을 땁니까"이다. 차민수씨의 답변은 간단하다. (중앙일보, 2006년 12월)

"쇼핑이나 하십시오. 시간 지나면 옷은 남습니다. 카지노는 절대로 못 이깁니다. 왜 못 이기느냐고요? 카지노는 자금이 무한대고 기계적으로 하는 거대조직입니다. 그런데 잠도 제대로 못 자고, 판단력은 흐리고, 자금도 적고, 모든 게 열세인 상황에서 어떻게 이길 수가 있겠습니까"

이길 수가 없으니까, 이길 생각이랑 아예 하지 말고, 노름할 돈으로 차라리 쇼핑이나 하고 엔조이하라는 게 바로 차민수씨의 충고인 것이다.

차민수씨는 "도박이란 결코 운이 아니고 100%가 실력"이라고 말하고 있다. 사실 도박뿐만 아니라, 모든 게 다 실력인 것이다. 이기기 위해서는 상대방보다 더 실력이 있어야 하는 것이다. 실력을 쌓기 위해서는 상대방보다 더 열심히 공부하고 노력을 해야만 하는 것이다. 도박세계는 또한 실력만 가지고는 안 된다는 것이다. 도박세계는 권모술수가 난무하는 곳이라고 말했다. 권모술수! 속일 줄 알고 있는 것도 또한 실력이라고 말했다. 그리고 속임을 당하고 있다는 사실을 알고 있는 것도 또한 중요한 실력이라고 말했다. 이런 정도의 실력이 없으면 아예 노름을 할 생각을 하지 말라고 차선생은 충고하고 있다.

듣는 소문에 의하면, 차민수 씨도 요사이는 미국의 라스베이거스가 아니라 한국의 강원랜드 카지노에서 별 볼일 없이 생활하고 있다고 한다.

라스베이거스에 구경 온 사람들의 97% 정도는 노름하러 온 것이 아니고, 즐기러 온 사람들이다. 라스베이거스에서 돈 딸 생각일랑 아예 하지 말고, 라스베이거스에 온 이상 남들이 돈 푸는 것이나 구경하고, 쇼핑구경, 남들이 물건 사는 것을 구경이나 하고, 쇼(Show)나 보고, 그리고 밤길거리 구경이나 하면서 즐길 수 있는 한 맘껏 즐기시다가 집으로 되돌아가는 것이 최고의 라스베이거스 여행이 될 것이다.

카지노에서 노름하면 결국은 진다

<황금의 제국>이라는 인기 텔레비전 드라마에서, 윤설희가, "난 아버지 따라 미군 카지노에 가본 적이 있었다. 칩 하나 가지고 바카라 게임을 했었지. 하나가 둘이 되고, 둘이 넷이 되고, 넷이 8개가 되고, … 64개가 되었었지. 집 한 채 살 거라고 생각했었다., 하지만, 다음 판에 몽땅 다 잃어버리고 말았다. 언제나 이기는 도박은 없다는 것을 그때 알게 되었다." 라고 장태주에게 말했다. 그렇다. 언제나 이기는 도박은 없는 것이다.

나는 환자들에게, "카지노에서 노름을 하면, 한두 번 이길 수는 있겠지만, 결과적으로는 반드시 지고 맙니다, 그러니까 노름을 하지 마세요." 하고 충고해준다. 하지만, 내 말을 듣고서 노름하던 사람이 노름을 중단하지는 않는다. 계속 노름을 한다. 왜 그럴까?

아마 노름꾼들은 요행을 바라고 있는지도 모른다. 수백만의 사람들이 뉴욕 주에서 발매하고 있는 로터리(복권)를 사고 있다. 이길 확률이 7백만 대 1인 것이다. 자기가 이길 확률이 극히, 아주 극히 적다는 것을 알고 있으면서도 그래도 복권을 매주 두 번씩 사고 있다. 혹시나 혹은 행여나 이번에는 당첨되겠지, 혹은 당첨되기를 바라면서, 복권을 사고 있는 것이다. 어떤 사람은, "내가 일 달러를 투자함으로 해서 나도 어느 땐가는 백만장자가 될 수 있다 하는 희망 때문에 복권을 사고 있습니다." 하고 말했다. 요행을 바라는 마음이 카지노에서 노름을 하게 하는 것 같다. 노름에 있어서 어떤 특별한 기술을 갖고 있기에 어느 땐가는 꼭 이길 것이라는 자신감을 은근히 갖고 있는 사람도 있다. 남들은 다 지고 있어도 자기만은 이길 것이라고 생각하고 있는 노름꾼들도 있을 것이다. 하지만, 길게 보면 카지노에서 노름하는 사람들은 결국에는 다 잃고 만다.

카지노에서 노름하지 말라는 내 말을 듣고도 계속 노름하고자 하는 사람들에게 나는 차복남선생의 노름철학에 대해서 말해준다. 차 선생은, "돈을 따고 싶은 만큼 많은 돈을 푸게끔 돼 있다. 그러니까 돈 딸 생각일랑 하지 말고 그 대신, 본전노름을 하면서 재미를 보도록 하라."고 했다. 차선생은 카지노에서 항상 미니멈 베팅을 한다. 베팅 액수를 결코 올리지 않는다.

차 선생은, "내 돈만은 카지노가 따먹지 못할 것이라"는 자신감을 가지고 노름을 하고 있다고 말했다. 돈을 따는 재미가 아니라, 돈을 푸지(잃지) 않는 재미로 노름을 하고 있다는 것이다.

미국 사람들은 설령 올림픽 게임에 선수로서 출전하는 자녀들한테도 "잘 즐기라" (Have a fun)고 말해준다는 것이다. 이에 반해서, 한국 사람들은 자식들에게 "꼭 이기고 와라"하고 독촉을 하는 경향이 있다는 것이다. 미국사람들은 카지노에 올 때 즐거운 시간을 갖기 위해서 오는데 비해, 한국사람들은 꼭 돈을 따야한다는 강박관념을 가지고 온다온다고 차선생은 말했다. 카지노에서 재미있는 시간을 가지면서 즐기려고 카지노에 오는 것이 아니고 돈을 따려고 온다는 것이다. 돈을 따려고 하니까 결국에는 왕창 잃고 만다고 말했다.

뉴욕에서 빌딩 대 여섯 개 소유하고 있었던 어떤 천만 달러 한인 갑부가 얼마 전에 노름 끝에 자살을 했다고 했다. 슬픈 일이다. 차선생은 카지노에서 결코 돈을 딸 생각일랑은 하지를 말고, 그 대신 적은 돈으로 노름을 즐길 줄 알아야 하고 그리고 즐겨야 한다고 말했다.

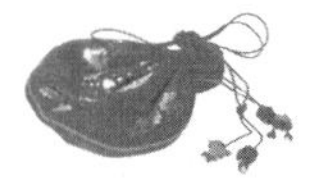

차복남 선생 노름 철학

재미로 하는 도박 (1)

차복남 선생은 "카지노를 상대로 해서 돈을 결코 딸 수는 없다. 돈을 딸 수 없으니까 돈 딸 생각이란 아예 하지를 말고, 그 대신, 카지노에 가서 돈을 푸지(잃지) 않고 본전노름을 하면서 재미보고 즐겨야 한다."고 수차 말했다. 그러면서 돈도 푸지 않고, 본전노름을 하면서 카지노에서 즐길 수 있는 노름을 나한테 가르쳐 주겠다고 했다. 돈도 푸지 않고 재미만 보는 카지노 노름이라니! 흥미를 아니 가질 수가 없었다.

요새 카지노가 세계 방방 곳곳에서 엄청나게 많이 생겨나고 있다. 이삼년 전에 싱가포르에서 카지노를 설치해 놓은 후 관광객들로부터 들어오는 총수입이 2-3배로 올랐다고 신문에 크게 보도됐다. 한국에는 한국민을 위한 카지노는 강원랜드 카지노 하나밖에 없지만, 외국인을 위한 카지노는 한국에도 많이 생겼다. 심지어 일본에서도 관광수입을 위해서 카지노를 짓겠다고 했다. 뉴욕에도 이미 카지노가 생겼고, 그리고 내가 살고 있는 동네에서 그다지 멀지 않는 곳에 커다란 카지노를 지금 짓고 있는 중이다.

미국뿐만 아니라, 온 세계가 세금을 올리는 대신, 카지노를 지어서 정부의 수입을 올리려고 하고 있다. 앞으로 카지노가 동네에 하나씩 생길 가능성이 있는 것이다. 우리는 지금부터 카지노를 앞으로 어떻게 대처해나갈 것인가에 대해 미리 마음의 준비를 해놓는 것이 상책일 것 같다. 마음의 준비란 간단하다. 카지노에서 돈을 결코 딸 수가 없다는 사실을 항상 명심하고 있어야 한다. 카지노에 가서 노름을 할 생각이란 처음부터 갖지를 말아야 한다. 설령 카지노에 들어가거든 돈 딸 생각일랑 아예 하지를 말고, 그 대신 적은 돈으로 재미만 볼 생각을 해야 한다. 2-3백 달러만큼만 재미를 보면 된다. 300달러 이상의 재미를 볼 생각을 하지 말라고 일러주고 싶다.

술을 마신다고 해서 모든 술꾼들이 다 알코올 중독자가 아닌 것처럼, 노름을 한다고 해서 모든 노름꾼들이 다 병적인 도박꾼은 아닌 것이다.

도박을 하는 사람들의 95% 정도는 도박을 재미로 한다. 오락 노름이라고도 하고 혹은 사교적인 노름이라고도 한다. 자기의 전 재산을 통 털어서 노름을 하는 사람들은 분명 병적인 도박꾼들이다. 집안을 망쳐먹을 정도로 심한 도박꾼들은 대략 2-3% 정도인 것이다. 자기 재산의 극히 적은 부분을 가지고 노름을 하는 사람들은 병적인 도박꾼이라고 볼 수는 없다. 물론 병적인 도박꾼들은 전문적인 치료를 받아야 하지만, 사교적인 오락 노름을 하는 사람들은, 재미로 하는 노름이니까, 될 수 있으면 적은 양의 돈으로 노름을 하면서 즐기기만 하면 되는 것이다.

신문을 통해서 안 것이지만, 일부의 목사며 신부들도 카지노에 드나들면서 노름을 즐기고 있고, 그리고 어떤 스님들은 자기네들 끼리 도박을 하면서 여가를 즐기고 있는 것으로 나는 알고 있다. 대부분의 오락 노름꾼들은 일 년에 한두 번 정도 카지노에 가서 노름을 한다. 물론 은퇴를 했거나 시간이 많이 있는 사람들은 한 달에 한두 번 가서 노름을 하면서 즐기기도 한다. 카지노에 갈 때마다 2-3백 달러쯤 푼다. 푸고도 기분 나빠하지 않는다. 가령 뉴욕의 브로드웨이 쇼를 한번 보는데 대략 150 - 200 달러쯤 소요된다. 쇼를 보고난 후, 쇼 내용이 좋았다는 등, 쇼에 대해 이야기를 하지, 쇼값 150달러를 폈다고 투덜대는 사람이 없듯이, 재미로 노름하는 사람들은, 카지노에서 재미있게 놀았다고 여기고 있으니까 말이다. 카지노에서 이삼백 달러 폈으면, 이삼백 달러 푸는 동안 그만큼 즐겼으니까, 실은 손해 본 것은 하나도 없는 것이다. 그만큼 즐겼으면 되는 것이지 더 이상 무엇을 바라느냐고 차 선생은 말한다. 그리고 카지노도 먹고 살아야 하니까 말이다.

판돈의 크기하고 재미의 관계?

판돈(Stakes)이 크면 클수록 그만큼 재미가 있다고 생각하는 사람들이 꽤나 있다. 재미를 더하기 위해서 판돈을 올리는 사람들이 있다. 하지만, 판돈이 크다고 해서 판돈의 크기에 따라 재미가 그만큼 더 증가하는 것은 결코 아닌 것이다.

예전에는 나도 골프에 미친 적이 있었다. 주말이면 토요일 일요일 온 종일 골프장에 가서 친구들하고 골프를 쳤다. 그냥 골프를 치면 재미가 없었다. 그래서 꼭 내기 골프를 쳤다. 한 홀에 1달러씩 내기 골프였다. 골프는 18홀로 돼 있으니까, 지면 18불까지 펄 수가 있었다. 하지만 어떤 때는 따고 어떤 때는 지니까, 재수가 없는 날은 10달러 정도 푸기도 했고, 혹은 5달러 정도 따기도 했었다. 헌데 매주말마다 골프를 쳤고, 그리고 칠 때마다 10달러 정도 푸면, 그 푼돈도 합쳐놓고 보면 적은 돈이 아니었다. 그래서 요사이는 친구들하고 한 홀에 1달러 내기를 하는 것이 아니고, 25센트 내기를 했다. 1달러 내기나 25센트 내기의 재미는 똑같았다. 어떻게 25 센트짜리 내기골프를 하는가 하면, 네 명이 골프를 치면 한 사람당 5불을 건는다. 네 명이 5불을 내면 다 합쳐서 20달러가 된다. 골프는 18홀이니까 이긴 자가 1불씩 가져간다. 그리고 나머지 2달러는 버디를 했건, 혹은 파3 홀에서 크로스 핀(Close pin)을 한 사람이 가져간다. 만약 3명이 골프를 칠 경우에는 6달러씩 걷으면 18달러가 된다. 이긴 자가 한 홀에 1달러씩 가져간다. 돈의 액수가 적으니까 마음 편하게 골프를 칠 수가 있어 좋다. 다 펴야 5달러이니까, 질까봐 걱정할 필요도 없다. 이겨서 남의 돈을 따먹더라도 남의 돈 따먹었다고 미안해 할 필요가 없어서 괜찮고, 그리고 지더라도 일 이불 정도 푸니까 기분이 상하지 않아서 좋다. 돈에 구애받지 않으니까 자연스레 골프자체를 더 즐길 수가 있는 것이다.

어느 날 하루는, 우연히 골프장에서 옛날 친구를 만났다. 이 친구는 한 홀에 20달러짜리 내기를 했었던 사람이었다. 우리하고 같이 25센트짜리 내기에 참여하라고 하니까 너무나 기가 찬지 하는 소리가, 20불짜리 내기하던 사람이 25센트짜리 내기골프를 해야 하냐고? 25센트 내기는 싱거워도 너무 싱거워서! 그렇다고 안 할 수도 없고, 한참을 한탄을 하더니만 다른 선택은 없고, 가만히 생각해보니까 안 하는 것보다는 그래도 하는 것이 낫다고 생각이 드니까 마음을 고쳐먹고서 우리하고 같이 25센트짜리 골프내기를 했다. 25센트가 아무리 적은 돈이라고 하더라도, 인간의 심리가 지는 것을 싫어하고 그리고 푸는 것을 좋아하는 사람은 없는 것이다. 이 친구도 지지 않고 이기기 위해서 안간힘을 다 해서 쳤다. 그리고 골프가 다 끝나가는 판에 하는 말이, 20달러 내기나 25센트 내기나 재미는 마찬가지라면서 오히려 즐거워하고 있는 것을 보았다.

판돈의 크기하고 자존심의 관계?

내가 아는 어떤 여인은 남편이 모아놓은 10만 달러를, 3개월 동안에 몰래 아틀란틱 시티에 가서 다 퍼버렸다. 그 여인이 하는 말이 그녀는 1백 달러 칩이나 1천 달러 칩으로 노름을 하고 있었을 땐데, 옆에서 남자들이 10달러짜리 칩으로 노름하고 있는 것을 보고서, 그 남자들이 쩨쩨하고 치사스럽게 보여, 마음속으로 쪼잔한 사람들이라고 경멸을 한 적이 있었다고 했다.

어떤 사람들은 큰 판돈을 가지고 노름하는 사람을 우러러보는 경향이 있다. “아! 저 사람은 말야, 1천불짜리 칩으로 노름을 한단 말야” 하고 경탄을 금하지 못하는 사람들이 있다. 이처럼 큰돈으로 노름하는 사람들은 또한 쉽게 패가망신한다는 사실도 알고 있어주기 바란다.

내기에 있어서 가난한 사람들, 그리고 자존심이 약한 사람들은 적은 판돈으로 노름하는 것을 창피하게 여긴다. 그래서 일부러 판돈을 올림으로 해서 거만을 떨고 젠체하려 하는 사람도 있다.

아까 내가 25센트짜리 내기 골프를 하자고 할 때, 만약 내가 가난한 사람이었다면 그리고 만약 내가 자존심이 약한 사람이었다면 어떻게 감히 25센트짜리 내기게임을 하겠느냐고 말을 끄집어낼 수가 있었단 말인가? 하지만 나는 의사며 가난하지 않고, 그리고 의사로서의 자존심을 갖고 살아가고 있으니까 떳떳하게 25센트짜리 내기를 하자고 제안을 했었던 것이다. 내 친구들은 오히려 25센트짜리 내기 골프를 아주 좋아하고 있다는 사실을 여러분에게 알려주고 싶다. 25센트짜리 내기도 10달러 내기 못지않게 재미있다는 사실을 알아주기 바란다.

미국에서 제일가는 부자 빌 게이츠하고 워런 버펫은 만나면, 둘이 앉아서 몇 시간씩 노름을 한다고 차선생은 말했다. 그리고 진 자가 저녁을 산다고 했다. 저녁식사 비용은 많아야 1-2백 달러인 것이다. 우리한테 1-2백 달러는 큰 돈이지만, 빌 게이츠나 워런 버펫에게는 극히 적은 돈인 것이다.

카지노에 가서 꼭 큰돈으로 노름을 해야만 재미가 있는 것은 아니다. 적은 돈으로도 얼마든지 재미있게 노름을 즐길 수 있는 것이다.

차복남 선생 노름 철학

재미로 하는 도박 (2)

차 선생하고의 대화

가끔 가다가 친구들이 차 선생하고 이야기를 주고받는 소리를 옆에서 들을 때가 있다.

차: 카지노에 가거든 돈을 따려고 하지 말아요.

친구: 당신도 웃기는 소리를 다 하십니다. 우리가 카지노에 가는 이유는 돈을 따기 위해서 가는 것이지, 카지노에 가서 돈을 따려고 하지 말라니?, 말도 안 되는 소리를 하고 계십니다 그려.

차: 당신이 카지노에 가서 돈을 따려고 하면, 돈을 따려고 하는 그 돈 욕심 때문에, 결국은 다 푸고 말게 됩니다.

친구: 그러니까, 푸지 않기 위해서 우리가 돈을 따야하지요.

차: 카지노는 결코 지지 않습니다. 카지노를 상대로 해서 돈을 따려고 하는 것은 마치 계란을 들고 바위를 깨려고 하는 식으로 어리석은 짓입니다.

친구: 그러면 어떻게 하란 말입니까?

차: 돈을 따려고 하지 말고, 그냥 재미로 놀음을 하면서, 놀음을 즐기면서, 돈을 푸지 않는 방법으로, 다시 말하면 본전을 할 생각으로 놀음을 하면 됩니다.

친구: 본전을 할 생각으로 놀음을 하는 방법이 무엇입니까?

차: 첫째는 돈을 딸 생각을 버리고, 욕심을 내서는 안 되고, 그리고 블랙잭을 하십시오. 블랙잭만이 본전을 할 수 있는 게임입니다. 카지노에서는 될 수 있으면 적은 돈으로 베팅을 하십시오. 돈을 따고 있다고 해서 돈 액수를 올려서는 안 됩니다. 그리고 푸고 있을 때 본전을 되찾으려고 또 판돈의 액수를 올려서도 안 됩니다. 그냥 계속 똑같은 액수의 돈으로 게임을 유지해나가면 결코 크게 푸지는 않습니다. 동시에 노름을 하고 있는 동안 즐기십시오. 돈 딸 생각이란 아예 집어치우고 말입니다.

이게 차 선생이 친구들하고 하는 대화의 내용이다. 재수 좋은 날은 100달러 정도 딸 수도 있고, 혹은 재수 없는 날은 100달러쯤 풀 수도 있다. 차 선생은 돈을 1백 달러 혹은 2백 달러쯤 땄으면 꼭 일어나라고 충고해주었다. 더 따려고 하다가 망조가 든다고 말했다.

노름하기 전에 자기가 세운 목표, 가령 오늘 게임은 100달러 따면 일어선다, 혹은 200달러 푸면 일어선다 하는 목표를 세워놓고, 그리고 그 목표가 달성되면 꼭 일어나야 한다. 아까도 말했지만, 브로드웨이 쇼를 본 사람들이 쇼를 다 보고나서 입장료 150달러 폈다고 투덜대지 않고, 그 대신 쇼를 재미있게 관람했다고 즐거워하는 식으로, 노름한 사람들도 일이백 달러 폈다고 투덜대지 말고 그 대신, 노름하는 도중 재미있게 놀았다고 즐거워해야 한다고 차 선생은 말했다.

카지노는 인간의 욕심을 이용해서 돈을 벌고 있다

카지노는 인간이 욕심을 부린다는 사실을 잘 알고 있기에, 더 많은 돈을 따려고 하는 인간의 욕심을 이용해서 카지노가 만들어진 것이다. 그래서 카지노에서 돈 딸 생각을 하면 이미 그 사람은 망하는 길로 향하고 있는 것이다.

차선생은, 고객들이 카지노에 처음 와서 돈을 따면 오히려 좋아한다고 했다. 왜 좋아하느냐고? 고객이 돈을 따면, 고객은 집에 와서 돈을 땄다고 가족 친구들에게 자랑하게 되고, 자랑을 하면 다른 사람들도 돈을 따기 위해서 카지노로 오게 해주니까 좋아한다는 것이다. 카지노는 우리가 처음에 와서 돈을 따가도 걱정을 하지 않고, 우리에게 잠간 돈을 맡겨놓았다고 생각하고 있다. 인간이란 돈을 땄으면 또 따고 싶어서 다시 카지노에 오게끔 돼 있고, 어느 땐가는 고객들이 왕창 돈을 다 퍼서, 결국은 카지노가 다 이기게끔 돼 있는 것이다.

인간의 심리라는 게, 처음 10달러짜리 노름을 한참 하다 보면, 10달러짜리 노름은 시시하게 보이기 시작한다. 스릴을 맛보기 위해서, 그리고 더 많은 돈을 따기 위해서 20달러로 올리고 또 한참 하다가 50달러로 올리고, 100달러 그리고 500달러로 올리다 보면 이게 망할 징조라는 것이다. 카지노는 이런 인간의 욕심을 이용해서 돈을 벌고 있는 것이다. 돈을 한참 올리다 보면 카지노가 왕창 이기게끔 돼 있는 것이다.

카지노에 한번 가보라. 카지노에서 식당에 가고 싶어도, 혹은 파킹장에 가고 싶어도, 항상 노름장 안을 거쳐 지나가게끔 돼 있다. 카지노를 지나가다가 노름을 하고 싶은 의욕이 생기게끔 빨강색으로 바닥을 깔아놓고 녹색으로 테이블을 꾸며놓았다. 카지노 안에서 밖으로 나가려고 해도 출입구가 눈에 보이지 않게끔 설계해놓았다. 밖으로 나가기 위해서 출입구를 찾다가 출입구를 찾을 수 없으면 그냥 주저앉아 다시 노름을 하게끔 그렇게 카지노를 만들어놓은 것이다. 카지노 안에는 시계가 없다. 밤이 깊은 줄 모르고 밤새껏 노름하게끔 꾸며놓았다. 창문도 없다. 밖을 내다보다가 노름하고 싶은 의욕이 사라질까봐 두려워서 아예 창문을 설치해놓지 않았다. 거울도 없다. 돈 푸고 자기의 초라한 얼굴을 보고 노름하고 싶은 마음이 없어질까 봐 두려워서 거울도 벽에다 걸어놓지 않았다. 그 대신 고객들에게 술을 무료로 주어서 고객들로 하여금 취하게 만들어버린다. 고객이 취하면 취할수록 카지노의 수입은 올라가니까 말이다.

리딤 카드 (Redeem card)를 만들어라

카지노에 자주 출입해서 노름을 하고 싶으신 분은, 제일 먼저 사무원들이 일하고 있는 데스크(Desk)에 가서 리딤카드를 만들라고 차선생은 말했다. 리딤카드를 만들기 위해서는 운전면허증이 꼭 필요하다. 운전면허증도 없는 사람에게는 카드를 발급해 주지 않는다. 카드를 만든 후, 블랙잭을 하는 데 가서 돈 500달러를 내고 칩을 산다. 그리고 동시에 리딤카드를 딜러에게 주면, 이때 딜러가 슈퍼바이서를 부른다. 슈퍼바이서가 이때 호텔방을 무료로 제공해준다. 그 후부터는, 카지노 호텔에서 매달 팸플릿(pamphlet)을 보내준다. 팸플릿에는, 호텔에 전화를 하면 무료로 방을 제공해주겠다는 정보가 쓰여 있다. 호텔로 전화하면, 무료로 3일 밤까지 머물 수가 있다. 물론 노름을 하지 않아도 된다. 하지만, 호텔에서 잠을 자면서 노름하지 않는 사람은 거의 없다고 차 선생은 말했다. 아틀란틱 시티에는 시자 호텔, 발리 호텔, 하라 호텔, 쇼우보으트 호텔이 있는데, 이런 카지노에서 리딤 카드를 만들어놓으면 라스베이거스에 있는 호텔에서도 무료로 이삼일 간 묵으면서 라스베이거스 구경도 하고, 그리고 노름도 할 수 있게 해준다. 물론 비행기 표는 각자가 부담해야 한다.

리딤카드는 마일리즈 카드처럼, 카지노에서 얼마나 오랫동안 도박을 했었는가, 그리고 얼마만큼의 돈을 가지고 노름을 했었는가에 대한 기록이 적혀있는 것이다. 그래서 노름장에서 시간을 많이 보내면 보낼수록, 그리고 많은 양의 돈을 가지고 노름을 했으면, 그만큼 혜택을 받게 된다. 혜택이란 호텔방이 무료, 식사가 무료, 그리고 그 외 많은 선물을 카지노가 준다. 가령 슬롯머신 노름을 한다면 슬롯머신 노름기계 안에 리딤카드를 꽂아놓고 그리고 노름을 하면, 보낸 시간하고 돈의 거래 양이 리딤카드 안에 기록된다. 가령 블랙잭을 하는 경우, 딜러에게 리딤카드를 주면, 딜러의 슈퍼바이서가 와서 고객이 얼마만큼의 시간을 보냈는가를 리딤카드에 기록해준다.

다음은 <MIT 수학천재들의 카지노 무너뜨리기> 책 (Ben Mezrich 저자)에 써진 것이다:

블랙잭, 주사위게임, 슬롯머신, 룰렛과 같은 게임에서 한 판에 $25를 하면 호텔 룸이 할인된다. 한판에 75달러 게임을 하면 호텔룸이 공짜다. 한판에 150달러 게임을 하면 방, 음식, 음료수 (RFB room, food, beverage)가 다 무료다. 한번 방문해서 5천, 1만, 1만5천 달러를 베팅하면 하이롤러 (High roller)가 된다. 비행장에서 카지노까지 바래다주는 리무진 서비스도 무료다. 무료서비스를 콤프 (comp, compensation))라고 한다.

이처럼 카지노가 고객에게 무료서비스를 해주는 이유는 뭘까? 고객들이 그만한 돈을 푸고 가기 때문인 것이다.

차복남 선생 노름 철학

재미로 하는 도박 (3)

돈을 푸지 않는 도박을 가르쳐주겠다고 해서 얼른 배웠다:

차복남 선생은 카지노에 가끔 간다. 차선생은 노름을 해야만 인생을 사는 맛이 난다고 했다. 꼭 노름을 해야만 직성이 풀린다고 했다. 노름을 하지 않고서는 도저히 인생을 살아갈 수가 없을 정도로 노름을 좋아하고 있다. 나머지 인생 동안 노름을 하기 위해서는 첫째 돈을 푸지(잃지) 않아야 한다는 것이다. 돈을 푸지 않기 위해서는 돈을 따려는 욕심을 내서는 안 된다. 돈을 따려는 욕심 때문에 인생이 망조가 든다. 인생 망조를 피하기 위해서는 돈을 따야겠다는 욕심을 버리고 그리고 여생동안 노름을 하면서 즐기기 위해서는 본전 노름을 해야 한다는 것이다. 설령 본전 노름을 할 수 없을 경우에는 적어도 돈을 왕창 퍼서는 안 된다. 나도 본전노름을 하면서 재미만 보는 노름을 차선생이 가르쳐주겠다고 했을 때 얼른 배워놓는 것이 상책이라고 생각하고서, 2012년 5월 초에, 뉴욕에서 일주일간 바하마에 가는 크루스 배에 올라탔다. 삼사일간, 하루에 한두 시간 정도 블랙잭노름을 같이 하면서 노름의 기초를 배웠다. 내가 배운 것을 여기에 실어보겠다.

어떤 도박?

* 차 선생은 슬롯머신(Slot machine) 게임은 결코 이길 수가 없다고 단호하게 말했다. 슬롯머신의 30%는 카지노에서 가져가게끔 다 그렇게 만들어놓았다. 카지노에서 많은 수입이 슬롯머신을 통해서 벌어들인다. 본전 게임을 하고 싶으면 혹은 돈을 많이 푸고 싶지 않으면 슬롯머신 게임을 하지 말라고 차 선생을 일러주었다.

* 많은 동양인들이 바카라 게임을 좋아하고 있다. 바카라 게임은 아주 쉬운데, 문제점은 돈을 아주 쉽게 많이 푸는 게임이다. 차 선생은 바카라 게임도 추천해주지 않았다.

* 김진명씨가 쓴 소설 <카지노> 에 다음과 같은 말이 써져 있다.

"누군가를 죽이고 싶거든 바카라 노름을 하게 하라는 말이 있다. 자동차 경기나 골프, 바둑, 포커 같은 걸 하다가 절망해서 자살했다는 이야기를 들어본 적이 없다. 하지만 바카라 노름을 하다가 돈을 다 탕진한 후에 자살하는 사람들은 더러 있다"

누군가를 죽이고 싶거든 바카라 노름을 하게 하란다고!? 아주 무서운 말이다.

* 카지노에서 돈을 적게 푸거나 혹은 본전 하는 방법으로서는, 혹은 적은 돈이나마 딸 수 있는 게임은 블랙잭이라고 말했다. 도박하는 것을 권하지 않지만, 만약 우리가 꼭 도박을 하고 싶으면, 차 선생은 우리들에게 블랙잭을 공부해서 카지노에 가거든 블랙잭 게

임을 하라고 했다.

블랙잭을 하면, 하우스(주인)측이 51% 찬스(chance), 그리고 손님측이 49% 확률로 이길 가능성이 있다고 했다. 욕심만 부리지 않는다면 그리고 10달러나 적은 양의 돈으로 베팅만 한다면 고객이 이길 수도 있는 게임인 것이다. 이길 수도 있다고 했지, 꼭 이긴다는 말은 아닌 것이다.

밑천이 단단해야 한다

차 선생은 밑천이 충분해야 하니까, 40 대 1로 시작하라고 했다. 가령 미니멈 10불짜리 블랙잭을 하고 싶으면 400달러를 가지고 시작해야 한다. 가령 미니멈 20달러짜리 블랙잭을 하고 싶으면 적어도 800달러를 가지고 시작해야 한다. 설령 노름을 시작하자마자 처음부터 돈을 푸기 시작해도 확률적으로 40번 내내 다 질 수는 없다고 차 선생은 말했다. 하다보면 이기기도 하고 지기도 한다. 10번 정도 계속 졌다고 해서 일어서지 말라고 했다. 한 자리에 앉아서 끝까지 노름을 하다보면, 어느 땐가는 표가 잘 들어와서 푼돈을 되찾을 수가 있게 된다. 문제는 지금까지 푼돈을 만회해서, 본전을 찾을 경우에는 얼른 일어서서 밖으로 나와야 한다. 본전을 찾았으니까 더 따야겠다고 앉아있으면 더 푸게끔 돼 있다고 차 선생은 말했다. 다시 말하지만, 본전을 만회했으면 테이블에서 꼭 일어서서 밖으로 나와야만 한다.

노름을 하다보면 처음에는 이기든가 혹은 지는 게 반반인 것이다. 테이블에 앉자마자 이기는 재수가 50%이고, 그리고 지는 운수가 50%인 것이다. 처음부터 이기기 시작하면, 차 선생은 1백 달러나 혹은 200 달러쯤 따면 꼭 일어나야 한다고 했다. 더 이상 욕심을 부리지 말라고 했다. 욕심이 사람을 죽이는 것이다. 돈을 터무니없이 따고 싶은 마음이 사람을 망하게 한다. 200달러 이상 따려고 하면 망하게끔 돼 있다고 했다. 100달러나 200달러 땄으면 일어서서 테이블에서 나와서, 배가 고프면 식당에 가서 식사를 하면 된다. 식사가 사람의 긴장을 풀어주는 데 좋다. 차 선생은, 아틀란틱 시티에서는 밖으로 나와, 해변가의 보드워크를 걸으면서 어여쁜 여자 궁둥이를 쳐다보면 저절로 긴장이 풀린다고 했다. 그러다가 기분이 나면 다른 카지노로 들어가서 또 노름을 한다. 1백-2백 달러를 따면 다시 일어서서 밖으로 나오든가, 혹은 호텔 방으로 들어가서 쉰다거나 혹은 집으로 와버린다. 결코 한 번에 한 테이블에서 2백 달러 이상을 따려고 해서는 안 된다고 나한테 수십 번 충고해 주었다.

차선생이 10 달러짜리 노름을 한다고 하니까 차선생은 가난하고 쪼잔한 사람이라고 깔보거나 얕잡아 봐서는 안 된다. 차선생은 돈 걱정 없이 여유 있게 인생을 살아가고 있는, 나에 비하면 엄청난 재벌가인 것이다.

차선생의 친구 중에 한분은 한국에서 재벌가인데, 카지노에서 보통 10만 달러 내지 20만 달러를 가지고 도박을 했었다. 차선생이 10달러짜리 칩으로 재미있게 노름하는 것을 옆에서 지켜보고서, 차선생한테 10달러 칩으로 노름하는 철학을 배웠다. 그 후부터 이 재벌가 친구도 지금에 와서는 10달러 칩으로만 노름하면서 노름을 즐기고 있는 것이다.

물론 타이거 우즈는 다르다. 골프 황제 타이거 우즈는 하프 밀리언 ($500,000) 달러를 가지고 매번 노름을 하고 있다고 차선생은 말했다. 타이거 우즈에게 있어서 하프 밀리언은 우리들에게 있어서 10달러 정도밖에 되지 않을 것이다. 타이거 우즈는, 노름 실력이 꽤 좋아서 돈을 따지도 못하면서 그렇다고 해서 크게 푸지도 않는다고 했다. 본전 노름을 하고 있는 것이다. 타이거 우즈는 섹스 스캔들로서 바람둥이로서 한때 소문이 났었지 결코 노름꾼으로 소문이 난 적은 없었다. 이처럼 큰돈을 가지고 노름을 하면서도 크게 따지도 않고, 그리고 크게 푸지 않는 게임을 하고 있는 것을 보면 타이거 우즈의 노름실력은 보통은 아닌 것이다. 노름 실력이 꽤 좋은 것이다. 집안이 망할 정도로 돈을 푸고 있지 않는 것을 보면 타이거 우즈는 병적인 도박꾼은 결코 아닌 것이다. 타이거 우즈처럼 하프 밀리언을 가지고 노름을 하는 사람들은 대개가 VIP 룸(Room)에서 노름을 하게끔 돼 있다. VIP 룸에서 노름을 하게 되면 전연 외부로 소문이 나지 않는다. 그래서 대부분의 CEO들은 VIP 룸에서 조용히 자기네들끼리만 노름을 하고 있다. 하지만, 타이거 우즈는 다르다. 타이거 우즈는 우리와 같이 공개된 노름장에서 노름을 하고 있는 것이 다른 점이라고 차 선생은 말했다.

우리가 하는 노름은, 돈을 따기 위한 노름이 아니고, 재미로 하는 노름이고 그리고 본전을 하기 위한 노름이라는 것을 명심하고 있어야 한다. 돈을 더 따기 위해 자기의 판돈을 결코 더 올려서는 안 된다고 하는 것이 차선생의 지론인 것이다. 잘은 모르지만, 타이거 우즈도 아마 자기의 판돈을 올리지 않고 계속 똑같은 양의 판돈을 가지고 노름을 하고 있는 것으로 나는 추측하고 있다.

술: 금기사항

차선생은 노름을 할 때는 결코 술을 마셔서는 안 된다고 강조했다. 술을 마시면 정신이 흐려져서 푸기 마련이라고 했다. 나도 가끔 목격하는 바이지만, 카지노에서 술에 취한 사람들을 볼 것 같으면 1천 달러 칩(Chip)이 돈으로 보이지 않는 모양인지 몇 천 달러씩 함부로 베팅해서 돈을 푸는 것을 보았다. 물론 술김에 푼 것이니까, 돈을 크게 푸고도 웃고 있었지만, 집에 가서 술이 깬 후, 몇 천 달러 푼 것을 나중에 알게 되면 마음 아파할 것이다. 그래서 결코 술을 마셔서는 안 된다. 카지노에서 노름하는 사람에게 술을 무료로 준다. 왜 카지노가 노름하는 사람에게 무료로 술을 제공하겠는가? 카지노가 자비스러워서? 천만에 말씀이다. 카지노가 노름꾼에게 술을 무료로 주는 이유는 노름꾼으로 하여금 많이 마시게 하고 많이 취하게 해서 돈을 왕창 푸게 하기 위해서인 것이다. 이런 꼬임에 빠져 들어가서는 안 된다.

차복남 선생 노름 철학

재미로 하는 도박 (4)

블랙잭은 어떤 게임인가?

블랙잭은 21 혹은 21에 가까운 숫자를 만들어내고 그리고 21 혹은 그 이하로서, 딜러보다 더 많은 숫자의 카드를 만들어내면 이기는 게임이다.

카드에서, 잭, 퀸, 그리고 킹처럼 그림이 있는 그림카드는 다 10으로 계산한다. A는, 자기 편안한대로, 1 혹은 11로 계산한다. 그 나머지 카드는 그에 적힌 숫자대로 계산한다.

딜러가 카드를 고객들에게 한 장씩 펴서(Open) 나누어주고 그리고 딜러 자신에게는 엎어진, 혹은 숨겨진 (Hidden) 카드를 한 장 갖는다. 그리고 두 번째 카드도 골고루 오픈(Open) 카드를 고객에게 나누어주고 난 후 딜러도 한 장 갖는다. 딜러가 받는 두 번째 카드는 오픈(Open) 카드다. 다시 말하면 딜러는 히든카드하고 오픈카드 두 장의 카드를 갖는다. 고객의 카드는 다 오픈되어 있다.

* 여기서 10하고 A카드를 받아서 21일이 되면 이것을 블랙잭(Black Jack)이라고 한다. 블랙잭을 갖게 되면 딜러가 고객에게 베팅한 돈의 1.5배를 준다. 가령 고객이 10달러를 베팅했으면 딜러가 고객에게 15달러를 준다.

딜러의 똥패

* 블랙잭에서는, 딜러가 갖고 있는 오픈 카드가 어떤 카드인가에 우리는 관심을 가져야만 한다. 2, 3, 4, 5, 그리고 6 카드를 우리는 똥패라고 부른다. 6이 가장 나쁜 카드다. 2는 꼭 나쁜 카드라고 볼 수는 없지만, 그래도 좋은 카드라고도 또한 볼 수가 없다. 만약 딜러의 오픈 카드가 똥패, 특히 6이나 5를 갖고 있는 경우에는 고객이 이길 가능성이 아주 많다. 딜러는, 카드의 합이 16이하일 경우에는 꼭 다음 카드 한 장을 더 받아야만 한다. 가령 딜러의 카드가 14 혹은 16이라고 가정해보자. 이때 딜러가 새로 받는 카드가 8이나 9 혹은 10일 경우에는 딜러의 합계가 22가 넘어가 버스트(Bust)되어 죽고 만다. 딜러가 죽으면 딜러는 살아있는 모든 고객에게 고객이 베팅한 돈을 물어주어야 한다.

* 고객은 가령 두 장의 패의 합(合)이 11이하일 경우에는 마음 놓고 다음 표 한 장을 더 받는다. 하지만, 고객이 갖고 있는 표가 12 혹은 그 이상인 경우, 만약 다음 카드가 10이 나올 경우 22가 되어 버스트 되어 죽고 만다. 나부터도 몇 번 블랙잭을 해보았는데, 내 표가 12가 나왔을 경우, 다음 표를 한 장 더 받아야할지 혹은 받지 않

아야할지를 몰라 망설이고 있을 때가 많았다. 어떻게 했으면 좋겠느냐고 차선생한테 물어보았다. 차선생은 딜러의 표를 보고서, 만약 딜러의 표가 나쁠 것 같다고 생각이 들면, 내 12카드를 그냥 들고 있으라는 것이다. 하지만 딜러의 카드가 좋다고 생각이 들면 내 12 가지고는 도저히 이길 수가 없으니까, 이때는, 버스트 될 위험이 있다고 하더라도 다음 표 한 장을 더 받는 게 원칙이라고 했다.

만약 딜러가 똥패를 갖고 있을 경우에는 딜러가 버스트 되어 죽을 가능성이 더 많으니까 이때 고객은 12가 되더라도, 내가 우선 살고보아야 하니까, 한 장의 카드를 새로 더 받는 것이 아니고, 그냥 12로서 스테이(Stay)한다. 그리고 딜러가 스스로 죽어버리기만을 기대하고 있으면 된다. 재수가 좋으면 딜러가 똥패를 가지고 있으니까 딜러가 버스트 당해 그냥 죽어버리면 고객은 12를 가지고도 이길 수가 있게 되는 것이다.

하지만, 딜러가 10이나 A와 같은 좋은 오픈 카드를 갖고 있는 경우, 만약 고개의 표가 12나 13인 경우, 어떻게 해야 할까?

딜러가 좋은 패를 갖고 있는 경우

* 만약 딜러의 오픈 카드가 8, 9, 10인 경우에는 딜러에게 더 유리하다. 딜러가 가지고 있는 히든카드를 우리는 보통 10으로 간주하고 있는 것이다. 만약 히든카드가 10일 경우, 딜러의 카드는 18, 19, 20이 되는 것이다. 그래서 고객의 카드가 12, 13, 14, 15, 16일 경우에는, 22가 넘어서 고객이 죽을 가능성이 많다고 하더라도, 카드 한 장을 더 받아서 내 카드를 21일 혹은 그에 가까운 점수를 만

들어놓으려고 해두는 것이 원칙이다.

대개의 경우, 내 카드가 12, 13, 14인 경우에는 카드 한 장을 더 받는다.

하지만, 내 카드가 15 및 16일 경우에는 우선 살고 보는 것이 나을 것 같다. 이런 경우에는 감(感, Feeling)에 따라서, 카드의 흐름에 따라서, 다음 표가 어떤 카드가 나올 것인가에 대한 예감에 따라서, 카드를 한 장 더 받을 수도 있고, 그냥 혹은 더 받지 않을 수도 있다. 카드의 흐름이라든가 다음에 무슨 표가 나올 것이라는 예감을 오랜 경력에서 오는 것이지 배워서 생기는 기술은 아니라고 차선생은 말했다.

고객의 카드가 17일 경우에는 더 이상 새 카드를 받을 수가 없는 것이 룰(Rule)이다. 딜러의 카드가 17일 경우에도 더 이상 새로운 카드를 받을 수가 없는 것이 룰인 것이다.

* 만약 딜러가 7이나 8같은 어중간한 패를 갖고 있는 경우, 7이나 8은 아주 좋은 패도 아니고 그렇다고 똥패도 아닌 것이다. 아까도 말했지만, 딜러의 히든 카드를 우리는 보통 10으로 예감하고 있다. 만약 히든카드가 10일 경우, 오픈카드가 7이나 8인 경우 딜러의 표는 17 혹은 18인 것이다. 만약 이때 고객의 카드가 12, 13, 14일 경우, 자기 표를 17이나 18로 만들기 위해 카드를 한 장 더 받는 것이 원칙이겠지만, 그래도 아까 말한 대로, 감(Feeling)이나 카드의 흐름, 그리고 예감에 따라 카드 한 장을 더 받을 수도 있고 혹은 그냥 스테이(Stay)해서 새로 한 장의 카드를 더 받지 않을 수도 있

는 것이다. 이때 바로 고도의 기술이 필요한 것이다. 하지만, 나와 같은 초보자는 이런 고도의 기술을 갖고 있지 않으니까, 딜러가 버스트해서 죽어버리기만 기다리면서 스테이(Stay)해서 요행을 바랄 수밖에 없다.

블랙잭은 원래 딜러에게 유리하다

* 카지노가 아니고, 우리끼리, 집에서 블랙잭을 할 때는 딜러나 고객이 22를 할 경우에는 서로 비기게끔 돼 있다. 비긴다는 말은, 고객이 22를 하고 딜러도 22를 한 경우에는 딜러는 고객의 돈을 집어가지 못하는 것이다. 하지만 카지노에서의 블랙잭 게임은 다르다. 카지노가 22가 되더라도 만약 고객이 22가 된 경우에는 자동적으로 카지노는 고객의 돈을 집어간다. 카지노에서는 딜러나 고객이 똑같이 22가 되어 버스트(Bust)되어 죽었는데도, 카지노가 고객의 돈을 집어가니까, 이런 점에서 블랙잭은 분명히 딜러에게 유리하게끔 만들어진 게임인 것이다.

고객에게 유리하게 해준 점

* 딜러의 패가 22가 되더라도 고객이 22가 된 경우에는 고객은 자동적으로 죽고 마니까, 고객은 항상 불리하게 돼 있는 게임이 블랙잭인 것이다. 이런 불리한 점을 보완해주기 위해서 카지노가 고객에게, 고객의 패가 패어(Pair)인 경우에는 스프릿트 (Split)하게 해주었고, 그리고 고객의 두 패의 합이 10이나 11일 경우에는 고객으로 하여금 더블베팅 (Double betting)을 하게끔 허락해주었

다. 스프릿트 하고 더블베팅이 고객에게는 유리한 점이다. 이런 유리한 점을 이용할 줄 아는 고객은 돈을 따든가 혹은 적게 풀 수가 있다.

그렇다면 스프릿트란 무엇인가? 딜러가 고객에게 처음에 두 장의 패를 나누어준다. 두 장의 패가 같은 숫자인 경우 이것을 패어라고 한다. 이처럼 패어가 나온 경우, 이 패어를 따로따로 분리시켜 돈을 베팅하는 것을 스프릿트 라고 한다. 가령 고객이 6이란 두 장의 패를 받았을 경우, 처음의 6패하고 다음의 6패를 따로 둘로 나누어서 베팅하는 것을 말한다.

문제는 언제 스프릿트 해야 하고 언제 더블베팅을 해야 하는가이다. 차선생은 3패어, 4패어, 5패어, 9패어, 10패어 때는 결코 스프릿트를 하지 말라고 충고했다. 이런 패어를 스프릿트 하면 질 확률이 많다고 했다. 그 이유는?

중요하니까, 스프릿트 하고 더블베팅을 자세하게 설명해보겠다.

* A카드는 아주 좋은 카드인 것이다. 아까도 말했지만, A카드는 1로도 계산되고 혹은 11로도 계산된다. A카드를 갖고 있으면, 다음 표가 10나올 경우 21 블랙잭이 되어서 베팅한 돈의 1.5배를 받게 되는 것이다. 그래서 만약 A 패어를 갖게 되면 딜러가 똥패를 갖고 있던 혹은 좋은 패를 갖고 있던 상관없이 스프릿트 해야 하는 것이 원칙이다. A 패어를 갖고 있는데도 스프릿트 할 줄 모르는 사람은 이것 철저하게 무식한 사람이거나 혹은 완전하게 바보일 수밖에 없다.

* 만약 딜러가 똥패, 특히 6이나 5를 갖고 있는 경우에 있어서, 고객이 2패어, 6패어, 7패어, 8패어를 갖고 있으면 꼭 스프릿트 해야 한다. 하지만, 만약 딜러가 똥패지만, 2를 갖고 있는 경우에 있어서는, 카드의 흐름에 따라 스프릿트를 안 하는 것이 나을 때가 있다. 만약 딜러가 3이나 4인 경우에도 카드의 흐름이나 예감에 따라 스프릿트를 안 하는 것이 나을 때가 있다.

* 만약 10패어, 9패어, 5패어를 갖고 있는 경우, 설령 딜러가 똥패를 갖고 있다고 하더라도, 결코 스프릿트를 해서는 안 된다. 왜 스프릿트를 해서는 안 되는가? 그 이유는, 10페어는 이미 20이니까 저절로 이길 가능성이 아주 높다. 9패어는 합이 18이니까 또한 이길 가능성이 있는 것이다. 그래서 스프릿트 하지 않는다. 그렇다면 왜 5패어는 스프릿트를 해서는 안 되는가? 그 이유는 5패의 합계는 10이다. 10일 경우 다음 숫자가 10이나 그 외 높은 숫자가 나올 가능성이 많으니까 5패어는 스프릿트 하지 않는다.

차선생은, 3패어나 4패어도 스프릿트를 하지 말라고 했다. 3 패어나 4패어는 스프릿트를 한다고 해도, 좋은 표가 나오지 않으니까, 질 가능성이 많기 때문에, 지면 돈을 두 배로 푸기 때문에 스프릿트 하지 않는 것이 좋다고 차선생은 말했다.

요약하면, 딜러가 똥패, 특히 6이나 5를 갖고 있는 경우에는 2패어, 6패어, 7패어, 8패어는 스프릿트 한다. 반대로, 10패어, 9패어, 5패어는 스프릿트를 하지 않음으로 해서 이길 가능성이 많으니까 스프릿트를 하지 않는다. 3패어하고 4패어는 스프릿트를 함으로 해서 오히려 불리하니까, 스프릿트 함으로 해서 돈을 이중으로 푸는데, 스프릿트 하지 않으면 돈을 한번만 푸니까 오히려 나은 것이다.

* 딜러의 오픈카드가 7이나 8인 경우, 히든카드를 대개 10으로 보고 있으니까, 딜러의 카드가 다 해서 17 혹은 18일 가능성이 많다. 이런 경우, 만약 내가 7패어 혹은 8패어를 스프릿트 하면, 다음 카드가 10이 나온 경우, 내 표가 17 혹은 18이 되는 것이다. 그래서 스프릿트를 하는 게 낫다.

* 딜러의 카드가 9, 10, Ace 카드를 갖고 있을 때는, 내 카드가 A 패어 이외는, 결코 스프릿트나 더블베팅을 하지 않는다.

더블 베팅 (Double betting)

딜러가 똥패 (2, 3, 4, 5, 6)를 갖고 있을 경우, 고객의 두 패의 합이 10이나 11일 경우에는 더블 베팅을 해야 한다. 만약 딜러가 똥패 6을 갖고 있는 경우에는, 내 숫자가 9일 경우에도 더블베팅을 하는 것이 낫다.

여기서 더블 베팅이란 돈을 두 배로 베팅하는 것을 말한다. 가령 고객이 10불짜리 베팅을 하고 있는 경우, 20달러로 베팅하는 것을 말한다. 다블베팅은 단 한번만 카드를 받게 되어있다. 두 번 카드를 결코 받을 수 없는 것이 또한 단점이지만, 딜러가 똥패를 갖고 있으니까 가히 크게 걱정하지 않아도 된다. 통계에 의하면, 딜러가 똥패를 갖고 있는 경우, 고객이 더블 베팅을 하면, 딜러가 30% 그리고 고객이 70%의 이길 확률이 있는 것이다. 그래서 블랙잭을 하는 사람들은 어김없이 이 규칙을 따라서 베팅해야 한다고 차선생은 말했

흐름이라는 게 있다. 지금 이기고 있는 흐름, 지금 지고 있는 흐름이라는 게 있다. 흐름이 지고 있는 중이니까 더블베팅을 하면 더 푸게 될 것이 아니겠느냐고 차선생한테 물어보았다. 그랬더니, 차선생은 지금 재수가 좋아 한 참 이기고 있는 중이던, 혹은 재수가 나빠 지금 계속 푸고 있는 중이든 상관없이 딜러가 똥패를 갖고 있으면 스프릿트나 더블베팅을 해야 할 때는 꼭 스프릿트 해야 하고 다블베팅을 해야 하는 것이 규칙이라고 말했다. 이런 규칙을 따라야만 돈을 딴다고 차 선생을 말했다.

차복남 선생 노름 철학

재미로 하는 도박: (5)

카드의 흐름

차선생은 블랙잭을 50년을 해왔기에, 카드의 흐름을 읽을 줄을 안다. 대략 높은 카드가 지금 나오고 있는 중이라든가 혹은 낮은 카드가 지금 나오고 있는 중이라든가. 카드의 흐름을 읽을 줄 안다. 숫자가 높은 카드가 자주 나오면 딜러에게 불리하다. 이런 때는 판돈을 올린다. 반대로 숫자가 낮은 카드가 자주 나오면 딜러에게 유리하다. 이럴 때는 고객은 몸조심을 해야 한다. 차선생은 앞으로 어떤 카드가 나올 것이라는 것을 어느 정도 예감하고 있다. 그래서 어떤 때는, 스프릿트를 하지 말아야 할 때도 스프릿트를 일부러 할 때가 있고, 그리고 더블베팅도 안 해야 할 때도 일부러 더블 베팅을 하기도 한다. 차선생은 카드의 흐름을 읽을 수 있는 능력이나 앞으로 어떤 카드가 나올 것인가에 대한 예감을 말로서 도저히 나한테 가르칠 수가 없다고 말했다. 쉽게 말하면 나는 차선생처럼 돈을 딸 수 있는 그런 실력을 갖고 있지 않다는 것이다.

돈을 따려고 하면 푸는 이유?

돈을 따려고 하면 푸는 이유는, 카지노는 항상 자기가 정해진 룰(Rule)대로 게임을 하고 있는 것이다. 가령 예를 들면, 블랙잭에서, 카지노는, 카드의 합이 16 이하일 경우에는, 카드 한 장을 더 받아야 하는 것이 룰이다. 딜러는 돈을 더 올리고 내릴 수가 없다는 것이다. 딜러는 정해진 룰대로 카드노름만 하고 있는 것이다.

하지만 고객들은 정해진 룰 (Rule)이 없다는 것이다. 고객들은 정해진 룰(규칙)이 없기 때문에, 고객들은 기분 따라 돈을 올리기도 하고 내리기도 한다. 다시 말하면 카지노는 돈을 올리고 내리고 하지 않으니까 카지노는 실은 도박을 하고 있는 것은 아니라는 것이다. 단지 룰에 따라 게임을 하고 있으니까 카지노는 돈을 푸지는 않고 있지만, 이에 비해 고객들은 돈을 더 따기 위해서 돈의 양을 올리고 내리고 하니까, 돈을 올리고 내리고 하는 것이 바로 노름이고, 이런 노름 때문에 돈을 왕창 푸고 마는 것이다. 고객도 돈을 푸고 싶지 않거나 혹은 본전 노름을 하고 싶으면 결코 판돈을 올리고 내려서는 안 되는 것이다. 가령 10불짜리 노름을 시작했으면 혹은 100달러자리 노름을 시작했으면, 돈을 올리지 말고, 끝까지 10불짜리 혹은 100달러짜리 도박을 하라는 게 차선생의 주장인 것이다. 룰을 지켜가면서 룰대로 하라고 했다. 딜러가 똥패를 갖고 있는 경우에는 스프릿트나 더블베팅을 해야 할 때는 꼭 해야 한다고 차 선생은 말했다.

카지노가 돈을 푸지 않는 이유는, 카지노는 엄청난 자본을 갖고 있고, 그리고 룰대로 게임을 하고 있고, 그리고 카지노는 자기네들이 불리하면 룰을 자기네들이 유리하게 바꾸어버릴 수가 있기 때문에 카지노는 결코 돈을 푸지 않는다. 다시 말하면 고객이 카지노의 돈을 결코 따먹을 수가 없는 것이다.

차복남 선생은 누구일까?

카지노에서 돈을 전연 딸 수가 없다고 주장한 차복남 선생은 도대체 누구일까?

한국에서 고등학교를 1954년도에 졸업한 후 미국으로 유학을 올 정도로 머리가 영리한 분이시다. 차선생은 수학을 전공했었기에, 1960년대 노름을 하면 이길 수 있으리라는 자신감을 가졌었다. 그 당시 뉴욕에는 정식으로 허가받은 노름장이 없었다. 하지만, 차이나타운에 비밀리에 불법 노름장이 수십 개가 있었다. 불법 노름장이라고 하지만, 시에서 묵인한 카지노이기에 경찰이 와서 조사하지 않았다고 했다. 아무 누구나 마음 턱 놓고 드나들 수가 있었다고 했다. 차선생은 차이나타운 카지노에 자주 갔다. 그리고 졌다. 노름 돈이 필요했다. 회사에서 근무했었는데, 1주 봉급이 그 당시 120달러였다. 돈을 마련하기 위해서 저녁이면 식당에서 웨이터로서 그리고 일요일에는 바에서 바텐더로서 근무했었다. 어떤 밤은 팁으로서 200달러를 벌기도 했었다. 하여튼 모든 번 돈을 카지노에 가서 다 바쳤다. 소위 올인 (all in)을 했었던 것이다. 시간이 있으면 또한 노름에 관한 책자를 사서 읽고 또 읽고 그리고 깊게 연구했었다. 7년간 노름을 했었다. 돈을 따기는커녕 있는 돈을 다 푸고 말았다. 7년 노름 끝에, 카지노를 상대로 해서 결코 돈을 딸 수가 없다는 엄연한 사실을 깨달았다. 돈을 결코 딸 수 없다는 사실을 7년 노름 끝에 깨달았던 것이었다!

그 후 차선생은 돈을 따기 위한 일체의 노름을 끊었다. 그리고 결혼했다. 결혼을 한 후 뉴욕 퀸즈에 잡화상을 하나 열었다. 열심히 뛰었다. 번 돈으로 카드샵을 샀다. 번 돈으로 몇 개의 상가빌딩(Commercial building)도 샀다. 론드로메트 (Laundromat:세탁소) 사업도 했다. 번 돈으로 또한 스탁(Stock, 주, 증권)도 샀다. 스탁을 사기 위해서 지금도 하루에 몇 시간씩 스탁 공부를 하고 있다. 나부터도 스탁을 사고 싶으면 차선생한테 먼저 전화해서 어떤 스탁이 좋으냐고 먼저 물어본 후 산다.

이제 차선생은 70이 훨씬 넘었다. 하지만 엄청나게 건강하다. 매일 운동을 하고 있다. 무슨 운동을 하고 있느냐고? 맨해튼에 있는 스포츠센터에 가서 젊고 어여쁜 여자선생한테 지금도 스포츠댄스를 배우고 있다. 볼륨댄스하고 라틴댄스를 합쳐놓은 것을 스포츠댄스라고 말한다. 주로 살싸(Salsa)나 차차차 같은 라틴 춤을 추면서 몸을 단련시키고 있는 것이다. 싱싱하고 젊은 여인들의 젊음과 힘은 늙은이들에게 전염되고 감염되는가 보다. 차선생은 빼빼하고 날씬하지만, 아직도 젊고 유연하고 단단한 몸매를 갖고 있다. 차선생은 예전에 대학을 다니고 있었을 때부터, 대학에서 조교로서 학생들에게 춤을 가르친 적도 있었다. 대학생들에게 춤을 가르치기 위해서 춤에 대해 많은 책을 읽어 지금에 와서는 춤에 일가견을 갖고 있다. 스탁은 돈을 벌기 위한 것이고, 춤은 육체적인 건강을 위한 것이라고 했다.

차선생의 또 하나의 취미는 노름이다. 차선생은 돈을 따러 카지노에 가는 것은 결코 아니다. 재미 보기 위해서, 노름자체를 즐기기 위해서 가끔 카지노에 출근하고 있다. 노름을 할 때마다 인생의 짜릿한 맛을 즐기고 있다고 했다. 차선생은 노름을 할 때는 모든 정신을 집중시켜야 하기 때문에 도박이 치매 예방에 아주 좋다고 나한테 몇 번 말을 했었다.

치매 예방에 아주 좋은 게임이라고 하니까, 얼마 전 (2012년 5월)에 한국의 조계종 스님 노름생각이 떠오른다. 지난 2012년 4월에 백양사에서 조계사 주지며, 중앙종회의원인 높은 스님을 포함해서 8명의 스님들이 밤새기 노름을 한 것이 동영상에 보도되었다. 이때 총무원의 호법부장에 새로 임명된 정념 스님은 라디오 인터뷰에서 승려들의 도박을 "치매 예방에 좋은 내기 문화 겸 심심풀이"라고 변명해서 오히려 더 많은 비난을 받은바 있었다. 도박이 실제로 치매예방에 좋은지 안 좋은지 잘은 모르지만, 하여튼 한국의 스님들이나 차선생은 도박은 치매예방에 좋다고 주장하고 있다. 어찌 보면 일리가 있는 말인 것 같기도 하지만, 아직도 과학적으로 근거가 있는 말은 아닌 것이다.

차선생은 한 달에 두세 번 정도 아틀란틱 시티에 가서 하룻밤 묵으면서 노름을 즐기고 있다. 그러면서 나한테, "닥터 조, 결코 노름을 해서 돈 딸 생각이란 아예 해서는 안 돼. 카지노를 상대로 해서는 결코 돈을 딸 수가 없단 말이야. 하지만 카지노에 가서, 돈을 푸지 않고, 본전노름을 하면서, 재미로 노름을 할 수 있는 방법을 닥터 조에게 가르쳐 주고 싶단 말이야" 하고 말을 하면서도, 혹시 내가 차선생한테 노름하는 방법을 배워서 노름꾼이 되어버리지나 않을까 하고 여러 번 고민하고 있었다. 차선생은 나한테 "결코 돈을 따려고 하지 말라"고 심심당부를 했다.

내가 노름을 배우는 이유는, 내가 노름을 하고 싶어서가 아니라, 노름에 대해 글을 쓰고 싶어서, 그리고 재미로 도박하는 사람들에게 돈을 많이 푸지 않고 재미를 볼 수 있는 노름방법을 전해주고 싶어서 이지, 결코 내가 노름을 하고 싶어서가 아니라는 것을 여러 번 차선생한테 설명해줌으로 해서 나에 대한 차선생의 걱정을 덜어주었다. 나는 지고 돈을 푸는 게임을 하는 것을 싫어한다. 한다면 이기고 싶지, 결코 지고 싶지는 않다. 그래서 나는 노름꾼은 되지 않는다. 나는 카지노를 상대로 해서 돈을 딸 수 없다는 것을 내 환자들을 통해서 이미 배웠다. 이길 수 없는 게임을 나는 결코 하지 않는다. 물론 차선생이 말한 대로, 재미 보기 위해서 1백 달러 혹은 2백 달러 게임은 앞으로 한두 번 정도 할 수는 있겠지만 말이다.

차선생은, 카지노에 가거든 마음을 비우라고 했다. 돈에 대한 욕심을 가져서는 안 되는 것이다. 돈을 따면 좋아하고 푸면 기분 나빠하는 감정, 이게 바로 도박성인데, 이런 도박성을 갖고 있으면 도박꾼이 될 가능성이 많은 것이다. 돈을 따도 좋아해서는 안 되고 돈을 푸도 기분 나빠해서는 안 된다. 돈을 따거나 푸거나 담담한 마음가짐을 가져야 하는 것이다. 이래야 도박꾼이 되지 않고 도박을 오락으로서 즐길 수가 있게 된다고 차선생은 말했다.

차선생은, 리딤카드가 있기 때문에, 카지노에 가면 이삼 일 간

무료로 숙박하고, 식사도 무료이고, 또한 재미 보면서, 가끔 이삼백 달러쯤 따서 집에 가져온다고 했다. 차선생은 한 테이블에서 결코 2백 달러 이상은 따지 않는다고 말했다. 차선생은 카지노안의 공기는 탁해서 카지노 안에 오랫동안 앉아있으면 정신이 혼란해지니까 적어도 한두 시간 내로 밖으로 나와 신선한 공기를 마신다고 했다.

차선생의 두려움

블랙잭 노름만 고객들이 카드를 읽고 셀 수(Reading and counting)가 있는 것이다. 다른 게임은 고객들이 카드를 읽을 수가 없는 것이다. 그래서 카지노 측에서는, 고객이 블랙잭을 하면서 돈을 따가고 있을 때, 만약 고객이 블랙잭 카드를 읽고 셀 수 있는 능력을 갖고 있다고 판정을 내리면, 카지노는 고객을 불러서 더 이상 카지노에 오지 못하도록 명령을 내릴 수가 있는 것이다. 블랙잭 카드를 읽을 줄 아는 고객들은, 읽을 줄을 알면서도 읽을 줄을 모른 척 하고 노름을 하기 때문에 돈 베팅을 함루로 하지 않는다. 베팅양의 1배만 올리고 내릴 뿐이다. 하지만, 룰렛이나 바카라, 혹은 블랙잭 이외의 다른 게임을 할 때는 베팅 돈을 함부로 올리고 내리고 해도 괜찮고, 그리고 설령 많은 돈을 따가도 카지노 측에서는 고객에게 출입금지령을 내리지 않는다.

차선생은 블랙잭 노름을 할 때는 결코 돈을 많이 따려고 하지 않는다. 와서 재미만 보는 것이 목적인 것이다. 헌데 만약 차 선생이 돈에 대한 욕심을 절제하지 못하고 돈을 많이 자주 딴 경우에는,

카지노 직원이 찾아와서, 오피스로 오라고 한 후, 자동차 면허증을 본 후, 더 이상 카지노에 오지 말라고 경고를 줄까봐 차선생은 항상 불안해하고 있다. 왜냐하면 전에 직원에게 불려가 살짝 경고를 받는 적이 있었기 때문이다. 만약 출입금지령을 받았는데도 카지노에 또 오면, 그 때는 몰매를 맞게 되는데 어디에서 몰매를 맞게 되는가? 증거를 남기고 싶지 않아서, 이네들은 비밀카메라가 장치되어 있지 않는 장소로 데리고 가서 두들겨 팬다고 했다.

카지노에 더 이상 나타나지 말라고 경고를 한번 받게 되면, 카지노끼리는 서로 유통이 잘 되어 있기에, 한 카지노에서의 출입금지령은 세계 모든 카지노에서의 출입금지령이 되는 것이다. 어느 카지노에도 들어가지 못하고 마는 것이다. 그래서 차선생은 돈을 결코 많이 따려고 하지 않는다. 그 대신 이삼백 달러 미만으로만 따려고 한다. 카지노는 자기네들이 돈을 벌고 싶어서 비싼 돈을 들어서 호화스런 건물을 지었는데 고객들이 와서 돈을 본격적으로 따가는 것을 결코 좋아하지 않는다. 카지노는 법적으로, 주로 블랙잭게임에서 돈을 전문적으로 잘 따가는 사람을 출입 금지시킬 수 있는 권한을 갖고 있는 것이다.

카지노의 냉혹성

아무리 거지라도, 거지가 10달러를 가지고 와서 카지노에서 노름을 해서 백만 달러를 땄다면 카지노는 그 사람을 왕처럼 대접해준다. 하지만, 어떤 사람이 백만 달러를 가지고 카지노에 왔다면 카지노는 그 사람이 돈을 가지고 있는 한 그 사람을 왕처럼 모신다. 하지만 만약 그 사람이 며칠 간 노름 하다가 그 돈을 다 퍼버리고, 일전 한 푼 없는 사람이 되었다면 카지노는 그 사람을 더 이상 사람 취급을 하지 않고 거지취급을 해버린다. 그만큼 카지노는 돈밖에 모른다. 돈 있는 사람에게는 아주 친절하게 대해주지만 돈 없는 사람에게는 아주 냉혹하고 무정하게 대해주는 곳이 바로 카지노라고 차선생은 말했다.

차선생의 주장은 다음과 같다.

1. 카지노를 상대로 해서 결코 돈을 딸 수 없다는 사실을 알고 있어야한다.

2. 돈을 따려고 욕심을 부리면, 그 욕심 때문 꼭 망한다는 사실을 알고 있어야 한다.

내가 이해한 차 선생의 노름 비결

1) 미니멈 베팅을 할 것,

2) 결코 판돈을 올리지 말 것,

3) 딜러가 똥패를 갖고 있을 때는 가차 없이 스프릿트하고 더블 베팅할 것

4) 1백 달러 혹은 2백 달러 이기면 꼭 일어설 것, 더 이상 벌려고 하지 말 것

5) 지고 있다가 본전을 되찾으면 꼭 일어설 것

6) 2-3백 달러 푸면, 브로드웨이 쇼를 본 식으로 돈 펐다고 투덜대지 말고, 카지노에서 재미있게 놀았다고 생각할 것

7) 카지노에서는 결코 술을 마시지 말 것
8) 돈에 대한 욕심을 부리면 꼭 망한다는 사실을 명심하고 있을 것
9) 한 테이블에 한 시간 이상 앉아있지 말 것.
오래 앉아있으면 정신집중이 되지 않기 때문이다.

차선생은 카지노에서는 돈을 딸 수 있는 방법이란 없다고 수차례 말했다. 돈을 딸 수 있는 방법이 없으니까 아예 처음부터 돈을 따려고 해서는 안 된다. 돈을 크게 따려고 하면 크게 돈을 베팅하고, 크게 베팅했으니까 또한 크게 푸게 되고, 크게 펐으니까 또한 마음의 상처를 크게 입게 되는 것이다. 적게 베팅하고 적게 푸면 마음의 상처도 그만큼 적어진다. 돈을 따려고 하지 않으면 돈을 따려고 하는 욕심이 없기 때문에 본전 노름을 할 수가 있게 된다. 본전 노름을 하면, 그 사이에 재미를 보았으니까 그게 바로 딴 게임이라고 차선생은 말했다.

차복남 선생 노름 철학

재미로 하는 도박: (6)

나는 폈다

차 선생은 나한테 노름하는 방법을 가르쳐주었다. 그리고 나더러 블랙잭을 해보라고 했다. 다행히도 크루스 카지노에서는 미니멈 베팅이 5달러였다. 앉아서 노름을 시작했다. 딜러가 하도 빨리 카드를 나르는 판에 어떻게 돌아가는지를 알 수가 없었다. 멍하게 앉아있을 수밖에 없었다. 딜러가 내 돈을 집어가면 지는 줄로 알고 있었고, 나한테 돈을 주면 내가 이기는 걸로만 알고 있었다. 차선생도 내 옆에 앉아서 노름을 했다. 차선생은 자기 표 볼라, 내 카드 볼라 아주 바빴다. 차선생이 나한테 스프릿트 하라고 하면 왜 해야만 하는지 그 이유도 모르면서 스프릿트 했다. 어떤 때는 나더러 더블베팅 하라고 했다. 차선생이 하라는 대로만 했다. 40달러를 폈다. 저녁 먹을 시간이 되어서 일어섰다.

다음 날 다시 앉아서 노름했다. 또 50달러쯤 폈다.

다음날에는 차선생이 나더러 혼자서 노름을 하라고 했다. 그리고 차선생은 내 등 뒤에 서서 내 표를 보면서, 나더러 표를 한 장 더 받으라는 등, 받지 말고 그냥 스테이 해야 한다는 등 말해주었다. 차선생이 하라는 대로만 했다. 차선생은 노름을 하지 않고 내가 하는 노름만 하고 있는 것을 보고 있으니까 아마 지루함을 느꼈던지 혹은 답답했던지 맥주 한 병을 사서 마셨다. 취기가 어느 정도 올라온 것 같았다.

옆 사람의 훈수를 들어주어도 좋다

다음 날 또 블랙잭을 했다. 이번에는 나 혼자 했다. 물론 차선생은 내 등 뒤에서 내가 하는 블랙잭을 보고서 감시하고 지시해주었다. 이때 내가, 내 표는 14고, 그리고 딜러의 오픈카드는 8이었다. 이때, 표 한 장을 더 받을까 말까하고 망설이고 있었는데 한 테이블에 앉아있는 여인이 나더러 표를 한 장 더 받으라고 했다. 여인의 얼굴을 보니 젊고 균(매력)이 있었다. 그녀가 하라는 대로 했다. 이겼다. 얼마 후에 또 망설이고 있으니까 그 여인이 또 카드 한 장을 더 받으라고 했다. 그녀의 말대로 했다. 또 이겼다. 여인이 하라는 대로 했더니 50달러쯤 땄다. 하도 고마워서 그 여인에게 키스를 해주고 싶었지만, 실례가 될까봐 키스는 해주지 않고, 그 대신 그녀의 어깨에 내 두 손을 얹어놓고 그녀의 귀에다 내 입을 가까이 갖다 대고 고맙다고 다정스레 인사를 하고서 일어서서 나왔다. 그녀도 나를 보더니만 홍겨워하면서도 내 떠남을 서운해 했다.

블랙잭이란 한 테이블에 앉아있는 사람들끼리 서로 조언이나 훈수를 할 수도 있다는 사실을 알게 되었다.

돈을 따지 못한 게 나로서는 오히려 다행이었다

오후에 와서 또 블랙잭을 했다. 이번에는 30-40달러쯤 폈다. 크루스 (Cruise)도 끝났다. 계산해보니까, 다 해서 150달러쯤 푼 것 같다. 150달러 푸면서 그래도 재밌는 시간을 갖게 되어 즐거웠다.

차선생은 내가 돈을 푼 것을 미안해하고 있었다. 그래서 미안해할 필요가 없다고 말해주었다. 첫째, 난 재미있게 지냈다는 점, 둘째, 블랙잭이 무엇인가를 자상하게 배워서 기분이 좋았다는 점, 셋째, 앞으로 블랙잭 게임을 한다면 큰돈을 푸지 않을 수 있다는 자신감을 갖게 되었다는 점, 넷째, 잘하면 적은 돈이지만 딸 수 있는 자신감도 갖게 되었다는 점, 다섯째, 블랙잭에 대한 글을 쓸 수 있는 충분한 자료를 얻었다는 점 등을 말해주었다.

내 생각으로, 우리가 돈을 따지 못한 이유는, 첫째, 카지노에서는 결코 말을 함으로 해서 정신을 혼란시켜서는 안 되는 것이다. 헌데 차선생은 나 때문에, 나를 감시하고 나를 도와주느라고 정신집중을 제대로 할 수가 없었다. 둘째는, 내가 돈을 푸니까, 차선생의 마음이 조마조마해졌다. 나로 하여금 이기게끔 해주어야 차선생의 권위와 위신이 서는 법인데, 내가 돈을 푸고 있으니까 차선생의 자존심이 상해서 정신집중을 제대로 할 수가 없었는 것 같았다.

하지만, 차선생은, 내가 돈을 따지 못한 이유 중에 하나는, 차선생이 갖고 있는, 카드의 흐름을 읽을 줄 아는 능력, 그리고 다음에 무슨 카드가 나올 것인가 하는 정확한 예감을 나한테 도저히 말로서 가르쳐 줄 수가 없었기 때문이라고 했다. 사실 나는 내가 블랙잭을 하면서도 카드의 흐름을 읽을 수가 없었다. 그리고 다음에 무슨 카드가 나올 것인가에 대한 예감이 전연 없었다.

만약 내가 돈을 땄다면, 오히려 나에게는 불행일 수도 있을 수 있었다. 만약 내가 돈을 땄다면 "아! 이런 식으로만 노름을 하면 1백 달러 혹은 2백 달러는 쉽게 딸 수가 있겠구나" 하는 오만한 자존심이 생겨서 카지노에 자주 드나들다가 오히려 큰일이 날 수도 있을 수 있는 일을, 이번에 돈을 픔으로 해서 오히려 나로 하여금 카지노에 가고자 하는 마음을 갖지 않게 해주어서 좋았다.

차선생이야 노름을 지난 50년 동안 해오면서 온갖 경험을 다 겪어보았기에 지금도 노름을 해도 돈을 푸지 않고 계속 노름을 할 수 있지만, 나 같은 사람이 차선생한데 삼사 일간 교육을 받고 그리고 훈련 좀 받았다고 해서 돈을 그리 쉽게 따버린다면 카지노는 금방 망하고 말 것이다. 차라리 이번에 돈을 따지 않고 오히려 푼 것에 대해 나는 감사하고 있는 것이다. 이번에 돈을 펐기에, 노름을 하고자 하는 흥미가 생기지 않아서 좋았고, 그리고 집에 앉아서 이처럼 노름에 대한 글을 쓸 수가 있어 차라리 나한테는 좋았다.

돈은 사업을 해서 벌어야 하지 도박을 해서 벌려고 해서는 안 된다는 사실을 나는 너무나도 뻔히 잘 알고 있다. 사업과 도박을 나는 혼동하고 있지 않다. 많은 사람들은 도박을 오락이라고 하는

데…, 만약 도박이 오락이라면, 나에게 있어서 도박은 가까이 해서는 안 되는 오락인 것이다.

차복남 선생의 바카라 게임 (1)

아틀란틱 시티에 있는 어느 카지노에서, 나는 바카라 노름에 대해 글을 쓰는 것이 목적이니까, 차 선생 옆 좌석에 앉아서, 차 선생이 바카라 게임을 하는 것을 유심히 지켜보았다. 바카라 게임은 동전 던져서 머리가 나오느냐 혹은 꼬리가 나오느냐 하는 식으로 바카라도, 뱅크냐 혹은 플레이어냐, 둘 중에 하나를 골라 베팅을 하는 게임이다.

차선생은 항상 뱅크에만 베팅을 한다. 이 테이블에서는 미니멈(Minimum, 최소한의 베팅 액수) 베팅이 20달러이다. 차선생은 처음 200달러 지폐를 호주머니에서 끄집어내서 칩(chip)으로 바꾸었다. 차선생은 항상 미니멈 20달러 칩 한 개를 뱅크에다 베팅했다. 내가 보기에는 지금 플레이어가 이겨가고 있는 흐름인데도 차선생은 뱅크에다 지속적으로 베팅을 하고 있었다. 20분 정도 지나니까 칩이 다 없어졌다. 다시 500달러를 호주머니에서 끄집어냈다. 이때 딜러가, "돈이 꽤 많군요."하고 농담조로 웃으면서 말했다. 그러고 나서 500달러 칩을 차선생한테 주었다. 차선생은 계속 뱅크에만 베팅을 하고 있었다. “지금 플레이어가 이기고 있는데 왜 플레이어에다는 베팅을 하지 않습니까?”하고 물어보았다. 다음에 뱅크가 나올지 혹은 플레이어가 나올지 아무 누구도 모른다는 것이었다. 모르니까, 그냥 뱅크에만 계속 베팅을 하면 어느 땐가는 뱅크가 이길 때가 있을 것이라고 말을 하면서 계속 뱅크에만 베팅하고 있었다.

한편 차선생 옆에는 50대쯤 보이는 백인여인이 앉아서 베팅을 하고 있었다. 이 여인 앞에는 700달러 정도의 칩이 놓여 있었다. 이 여인은 이길 것이라고 예감이 드는 곳에다 베팅을 했다. 뱅크가 이길 것 같다고 예감이 들면 뱅크에다 베팅을 했었고 그리고 플레이어가 이길 것 같다고 생각이 들면 플레이어에다 베팅을 했었다. 이 여인은 주로 40달러를 베팅했었다. 기분이 나면 어떤 때는 80달러, 심지어 100달러까지도 베팅했다. 30분 정도 지났는데 그 여인 앞에는 1200달러의 칩이 놓여있었다. 쉽게 500달러를 땄었다. 돈을 딸 때마다 그녀의 얼굴에는 빙글 빙글 웃는 모습이 나타났다. 그 여인은 계속 뱅크며 플레이어를 왔다 갔다 하면서, 돈의 액수를 올리고 내려가면서 즐겁게 베팅을 하고 있었다. 땄다 펐다 (잃었다) 했다. 한 시간쯤 지나니까, 그 여인의 앞에는 300달러 칩만 놓여있었다. 한 시간 전에는 1200달러 칩이 놓여있었는데 이제는 300달러 칩만 남았다. 지난 한 시간 동안에 900달러를 푸고(잃고) 말았다. 지니까 이 여인은 화가 난 모양이었다. 나머지

300달러 전부를 플레이어에다 베팅했다. 소위 올린(All in) 게임을 했었다. 하지만 졌다. 모든 돈을 다 잃고 말았다. 그녀의 얼굴에는 절망과 분노가 보였다. 벌떡 일어서더니만, 뒤도 바라보지 않고 그녀는 어디론가 사라지고 말았다.

여기 이 여인은, 뱅크나 플레이어에 왔다 갔다 하면서 베팅을 했었다는 점, 돈의 액수를 올렸다 내렸다 했었고, 500달러 혹은 그 이상의 돈을 땄었는데도 일어서지 않고 계속 노름을 했었다는 점, 마지막에 이 여인은 올인 게임을 해서 손에 쥐고 있던 모든 돈을 다 날라버렸다는 점에 독자 여러분은 유의해주기 바란다.

노름이란 돈을 땄다가 잃기도 하고, 그리고 잃다가 따기도 한다. 따는 시기가 있는가 하면 푸는 시기가 있는 것이다. 따고 있는 시기에, 차선생처럼, 50달러 내지 100달러 땄으면 일어설 줄을 알아야 하는 것이다.

한편 차선생은, 아까까지는 지고 있다가 이제는 서서히 이겨가고 있었다. 아까는 칩 한 개로만 베팅을 했었는데 이제는 칩 두 개(40달러)를 가지고 뱅크에다 베팅을 하고 있었다. 왜 칩 두 개로 베팅 금액을 올렸느냐고 물어보았다. 아까는 계속 푸고 있었는데 칩 한 개로 베팅을 하면 본전을 되찾는데 시간이 너무 걸려서, 본전 찾는 시간을 단축시키기 위해서 칩을 두 개로 올렸다고 대답했다. 본전을 되찾고 그리고 오히려 100달러를 땄다고 말하면서 일어섰다.

"지금 따고 있는 중이니까 계속 하면 더 딸 수 있을 텐데 왜 일어납니까?"고 물어보았다. 그랬더니 차선생은 "닥터 조, 내가 여기에 온 이유는 돈을 따려고 온 것이 아니고, 그냥 재미 보기 위해서 온 것입니다. 그리고 100달러 땄으면 그것으로 만족해야지, 더 따려고 하면, 더 따려고 하는 욕심 때문에 결국에는 잃고 말게 됩니다. 결코 돈을 따기 위해서 노름을 해서는 안 됩니다. 50달러나 100달러쯤 땄으면 그것으로 만족할 줄을 알아야 합니다." 하고 차선생은 덧붙였다.

바카라 게임이란?

차복남 선생은 수학을 전공하셨던 분이시다. 차선생은 수학적인 안경을 쓰고 이 세상만사를 바라보고 있다. 차선생은 지금 78세로서, 지난 50여 년 이상 노름을 취미삼아 해오고 있지만, 지금까지 돈을 잃지 않고 있는 유일한 노름꾼으로 나는 알고 있다. 모든 도박꾼들은 어느 땐가는 모든 돈을 다 잃든가 혹은 심지어 패가망신까지 했다. 하지만, 차선생은 돈을 잃기는커녕 오히려 적은 액수지만 따고 있는 분이시다.

차선생은 인생만사를 다 갬블(Gamble)이라고 보고 있다. 여기서 갬블은 도박, 투기, 모험을 말한다. 오늘 친구를 만날 것인가 아닌가, 증권을 사야할 것인가 말아야 할 것인가. 증권을 사야한다면 언제 어떤 증권을 사고, 언제 팔아야한단 말인가. 결혼을 해야 할까 혹은 안 해야 할까, 결혼한다면 어떤 여자 어떤 남자하고 해야 할 것인가? 이사를 가야할까 말아야 할까, 대학을 가야할까?, 대학에 간다면 무엇을 전공으로 택할까, 오늘 친구를 만나냐 할까 말아야 할까, 등등 이런 모든 것들이 다 갬블이라고 차선생은 주장하고 있다. 갬블 아닌 것이 없다는 것이다. 다시 말하면 우리가 선택하는 것 자체가 갬블이라는 것이다. 차 선생은 사업을 했었는데, 사업가로서 크게 성공을 해서 지금은 퀸즈 뉴욕에서 살고 계신다.

바카라 게임은 동전 던지기 게임하고 비슷하다. 동전을 던지면, 머리(Head)가 나올 확률이 50% 그리고 꼬리(Tail)가 나올 확률이 50%인 것이다. 동전 던지기를 한번만 하면, 단 한번만 하면 머리가 나왔던 꼬리가 나왔던, 나온 것이 이기게끔 돼 있다. 하지만, 동전을 100번 혹은 1만 번을 던진다면 동전 머리가 나올 확률은 50%이다. 100번 중에 50번 그리고 1만 번 중에 5천 번은 머리가 나오게끔 돼 있는 것이고 그리고 꼬리도 마찬가지로 100번 중에 50번 그리고 1만 번 중에 5천 번은 꼬리가 나오게끔 돼 있는 것이다. 머리가 나오느냐 혹은 꼬리가 나오느냐 이것은 수학이고 확률이지 요행이 아니라고 차선생은 주장하고 있다.

많은 사람들은 바카라 게임을 오래 하면 할수록 돈을 다 푸고(잃고) 만다. 왜 다 푸고 말까? 그 이유가 무얼까? 차선생은 카지노에 가서 직접 바카라 게임을 해보았다. 바카라 노름은 중국인과 한국 사람들이 제일 좋아하는 게임이라고 했다. 바카라 게임은, 뱅크(Bank) 혹은 플레이어 (Player), 둘 중 하나에다 돈을 베팅을 하는 것이다. 뱅크에 베팅을 하는 경우에는 카지노에서 5% 수수료를 떼어간다. 5%의 수수료를 떼어간 이유는, 그만큼 뱅크가 나올 확률이 좋으니까 수수료를 떼어간 것이다. 그 대신 플레이어에 베팅을 하면 수수료가 없다. 플레이어는 뱅크에 비해서 나오는 확률이 그만큼 적으니까 수수료가 없는 것이다.

차 선생은, 엄밀하게 말하면, 뱅크가 나올 확률이 52%이고 플레이어가 나올 확률이 48%라고 했다. 그래서 기계로 노름을 하는 장소, 가령 뉴욕 퀸즈에 있는 리졸트 월드 (Resort World) 카지노에는, 딜러가 없이, 기계로 하니까, 뱅크에다 베팅을 해서 이기면 5%의 수수료를 떼어간다. 하지만, 애틀란틱 시티나 라스베가스 같은 데서는, 기계로 바카라 게임을 하는 것이 아니고, 딜러(Dealer)가 직접 와서 게임을 하는 경우에는, 뱅크에다 베팅을 해도 5%의 수수료를 떼어가지 않는다. 왜냐하면 5%의 수수료를 떼어가기 위해서는 뱅크가 이길 때마다 5%의 수수료를 계산하는 사람이 있어야 하는데, 수수료를 계산하는 사람에게 주는 인건비를 절약하기 위해서 뱅크의 5% 수수료를 없애버렸다. 그러니까, 딜러가 하는 바카라 게임에서는 두말할 것 없이 항상 뱅크 한 곳에다 계속 베팅을 하면 52% 대 48% 찬스로 이기게끔 돼 있다고 차 선생은 말했다.

차복남 선생의 바카라 게임 (2)

확률 게임

뉴욕 타임스 베스트 셀러 <블랙 스완> (검은 백조; Black Swan, Nassim Taleb 저)이란 책에 보면 다음과 같은 이야기가 나온다. 동전을 던졌더니 99번이나 계속 머리(Head)가 나왔다. 그렇다면 백 번째는 머리가 나오겠는가? 혹은 꼬리(Tail)가 나오겠는가? 하고 물어보았다. 장사를 하고 그리고 보통 일에 상식이 풍부한 사람들은, 다음번에도 99% 찬스(Chance)로 머리(Head)가 나올 것이라고 대답했었다. 99번이나 다 머리가 나왔으니까 당연히 100번째도 머리가 나올 것이라고 기대하고 있는 것은 자연스러운 답변처럼 보였다.

이와 반대로, 수학자나 과학자들은 그게 아니라는 것이다. 머리가 나올 찬스가 50%밖에 안 된다고 말했다. 수학자들의 말이 옳다. 100번째 던졌을 때 머리가 나올 확률은 50% 그리고 꼬리가 나올 확률도 50%인 것이다.

바카라 게임뿐만 아니라 모든 노름에 있어서, 다음 표가 어떻게 나올지 아무로 모르는 것이다. 하지만 오래 하다보면 뱅크하고 플레에이어가 나올 확률은 50%, 50%, 서로 비슷하게 나오는 법이다.

바카라 게임에서, 지난 99번 동안 가령 플레이어만 나왔다고 한다면, 앞으로 99번은 뱅크가 나올 확률이 훨씬 더 많아질 수밖에 없다. 이게 확률게임이라고 차선생은 말했다. 가령 바카라 게임에서 지난 99번 동안, 모두 다 플레이어만 나왔다고 한다면, 앞으로 99번은 뱅크가 나올 확률이 많은 것이다. 그래서 차선생은 뱅크에다 베팅을 하라고 권했다.

뱅크하고 플레이어의 승부 차이를 계산 한다

뉴욕 퀸즈의 리솔트 월드(Resort World) 카지노에서는 바카라 게임을 딜러가 하는 것이 아니고, 기계가 자동적으로 바카라 게임을 하고 있다. 바카라 게임을 하고 있는 구역이 10여 곳이나 된다.

한 가지 좋은 점은, 지난 200번 정도 뱅크하고 플레이어가 얼마나 많이 지고 이겼는가를 보여주는 전자판 스크린이 있다. 차선생은, 지난 200번 횟수에서, 뱅크가 얼마나 많이 이기고 졌는가를 일일이 손으로 세서 계산해낸다. 뱅크가 많이 지고 있는 구역에 가서, 가령 뱅크가 20번 정도 지고 있든가 혹은 30번 정도 지고 있는 구역에 가서, 뱅크에다 베팅을 한다. 그러면 대개의 경우 처음부터 이기기 시작한다.

플레이어는 좀 다르다. 플레이어는 계속 70번 내지 80번까지 질 수가 있으니까, 가령 플레이가 20번 내지 30번 정도 져 있다고 해도, 플레이가 앞으로 이길 것이라고 장담하기는 어렵다고 했다. 플레이가 40 내지 50번 정도 져 있다고 해도 앞으로 플레이가 꼭 이기리라고 장담을 할 수가 없다고 했다. 왜냐하면 플레이는 70번 내지 80번까지 계속 질 수가 있기 때문이다. 더군다나 플레이는 한번 지면, 뱅크에 비해서, 본전을 되찾기가 어렵다고 했다. 본전을 되찾는데 시간이 훨씬 더 많이 걸린다고 했다.

만약 뱅크가 40번 져 있으면, 뱅크가 앞으로 이길 가능성은 거의 95%라고 했다. 5%는 40번 졌는데도 계속 더 잃어갈 수가 있다는 말이다.

하지만 만약 플레이어가 40번 져 있으면, 플레이어가 앞으로 이길 가능성은 아주 높지만, 꼭 100%로 이겨 본전을 찾을 수 있다는 것은 아닌 것이다.

왜 사람들은 돈을 잃고 있을까?

많은 사람들은 다음번에는, 플레이어가 이길 것이라는 예감, 다음번에는 뱅크가 이길 것이라는 육감을 가지고 베팅을 한다. 재수가 좋으면 이기고 그리고 재수가 나쁘면 진다고 믿고 있다. 하지만 차선생은 그렇지 않다. 요행을 바라고 노름을 하면, 길게 보면, 꼭 지게끔 돼 있다고 했다. 차선생은 요행을 바라지 말고, 육감이나 예감으로 베팅을 하는 것이 아니고, 수학이나 확률에 준해서 베팅을 해야 한다고 강조하고 있다.

차선생은 말했다. "닥터 조, 내 말을 좀 들어봐요. 왜 사람들이 돈을 푸는가 (잃는가) 하고 내가 연구를 해보았지요. 돈을 푸는 이유는 간단해요. 1) 사람들이 옮겨가면서 왔다 갔다 베팅을 하니까 푸는 거죠. "한 곳에다만 돈을 계속 베팅을 하면 결국은 본전을 하게끔 돼 있습니다. 2) 베팅 돈을 올렸다 내렸다 하니까 지는 거죠. 3) 사람들이 어느 정도의 돈을 땄을 때, 일어설 줄을 몰라, 계속 하다가 돈을 푸게 됩니다." 라고 차선생은 말했다.

여기서 왔다 갔다 베팅을 한다는 말은, 이번에는 뱅크가 이길 것 같다는 예감 때문에 뱅크에다 베팅하고 그리고 플레이어가 이길 것 같다고 생각이 들면 플레이어에다 베팅을 하는 식으로 뱅크며 플레이어 두 쪽을 왔다 갔다 하면서 베팅을 하는 것을 말한다. 한 곳에다가 베팅을 계속 하면 이길 확률이 거의 50%, 하지만 왔다 갔다 베팅을 하면 이기는 확률이 30%밖에 안 된다고 차선생은 말했다.

또 돈을 따기 위해서 베팅 금액, 다시 말하면 판돈을 올렸다 내렸다 하면 이기는 확률은 15%밖에 안 된다고 차선생은 말했다. 그러니까, 차선생은 바카라 게임을 할 때는, 돈을 따는 것이 목적이 아니고 재미로 하는 노름이니까, 항상 미니멈(Minimum, 최소한의 베팅 액수)으로 베팅을 하고, 그리고 뱅크에다만 베팅을 하라고 권하고 있다. 뱅크에다만 베팅을 하면 카지노가 이길 확률이 대략 50% 그리고 우리가 이길 확률이 대략 50%이니까, 길게 하다보면 서로 비긴다는 것이다.

비기지만, 그래도 이기고 있는 시기에 노름을 중단하면 그만큼 따게 되는 것이다.

중요한 점은 "돈을 어느 정도 따면 일어설 줄을 알아야 해요. 가령 10달러짜리 노름을 하다가 50달러 혹은 100달러쯤 따면 꼭 일어서야 합니다. 그날은 더 이상 노름을 하지 말고 그냥 집으로 가야합니다."라고 차선생은 주장했다.

"돈을 따려고 해서는 안 된다"고 차선생이 강조하는 이유는 무얼까? 돈을 잃지 않고 본전 노름만 하면서 재미만 보라는 이유는 무얼까? 이유는 간단하다. 차선생은 지난 50년 이상을 취미로서 재미로서 노름을 해왔던 분이시다. 20세 때, 그러니까 처음 노름 6년 동안, 돈을 따기 위해서 자기가 갖고 있었던 모든 재산을 카지노에 다 바쳐가면서 노름을 했었다. 그리고 졌다. 이때 배운 것이, 카지노를 상대로 해서 돈을 결코 딸 수 없다는 사실을 뼈저리게 배웠다고 했다. 그 후부터, 카지노에서 돈을 따려고 하는 욕심을 다 버리고, 그 대신 재미로 본전 노름을 하기로 마음을 먹고서 지금까지 본전 노름만 해오면서 재미만 보고 있다고 차선생은 말했다.

중요한 사실은, 돈을 따겠다는 욕심만 부리지 않는다면 바카라 게임에서는 본전게임을 할 수가 있다는 사실을 차선생은 발견해 낸 것이었다.

차복남 선생의 바카라 게임 (3)

1천 달러가 7천 달러로 불어났다

바카라 게임에서 돈을 왕창 푸고 그리고 자살하는 사람들이 더러 있다는 말을 듣고서, 차선생은, 1천 달러를 들고서, 지난 일 년간 바카라 게임을 연구하기 시작했다. 자살하는 이유는 간단하다. 돈을 왕창 잃었기 때문이다. 왜 돈을 왕창 잃었을까. 이유야 간단하다. 돈을 왕창 따려고 욕심을 부렸기 때문이다. 그래서 차선생은 시간이 있을 때마다 돈을 딸 욕심을 부리지 말라고 누누이 말해왔었다.

돈을 따기 위해서 노름을 하는 것이 아니고 노름을 하다보면 50달러 내지 100달러를 딸 때가 있다. 이처럼 돈을 딸 때마다 차선생은 자신에게 "감사하다"고 인사를 했고 그리고 노름을 중단했다. 이렇게 해서 모아 놓은 돈이 지난 일 년 간 7천달라가 된 것이었다.

대부분의 사람들은 돈을 따고 있었을 때 노름을 중단할 줄을 모르고 있는 것이다. 아까 위에서 말한 50대 여인처럼 말이다. 이 여인은 500달러를 땄었을 때 중단하지 않았고, 돈을 더 따기 위해서 계속 노름을 하다가 몽땅 망하고 말았다. 이 여인은 돈을 따기 위해서, 뱅크에다 그리고 플레이어에 왔다 갔다 하면서 베팅을 했었고, 그리고 판돈을 올렸다 내렸다 하면서 베팅을 했었다. 마지막에는 있는 돈 모두를 몽땅 베팅했었다. 그리고 졌다. 이처럼 올인 게임을 하면 질 확률이 훨씬 더 많아지고 만다.

노름을 하다보면 질 때도 있는 법이다. 가령 50달러 혹은 100달러쯤 펐으면, 노름하는 것 그 자체로 그만큼 재미를 보았으니까 기분 나빠해야 할 이유가 없는 것이다. 노름하면서 그만큼 재미를 봤으면 그것으로 만족하고 그리고 집으로 가야만 한다. 헌데 잃은 돈을 되찾기 위해서 욕심 부리다가 더 많은 돈을 잃고 마는 사람들을 나는 많이 보아왔다.

나는 정신과의사로서, 노름꾼들에게 노름하지 말라고 말을 해준다. 만약 노름을 정 하고 싶다면, 돈을 딸 생각이란 하지 말고, 최소한의 판돈으로 베팅을 해서 그저 본전 노름만 하라고 말해줄 뿐이다. 내 말을 듣고서, 내 말을 따르느냐 혹은 안 따르느냐는 당신한테 달려있는 것이다.

욕심 부린 만큼 그만큼 많은 돈을 잃게 된다

노름에 관한 모든 책들은 카지노를 위해서 써진 책들이라고 말을 해도 과언이 아니라고 차선생은 말했다. 노름 책들은 카지노에서 어떻게 하면 돈을 딸 수 있는가에 대해 써져있다. 노름 책을 읽음으로 해서, “아! 이렇게 하면 나도 돈을 딸 수 있겠구나” 하는 기대감과 욕심을 갖게 해준다. 돈을 딸 수 있다 하는 기대감 그리고 돈을 따고 싶은 욕심 때문에 바로 카지노에 가서 노름하다보면 왕창 돈을 잃게 되고 만다.

카지노에서 돈을 따는 게 아주 쉽다면서 나를 선동하는 친구들도 더러 있기는 있다. “닥터 조, 카지노에 갑시다. 엊그제 3천 달러를 쉽게 땄습니다. 돈을 따는 것이 아주 쉬어요. 내가 어떻게 하면 돈을 쉽게 딸 수 있는가, 돈을 따는 방법을 가르쳐줄 테니까 같이 가서 또 노름합시다.”하고 선동한다. 이삼년 후에 나를 선동했었던 친구들을 만나보면 얼굴이 핼쑥해 있다. 왜 기가 죽어있느냐고 물어보았다. 그랬더니 말을 하지 말란다. 카지노에 가서 있는 재산 다 몽땅 날려버렸다고 했다. 카지노에서 한두 번 돈을 딸 수는 있겠지만, 계속해서 돈을 딸 수 있다고 생각을 하면 큰 오산인 것이다.

차선생은, 카지노에서 어떻게 하면 돈을 딸 수 있느냐에 관심을 두어서는 안 된다고 말했다. 그 대신, 카지노에서 어떻게 하면 즐기고 재미 보면서, 돈을 잃지 않고 노름을 할 수 있느냐에 중점을 두어야 한다고 말했다.

큰돈을 따야겠다는 욕심이 바로 스트레스인 것이다. 큰돈으로 노름을 하는 자체가 또한 스트레스를 불러일으키는 것이다. 큰돈을 따지 못한 경우 이것도 또한 스트레스인 것이다. 큰돈을 잃게 되면 이것은 정말로 엄청난 스트레스인 것이다. 큰돈으로 노름을 해서 크게 이겼다고 가정을 해보자. 이럴 경우, 다음에도 또 이처럼 크게 이기겠지 하는 기대감 때문에 다시 노름을 하게 되고 그리고 드디어 돈을 다 잃게 되니까, 이래저래 큰돈으로 노름을 하면 망하게끔 되어 있다.

그래서 스트레스를 받지 않거나 혹은 적게 스트레스를 받고 싶으면 돈을 딸 생각을 아예 하지 말고, 미니멈 베팅으로 베팅을 하면서 노름을 즐기면서 하면 되는 것이다.

딸 수 없는데 딸 수 있다는 허황한 생각!

불교에서 삼독(三毒)이라는 말이 있다. 욕심, 성냄, 그리고 어리석음이 바로 삼독인 것이다. 사람은 터무니없는 욕심을 부리고, 그리고 자기 욕심이 채워지지 않으면 화를 낸다. 욕심을 채우기 위해서 도둑질도 하고 심지어는 살인까지 하게 되는 것이다. 그렇다면 왜 인간은 욕심을 부리는가? 그 이유는 우리 인간은 어리석기 때문이라고 했다. 자기가 어리석다는 것을 깨닫게 되면 터무니없는 욕심을 부리지 않게 되고, 그리고 터무니없는 욕심을 부리지 않을 것 같으면 화낼 일이 그만큼 줄어드는 것이다.

노름에 있어서도 마찬가지다. 카지노에서 노름을 하면 결코 돈을 딸 수 없다는 사실을 모르기 때문에, 돈을 딸 수가 없는데도 그래도 '나'만은 행여 돈을 딸 수 있다는 어리석음 때문에, 돈을 따려고 욕심을 부리게 되고, 돈을 따려는 욕심 때문에 많은 돈을 베팅해서 결국은 욕심 부린 만큼 패하게 된다. 그래서 카지노에서는 돈을 결코 딸 수 없다는 엄연한 사실을 우리는 인정해야만 한다.

베팅 액수 제한

각 테이블 마다 베팅 액수를 제한하고 있다. 각 테이블마다 500

달러가 상한선이라든가 혹은 2000달러 이상은 베팅이 허용이 되지 않는다던가, 하여튼 베팅 액수를 제한하고 있다. 왜 그러는 줄 아시는가? 베팅액수를 제한하지 않을 것 같으면, 돈 많은 사람들이 와서, 일억 내지 10억 달러를 베팅해버릴 경우, 카지노는 하룻밤 사이에 망하고 만다. 이처럼 베팅 한계선을 정해놓았기에 카지노 주인은 카지노가 하룻밤 사이에 없어지지나 않을까 하고 걱정을 하지 않고 잠을 편히 잘 수가 있는 것이다. 둘째 이유는, 베팅 액수를 제한한 이유는, 가령 당신이 1달러를 베팅했다. 헌데 졌다. 그러면 2달러를 베팅한다. 또 졌다. 졌으니까 이번에는 4달러를 베팅한다. 또 졌다. 다음번에는 8달러를 베팅한다. 다음번에는 16달러를 베팅한다. 다음번에는 32달러를 베팅한다. 이런 식으로 질 때마다 2배로 베팅을 하다보면 어느 땐가는 이기게끔 돼 있는 것이다. 그러면 카지노는 문을 닫을 수밖에 없게 된다. 카지노는 자기네들이 돈을 벌기 위해서 만들어놓았으니까. 이처럼 베팅 한계선을 정해놓음으로 해서 카지노는, 자신들은 망할 염려는 없고, 그 대신 고객들로부터 돈을 안전하게 벌어들일 수가 있는 것이다.

베팅하는 요령

노름을 열 번 하면, 확률적으로, 다섯 번은 처음부터 이기기 시작한다. 그리고 나머지 다섯 번은 처음부터 지기 시작한다.

이기기 시작하면 50달러 혹은 100달러쯤 땄으면, 노름을 중단하고, 일어서서 집으로 가야한다.

여기서 주의해야 할 점이 있다. 여기서 10번 중에서 5번은 처음부터 지기 시작한다고 했는데, 지더라도 계속 한 곳에 베팅을 하면, 5번 중에 4번은 본전을 하게 된다. 하지만, 1번 정도는, 계속해서 지기 마련일 때가 있다고 차선생은 말했다.

조금 더 자세하게 설명하자면, 지더라도 한 곳에 계속 베팅을 하다보면 한두 시간 내로 다시 이기기 시작해서 본전을 찾게 된다. 여기서 조심해야 할 것은, 본전을 되찾았으니까 이왕이면 20-30달러 쯤 더 따야겠다고 마음을 먹고서 노름을 계속하면 왕창 다 퍼버릴 수가 있으니까, 다시 말하지만, 잃었다가 본전 했으면 얼른 일어서서 집으로 가야하는 것이다.

10번 중에 한번은 처음부터 지기 시작해서 다시 본전을 찾는데 무척 많은 시간이 걸린다. 다시 말하면 본전을 되찾기가 쉽지 않다는 것이다. 한번은, 차선생도, 돈을 계속 펐다고 했다. 본전을 되찾기 위해서 계속 한 곳에다 베팅을 하다보니까, 10시간이나 걸렸다고 했다.

당신이 뱅크에다 베팅을 하고 있다고 가정을 해보자. 뱅크에다 베팅을 하고 있는데 뱅크가 계속 지고 있는 경우라고 하더라도 플레이어로 옮기지 말라고 했다. 그냥 계속 뱅크에다 베팅을 하고 있으라고 했다. 뱅크가 앞으로 계속 질 것이라고 생각이 들 경우에는 차라리 잠간 베팅을 멈추고 쉬고 있으라고 했다. 그리고 뱅크가 나오기 시작하면 다시 뱅크에다 베팅을 하라고 했다. 문제점은, 뱅크가 지금 지고 있다고 하더라도 언제 다시 뱅크가 이기게 될지 아무도 모르니까, 제일 좋은 방법은 그냥 계속 뱅크에다 베팅을 하고 있으면 어느 땐가는 뱅크가 이기기 시작해서 본전을 할 기회가 온다고 했다.

다시 말하지만, 지금 뱅크가 지고 있다고 해서 플레이어로 가고 그리고 다시 뱅크로, 또 플레이어로, 이처럼 왔다 갔다 하면 질 확률이 70% 그리고 이기는 확률은 30%밖에 안 된다는 사실을 알고 있어야 한다.

여기에다가 올인(All in) 게임을 하면, 여기서 올인 게임이란, 가지고 있는 모든 돈을 한꺼번에 한 곳에 베팅을 하는 경우를 말하는데, 올인 게임을 하는 사람들은 쉽게 모든 돈을 다 잃어버리기 때문에, 자연 자살률이 높아질 수밖에 없다고 차선생은 말했다.

차복남 선생의 바카라 게임 (4)

충분한 자금과 시간이 있어야 돈을 잃지 않는다

"본전노름을 하는 데 있어서 두 가지가 꼭 필요해요. 하나는 충분한 자금이 있어야 하고, 둘째는 시간이 충분히 있어야 합니다." 라고 차선생은 말했다.

지난 일 년 동안 한번 노름을 하는데 연거푸 계속 40번을 푼 적이 한두 번 있었다고 했다. 그러니까 적어도 베팅 돈의 40배의 자금을 가지고 있어야 한다. 가령 미니멈 20달러짜리 베팅을 한다면 적어도 800달러 현금을 갖고 있어야 한다. 1000달러 자금을 가지고 있으면 충분하다고 볼 수가 있다.

미니멈 20달러 게임에서, 20번을 연속 패한 경우, 그러니까 400달러를 잃은 경우에는 본전을 되찾는데 대략 2시간 정도 걸렸다. 40번을 패한 경우, 그러니까 800달러를 잃어버린 경우, 본전을 찾는데 대략 4시간이 걸렸다. 어떤 경우에는 10시간이 걸려서 본전을 되찾은 적도 있었다고 했다.

이처럼 본전을 되찾는데 시간이 너무 걸리면 피곤해져서 좋지 않다고 했다. 그래서 본전 되찾는 시간을 단축시키기 위해서, 요령을 부렸다고 했다. 계속 40번을 지고 있을 경우에는, 본전을 빨리 되찾기 위해서 미니멈 베팅을 두 배로 올렸다고 했다. 가령 미니멈 베팅이 10달러에서 40번 연속 져서, 400달러를 잃은 경우에는, 베팅을 2배로 올려서 20달러씩 베팅을 하라고 했다. 대개의 경우, 본전을 빨리 되찾을 수가 있다고 했다. 하지만, 억세게 재수가 없는 날에는, 극히 드물지만 계속 질 수도 있다는 사실을 알고는 있어야 한다. 노름이란, 다음 표가 어떻게 나올지 아무 누구도 예측할 수 없다는 사실만을 꼭 알고 있어주기 바란다. 노름이란 꼭 이긴다는 보장은 없으니까 말이다.

요약하면, 노름을 10번 하면, 5번은 처음부터 쉽게 50달러 내지 100달러를 딴다. 그리고 나머지 4번은 처음부터 지기 시작하지만, 또한 쉽게 본전을 되찾는다. 그리고 10번 중에 한번은 아주 고되게 본전을 되찾게 된다고 차선생은 말했다. 반복하지만, 본전을 되찾으면, 그날 노름은 그만 두어야한다.

차선생은, 처음에 돈을 잃은 후, 서서히 본전을 되찾는 재미가 처음부터 돈을 따는 재미보다 훨씬 더 스릴(Thrill)이 있고. 그리고 본전을 되찾았을 때의 기분이 아주 상쾌하다고 말했다.

돈을 따려고 하지 말라!

카지노는 수십억대의 달러를 들여서 화려한 카지노 건물을 지어놓았다. 카지노는, 자기네가 돈을 벌기 위해서 막대한 돈을 투자하고 있는 것이다. 결코 고객들에게 돈을 그냥 공것으로 퍼주기 위해서 만들어놓은 아닌 것이다. 카지노는 또한 수학자며 심리학자들을 불려들어 어떻게 하면 카지노가 망하지 않고 돈을 벌 수 있을까 하고 거대한 돈을 연구비로 사용하고 있는 것이다.

잘 알려진 사실이지만, MIT 대학교수하고 일부학생들이, 블랙잭 게임에서, 높은 숫자의 카드가 나오면 하우스에 불리하고, 그리고 고객에게는 유리하다는 사실을 발견해냈다. MIT 학생그룹은, 자기네들끼리 조를 짜서, 한 조는 블랙잭 게임을 하면서 낮은 숫자의 카드하고 높은 숫자의 카드가 바닥에 얼마나 많이 나왔는가를 계산해낸다. 그리고 카드 박스 안에 높은 숫자의 카드가 더 많이 남아있다고 계산이 되면, 이때 베팅을 크게 하는 멤버에게 알린다. 베팅을 크게 하는 멤버가 와서 엄청나게 큰돈을 베팅한다. 그러고 나서 5년 내지 10년간 막대한 돈을 벌어들였다. 카지노가 이 사실을 알게 됐다. 카지노는, 이처럼 카드를 읽어내는 사람들을 더 이상 카지노에서 노름을 하지 못하도록 금지령을 내렸다. 내가 이런 이야기를 하는 이유는, 카지노는 결코 자기네들에게 손해 볼 짓을 하지 못하도록 하고 있고, 그리고 카지노는 결코 카지노의 돈을 따먹게끔 해주지 않고 있는 것이다. 다시 말하면 카지노에서 돈을 딸 생각일랑 아예 하지를 말고, 그 대신, 적은 돈으로 즐길 수 있으면 즐기는 것이고, 본전 노름을 하다가 50달러 내지 100달러쯤 땄으면, 그것으로 만족해할 줄 알면 되는 것이다.

카지노 자체는 방어적인 노름만 한다

카지노는 노름할 때 언제나 항상 방어적(Defensive)이라고 차 선생은 말했다. 공격은 노름꾼들이 한다고 했다. 카지노 자체가 결코 돈을 올리거나 내리지는 않는다. 그 대신 갬블러(Gambler: 노름꾼)들이 돈을 왕창 올리면서 공격적으로 베팅한다. 공격적으로 큰돈을 베팅해서 한두 번 이길 수는 있어도 결국은 카지노의 밥이 되고 만다.

카지노가 방어적으로 게임을 하면 우리도 카지노처럼 방어적으로 게임을 해야만 한다. 방어적으로 게임을 해야 한다는 말은, 항상 미니멈으로 베팅을 하는 것을 말한다. 왔다갔다 베팅을 하는 것은 공격적인 베팅인 것이다. 하지만, 뱅크에만 지속적으로 베팅을 하는 것은 방어적인 노름인 것이다. 뱅크에만 베팅하면 결과적으로 50%는 뱅크가 나오게끔 돼 있으니까 본전 노름을 할 수가 있는 것이다. 여기에다가 돈 100달러를 땄었을 때 중단하면 이것이 바로 방어적인 노름인 것이다.

노름은 좋은 유희(遊戲)가 될 수 있다

차 선생은, 슬롯머신 (Slot machine: 자동 도박기) 게임이나 룰렛 (Roulette) 같은 노름은 운이나 요행을 바라고 하는 노름이기에, 우리가 요행을 "나만을 위해서", "내 마음대로" 요행을 조절(Control)할 수가 없기에, 이런 게임을 하면 반드시 돈을 푸게끔 돼 있다고 했다. 그 대신, 바카라나 블랙잭 게임은 수학적으로 해결해 낼 수 있는 게임이니까, 어느 정도 수학적인 상식을 갖고 있으면 지지 않고 본전 게임을 할 수 있고 또 어떤 때는 적은 돈을 딸 수도 있는 게임이라고 했다. 차선생은 블랙잭 게임을 좋아한다. 차선생은 도박을 50년 이상 해온 분이시다. 그래서 블랙잭 게임을 할 때는, 이기는 표가 지금 나오고 있구나 하는 '흐름'을 어느 정도 짐작해 낼 수가 있다고 했다. 물론 지고 있는 흐름도 알고 있는 것이다. 하지만, 바카라 게임은 어느 표가 나올 것인가에 대한 흐름을 전연 짐작할 수가 없다고 말했다. 그러니까 돈을 딸 생각일랑은 아예 하지 말고 그냥 본전노름을 하면서 재미나 보라고 했다.

나는 스트레스를 풀기 위해서 친구들에게 노름을 하라고 권하지 않는다. 어느 날, 나는 돈을 100달러쯤 펐을 때 내 심장이 밑으로 가라앉아 심장마비가 생길 것 같은 괴로움을 당한 적이 있었다. 나는 노름을 하면 꼭 진다 하는 믿음을 갖고 있다. 내 돈이 참 아까운데, 이런 아까운 돈을 푸고 싶지 않아서 나는 노름을 하지 않는다.

나는 스트레스를 풀기 위해서 걷기 운동을 하고 있다. 친구들하고 가끔 골프를 치든가 혹은 아내하고 같이 골프를 치면서 즐긴다. 나는 저녁이면 아내하고 같이 DVD 영화를 본다. 나에게 있어서 최고의 스트레스 해소제는 책을 읽고 글을 쓰는 것이다.

하지만 만약 당신이 지금 노름을 결코 끊을 수 없을 정도로 노름에 빠져있다면, 노름을 하되, 차복남 선생 식으로 하라고 권하고 싶다. 돈 딸 욕심을 서서히 비우고, 그리고 바카라 게임이나 블랙잭을 하라고 권하고 싶다.

블랙잭에 대해서 아무런 지식과 실력을 갖고 있지 않다면 블랙잭을 해서는 안 된다. 바카라 게임은 아주 쉽다. 항상 뱅크에다만 미니멈 베팅을 하면 되는 것이다. 그리고 50달러 내지 100달러 땄으면 일어서면 되는 것이다. 지다가 본전을 되찾으면 일어서는 것이다. 어떤 때는 100달러 정도 잃었으면 그만 두고, 다음 날 하면 되는 것이다. 결코 돈을 따려고 욕심을 부려서는 안 된다는 것을 명심해주기 바란다. 돈 딸 욕심 없이 노름을 즐길 수 있다면 노름은 좋은 유희(遊戱)가 될 수 있는 것이다.

제4부
닥터 허버트 벤슨의 이완명상 치료법

명상법의 이모저모

매일 아침마다 30분 정도, 방석을 깔고 반가부좌한 채로 앉아서 간화선 참선을 하고 있다. 나는 무자 화두를 들고 있다. 무자화두란 무엇인가? 어떤 사람이 조주스님에게 "개는 불성이 있습니까?" 하고 물었더니 스님은 "개는 불성이 없다"고 했다. "왜 없다고 했을까" 하고 "없다" "없다" "없다" 하는 화두를 들고 참선을 하고 있다. 호흡에 맞추어서 화두를 든다. 나는 숨이 코를 통해 나갈 때마다 "없다", "없다", "왜 없다고 했지?" 하고 화두를 들고 있는 것이다.

참선을 하고 나면 몸이 개운해지고, 정신이 맑아지고, 온 몸에서 힘이 솟아오르는 것 같은 생기를 느낀다. 그래서 나는 머리 맑아지라고 아침마다 참선을 하고 있다. 내가 참선을 하는 이유는 도를 깨치기 위해서이지만, 도를 깨친다는 것이 아침마다 30분씩 한다고 해서 그리 쉽게 깨쳐지는 것은 아닌 것이다. 도를 깨치기 위한 것이 참선의 목적이지만, 고혈압 치료제로서 그리고 안정제로서 참선을 이용하고 있다. 또한 괴로운 일이 있을 때마다 고민 해결제로서 나는 참선을 이용하고 있다. 또한 사람을 기다리고 있을 때 나는 참선을 한다. 걸을 때, 운동을 하고 있을 때 나는 화두를 들고 한다.

스티브 잡스는, 직장에서 정신이 산만해지지 않고, 하는 일에 정신집중을 잘 할 수 있는 이유는 명상의 힘 덕택이라고 말했다. (타임지:2014/2/3).

위스콘신 대학의 데이빗손 (Richard Davidson)은, 스님들이 명상하면 효과가 있다고 말을 한다고 하더라도 일반사람들은 스님들의 말을 믿지 않는 경향이 있지만, 그래도 과학자들이 말을 하면 믿는다고 했다. 사람들이 불안, 분노, 우울과 같은 불쾌한 감정을 느끼고 있을 때는 주로 우측 전전두피질(Right prefrontal lobe)이 활성화되어 있다고 했다. 이와 반대로 감정이 낙관적이고 열정에 차 있으면 좌측 전전두피질이 활성화되어 있는 것이다. 닥터 데이비손이 좌선을 오래 한 스님들, 그리고 존 카밧진의 명상법 수련을 받은 사람들의 두뇌를 뇌전도 (EEG: Electro-encephalogram)를 통해서 뇌기능을 실험해보았다. 명상법 수련을 받은 사람들은 불안한 감정이 많이 가라앉아 있었고 그리고 양성적인 감정이 생겨 있다고 했다. 명상수련을 받지 않았던 사람들에 비해 좌측 전전두피질 (left frontal part of the brain)이 많이 활성화 되어 있었다고 보고했다. 이는 곧 긴장과 공포 등의 부정적인 감정을 이들이 더욱 유연하게 처리할 수 있는 것이라고 보고했다. 이처럼 요사이는 명상이 우리들의 심신(心身)에 효과가 있다는 것이 발견되어 수많은 사람들이 명상을 하고 있다. 그래서 닥터허버트 벤슨의 명상; 이완 반응 치료법에 대해 8회에 걸쳐 이 책에 실었다.

명상법도 여러 종류

명상법도 여러 가지가 있다. 한국에서 주로 하고 있는 좌선은 간화선이다. 간화선은 "이게 뭔고?" "이게 뭔고?" 하고 화두를 가지고 참선을 한다. 아까도 말했지만, 나는 조주스님의 "없다" 화두를 들고 하고 있다. 화두를 들고서 참선을 할 때는 화두 내용에 대해 결코 사량 분별해서는 안 된다. 따지지 말고 그냥 화두만 들고 있는 것이다. "이게 뭔고?", "이게 뭔고?" 하고 그냥 화두만 들고 있는 것이다. 간화선 좌선을 할 때는 눈을 뜨고, 자기가 앉아있는 바로 1미터 앞에 놓여 있는 방바닥을 그냥 막연하게 내려다보면서 참선을 하는 것이다.

미국에서는 참선한다고 하지 않는다. 미국에서는 명상 혹은 마음챙김 명상을 한다고 말하고 있다. 미국은 기독교 사회인 것이다. 명상에서 불교적인 요소를 완전히 없애버렸다. 주로 호흡명상을 함으로 해서, 신체질환 및 정신질환을 치료하거나 혹은 심신질환을 견디어 내고 이겨내는데 도움이 되도록 명상치료를 이용하고 있는 것이다.

호흡명상이란 무엇인가?

숨이 들어오고 나가는데 정신을 집중시킨다. 하지만, 일분도 못 되어서 우리는 잡생각에 빠지고 만다. 일분 이상 호흡에 집중할 수가 없는 것이다. 일분 이상 집중할 수 없다는 것이 정상이다. 정상이니까, 호흡에 정신을 집중시킬 수가 없다고 해서 우리가 자포자기하거나 실망 혹은 낙담을 해서는 안 된다.

하지만, 중요한 것은 우리가 잡생각에 빠져있구나 하는 것을 알아챈 후 다시 호흡으로 우리 정신을 집중시키는 것이다. 우리가 잡생각에 빠져 있다는 것을 알아낸 것이 바로 중요하다. 잡생각에 빠져 있다는 것을 알아채면 다시 호흡으로 정신집중을 되돌려서 숨이 들어오고 나가고 하는 것만을 의식하고 있으면 되는 것이다. 이게 바로 마음챙김 수행법이다.

미국에서 제일 먼저, 그러니까 1975년부터, 허버트 벤슨 닥터는 초월명상법을 이용해서 명상치료를 시작했었다. 모든 명상치료법은 다 호흡에 맞추어져 있다. 숨이 들어오고 나가는 것을 느낀다. 주로 호흡은 단전호흡법이다. 공기가 코를 통해서 배 아래까지 들어오는 것을 느낀다. 그리고 숨이 나가는 것을 느낀다. 어떤 사람은 공기가 코를 통해서 들어갔다 나왔다 하는 것을 느끼는 것이다. 그런가 하면 다른 사람들은 공기가 배 아래로 들어와서 나가는 것을 느낀다. 벤슨 닥터는 오전에 20분 그리고 오후 20분씩 명상을 하라고 권하고 있다.

벤슨 명상법은, 안락의자에 편안하게 앉아서 눈을 감고, 초점 단어(Focus word)를 들고서 명상을 한다. 초점단어는, 가령 무종교인들은 '옴', '사랑', '평화', 그리고 가톨릭 신자들은 '성모마리아여', '하느님', 또 개신교신자들은 '하나님이시어' 등, 자기가 좋아하는 단어 하나를 골라서 초점단어로 삼는다. 가령 옴 옴 하고 옴에 초점을 맞추어서 명상을 하고 있다가, 가려 다른 생각을 하고 있는 것을 발견할 때는 다시 옴, 옴, 하고 옴에 돌아와서 옴을 붙잡고 명상을 하는 것이다.

존 카밧진 명상치료법은 1979년부터 시작했다. 존 카밧진의 명상법은 남방불교에서 사용하고 있는 위빠사나 (4염처관) 명상에서 따온 것이다.

존 카밧진의 "마음챙김을 바탕으로 한 스트레스 감소" (MBSR: Mindfulness Based Stress Reduction) 명상법은 화두라든가 혹은 초점 단어를 가지고 있지 않다. 간화선에서는 화두가 있고 그리고 닥터 허버트 벤슨 명상법에서는 초점단어를 사용하고 있다. 존 카밧진의 명상에는 그냥 호흡에 의식을 집중한다. 주로 숨이 배로 들어오고 그리고 숨이 배에서 나가는 것을 의식한다. 호흡에 의식을 집중함으로 해서 현재의 순간에 초점을 맞춘다. 만약 여러 다른 생각에 빠져 있다는 것을 알게 되면 다시 호흡으로 주의를 돌려서 숨이 들어오고 나가는 데 정신을 집중하는 것이다.

존 카밧진의 명상법은 정좌명상, 보디 스캔 (Body scan) 명상, 요가 명상, 보행명상, 네 가지 기법이 있다. 정좌명상은, 의자에 앉든, 혹은 방바닥에 방석을 깔고 앉든, 하여튼 허리를 곧바로 펴고,

어깨를 펴고, 등과 머리를 곧바로 세워서 앉아서 명상을 한다. 보디 스캔 (Body scan)은 주로 방바닥에 들어 누어서, 왼쪽 발가락부터 시작해서 종아리, 허벅지, 궁둥이, 배, 등 온 몸의 모든 부분에 호흡을 들어 쉬면서 명상을 하는 것을 말한다. 숨을 들어 쉴 때 코를 통해서 들어온 공기가 배를 통해서 왼쪽 발가락까지 가는 것을 느낀다. 그리고 공기가 발가락에서 배를 통해서 다시 코로 나가는 것을 느낀다. 다음에는 발, 종아리, 허벅지 등 온 몸의 부위를 돌아가면서 숨을 쉬고 나가게 하는 명상법이다. 보디스캔을 처음 시작할 때는 잠이 오는 경향이 있다.

요가명상은 요가를 하는 것을 말한다.

보행명상도 있다. 걸어 다니면서 명상을 하는 것이다. 호흡 대신, 발바닥이 땅에 닿고 땅에서 떨어져 다시 땅에 닿는 것을 느끼면서 보행하는 명상이다.

존 카밧진은, 명상을 하루에 45분간씩 하라고 권하고 있다. 정좌명상이든 보디 스캔이건, 요가든, 혹은 이 명상 저 명상 섞어서 하든, 하루에 45분간씩 하라고 권하고 있다. 명상을 할 때는, 현재라는 순간에 정신집중한다. 여러 잡생각 때문에 마음이 방황하고 있다는 것을 느끼면 조용히 다시 호흡으로 되돌아온다.

건포도 먹기 명상

존 카밧진의 건포도 먹기 명상을 유명하다.

건포도를 하나 집는다. 잡았을 때의 촉감을 느낀다. 손바닥에 놓는다. 손바닥에 놓여있는 건포도의 촉감을 느낀다. 손바닥위에 놓여있는 건포도의 색깔과 표면의 상태를 자세하게 살펴본다. 잠깐 동안 건포도의 냄새를 맡아본다. 냄새가 좋은지 혹은 싫은지도 알아본다. 건포도를 먹게 되리라는 생각 때문에 침이 나오는 것을 느낀다. 건포도를 입 속에 집어넣는다. 천천히 씹는다. 그리고 목구멍으로 넘어가는 감촉을 확인한다. 건포도를 삼키는 행위도 의식적으로 체험한다. 뱃속으로 들어간 건포도가 내 몸의 무게를 살짜기 올려주었을 것이라는 생각도 해본다. 혹은 실제로 몸무게가 그만큼 더 늘어났으리라는 감각도 가져본다.

이런 식으로 어떤 음식을 먹든 음식을 먹을 때, 음식의 촉감, 색깔, 어떻게 생겼느냐의 표면의 상태, 그리고 입에서 씹을 때의 맛, 향기, 등등에 정신을 집중시켜보는 것이다. 이렇게 함으로 해서, 앞으로는 어떤 사물을 보더라도 이전보다 더 깊게 관찰하게 된다.

존 카밧진은, 무엇을 우리가 하고 있는 동안, 내가 지금 무엇을 하고 있다는 것을 안다는 것이 바로 마음챙김 명상수련의 핵심이라고 말했다.

행주좌와 (行住坐臥), 움직이거나, 멈추어있거나, 앉거나, 눕거나 우리가 무엇을 하든 화두를 들고 있으면 간화선 참선이 된다. 숨이 들어오고 나가는 호흡에 정신집중을 하고 있으면 이게 위빠사나 명상법, 바로 카밧진의 명상법이 되는 것이고, 초점단어를 들고 있으면 이게 바로 초월명상 허버트 벤슨의 명상법이 되는 것이다. 걸으면서 명상할 때는, 호흡 대신, 발바닥이 땅에 닿고 발바닥이 올라오고 하는 발바닥의 움직임에 정신집중을 하면서 화두나 초침단어를 들고 있으면 되는 것이다. 닥터 허버트 벤슨이나 닥터 존 카밧진의 명상법이 다 효과가 있다고 과학적으로 증명되었다. 자세한 것은 닥터 허버트 벤슨의 이완반응 치료법에 적히어 있다.

닥터 허버트 벤슨 (Herbert Benson)의

이완반응 치료법, 효과 있다! (1)

20분, 하루에 두 번씩

닥터 허버트 벤슨은 하버드 의대 심신(心身)의학 교수다. 혈압이 높은, 고혈압 환자들이 찾아오면 먼저 혈압을 낮추어주는 강압제를 처방해주었다. 문제는, 강압제를 복용함으로 해서, 약의 부작용이 생겨서, 어떤 환자들은, 머리가 아프다는 등, 머리가 어지럽다는 등, 심지어 짜증을 내고 신경질까지 부렸다. 강압제 약물 말고, 다른 방법으로 고혈압을 치료할 수 없나 하고 연구했다. 그리고 이완반응-명상 치료법을 발견해냈다.

사람이 위기에 처하면, "싸움-혹은-도주 반응" (Fight-or-Flight Response)을 나타낸다고 닥터 케논(Dr. Walter B. Cannon)은 말했었다. 가령 당신이 호랑이를 들판에서 만났다면 당신은 당신도 모르는 사이에 호랑이를 보고 싸우든가 혹은 도망치게끔 되어 있는 것이다. 이길 것 같으면 싸우고, 질 것 같으면 도망치는 것, 이게 바로 생존본능인 것이다. "싸움-혹은-도주 반응"은 교감계신경계(Sympathetic nervous system)가 활성화된다. 에피네프린(Epinephrine)이란 호르몬의 분비가 증가되어 심장이 빨리 뛰어 혈액공급을 증가시키고, 눈동자를 확장시키어서 더 많은 빛을 받아들이게 한다. 노르에피네프린은 피부에 있는 혈관을 좁히어서 더 많은 혈액을 큰 근육으로 공급되게끔 해주어서 싸움이나 도주를 잘 할 수 있도록 해준다. 동시에 폐의 기관지를 확장시켜 기체 교환을 빠르게 해준다. 동시에 혈당과 지방산이 혈중 내에서 증가하고 그리고 사람으로 하여금 정신을 바싹 차리게끔 긴장시켜준다. 이때 스트레스 호르몬인 코티솔이 또한 분비되어 나온다.

사람이 스트레스에서 벗어나오면 부교감신경계가 활성화되어 몸이 이완되고 그리고 휴식감을 느끼게 된다.

그런데 현대인들은, 성격이 좋지 못한 상관이나 사장 밑에서 근무를 한다면, 상관을 만날 때마다 상관하고 매일 주먹다짐하면서 싸울 수도 없고, 그렇다고 도망해서 피할 수도 없는 노릇이다. 이처럼 피할 수 없는 경우, 자연히 속이 상하게끔 되어 있다. 그래서 많은 현대인들은 속으로 앓으면서 살아가고 있다. 속으로 앓으면서 살다보면 우리 몸에서 생리적인 변화가 생긴다. 혈압이 올라가고, 심장도 빨리 뛰고, 호흡도 빨라지고, 그리고 신진대사도 그만큼 빨라진다. 스트레스는 우리 건강을 해친다. 물론 어느 정도의 스트레스는 있어야만 한다. 어느 정도의 스트레스는 인생을 살아가는데 있어서 필요하다. 하지만 반복적으로 만성적으로 스트레스를 받는다면, 자연 우리 몸은 병들게끔 되어 있다. 우리가 앓고 있는 75% (60% - 90%)의 질병은 스트레스 때문에 생기는 질환인 것이다. 스트레스 때문에 생긴 질환일 것 같으면 스트레스를 해소해주면 되는 것이다. 어떻게 스트레스를 해소시켜줄 수가 있단 말인가?

이완반응

닥터 허버트 벤슨은 이완반응(Relaxation response)이 바로 스트레스에서 생긴 생리적인 변화하고 정반대 반응을 일으킨다는 사실을 증명했다. 이완이란 말은, 몸이 풀리고 느즈러지고 느슨해진 상태를 말하는 것이다. 이완반응은 심장을 서서히 뛰게 하고, 혈압도 낮추고 그리고 신진대사도 느려지게 한다.

닥터 벤슨은 1968년도에, 생리학 실험실에서, 전기불빛을 이용해서 원숭이들에게 스트레스를 가해서, 원숭이들의 혈압을 올리고 내릴 수가 있었다. 그러고 나서, 원숭이가 스스로 혈압을 조절할 수 있도록, 예를 들면, 색깔 불빛을 선택해서, 스위치를 켜고 껐다 하게 함으로 해서 혈압을 내리도록 훈련을 시키는데 성공했었다. 이게 바로 바이오피드백(Biofeedback) 실험인 것이다. 바이오피드백이란, "바이오(Bio)"는 '생(生), 생리(生理)'라는 뜻이고 "피드백"은 '되돌려 온 정보'라는 뜻이다. 혈압이 올라가고 심장이 빨리 뛰고 늦게 뛰는 것은 다 자율신경이 통제하는 것이다. 헌데, 우리가 임의적으로 자율신경의 일부를 통제할 수 있는 것이 바로 바이오피드백인 것이다. 예를 들면, 바이오피드백 훈련을 받으면 우리 스스로가 어느 정도 혈압을, 우리 마음대로, 올리고 내릴 수가 있는 것이다.

이 사실은 1969년도 의학전문지(American Journal of Physiology)에 실렸다. 원숭이가 스스로 스트레스를 해소해서 혈압을 낮출 수가 있다면 인간도 그렇게 할 수가 있을 것이라고 생각하는 것은 당연하다.

이럴 때쯤 해서, 그러니까 1968년도에, 초월명상가들이 닥터 벤슨한테 찾아왔다. 초월명상(Transcendental meditation)을 하면 혈압이 내려간다는 사실을 마음으로는 알고 있으면서도, 실제로 혈압이 내려갔다는 과학적인 증거가 없다고 말을 하면서, 닥터 벤슨에게 초월명상이 혈압을 내린다는 것을 과학적으로 증명해 보여달라고 부탁했다. 처음 부탁에 닥터 벤슨은 거절했다. 거절한 이유는, 초월명상가들은 기존사회의 가치를 타파하고 있는 반문화적인 그룹이라고 여겼기 때문이었다. 헌데, 가만히 생각해보니까, 만약 초월명상 자체가 혈압을 낮춘다면, 의학치료에 도움이 될 것 같다는 믿음이 생겼기에, 연구하겠다고 동의했다.

초월명상가들을 대상으로 연구해본 결과 명상이 우선 이완반응을 일으키고, 그리고 이완반응을 일으킴으로 해서 명상이 혈압을 낮춘다는 사실을 알아냈다.

이완반응-명상 치료법

1975년에 <이완반응>(The Relaxation Response)이란 책자를 발간했다. 이 책은 뉴욕타임스의 베스트 셀러가 되었다. 2000년도까지 13개의 나라에 번역되었고, 그리고 4백만 권이 팔렸다. 닥터 벤슨은 하버드 의대 병원 (The New England Deaconess Hospital)

에서 1988년도에 심신의료센터를 설립했다. 닥터 벤슨은 주로 (초월)명상을 이용해서 이완반응을 일으킴으로 해서, 스트레스에서 생기는 모든 질병을 치료해오고 있다. 명상을 20분씩, 오전 오후, 하루에 두 번씩 하라고 했다. 명상을 할 때는, 정신을 집중할 수 있도록, 한 단어 한 문구, 혹은 짧은 한 문장에 초점을 맞추어서 명상하라고 했다. 이것을 초점단어(Focus word)라고 말한다. 가령 기독교 신자 같으면, “하느님이시어, 자비를 베푸소서, 하느님이시어 자비를 베푸소서, --”, 라고, 그리고 불교신자 같으면, “석가모니 불, 석가보니 불,…” 혹은 “관세음보살, 관세음보살,…” 하고, 숨에 맞추어서, 숨이 들어오고 나감에 따라 아래 배가 불룩 나오고 꺼짐에 맞추어서, 초점 단어를 반복해서 읊조리고 있는 것이다. 만약 다른 생각에 빠지면, 다른 생각에 빠졌다는 것을 아는 즉시 다시 초점 단어로 되돌아와서 초점단어를 읊조리면 된다. 처음에는 어렵지만, 자주 하면 초점단어를 들고 있는 시간이 점점 길어지게 끔 되어 있는 것이다. 편안하게 앉아서 명상을 한다. 의자에 앉든, 혹은 방바닥에 방석을 깔고 앉든, 발을 펴든 혹은 구부리든, 하여튼 편안하게 앉아서 초점단어를 들고 명상하면 되는 것이다. 정신을 집중하기 위해서 눈을 감는다. 나는 명상하면서 숨이 들어올 때 배가 나오고, 숨이 나갈 때 배가 꺼지는 것에 맞추어서 초점단어를 갖고 있다.

닥터 벤슨은 종교심이 강하면 강할 수로 이완반응 명상치료법의 효과가 더 나타난다고 했다. 닥터 벤슨은 종교심과 영성(Spirituality) 치료법을 의학에 도입한 최초 의사 중의 한 분이다. 그는 종교와

의학, 동양과 서양, 마음과 육체, 그리고 믿음과 과학을 연결시켰다. 종교적이지만, 한 종파에 치중한 것은 아니다. 그는 모든 종교를 전반적으로 다루었다. 기독교뿐만 아니라, 유대교, 힌두교, 이슬람, 그리고 불교도 동시에 다루었다. 환자가 종교인이면 환자가 믿고 있는 종교의 믿음을 이용해서 치료를 하고 있는 것이다.

닥터 벤슨은 달라이 라마의 도움으로, 인도에 있는 티베트 종교인들을 상대로 임상실험도 했다. 티베트 스님들은 몸에서 열을 올려, 앉아있는 자리의 눈을 녹이는 것을 목격했다. 티베트 스님들은 임의적으로 자율신경을 통제해서 몸의 열을 올리기도 하고, 혈압을 낮추기도 한다. 이에 대해서는 다음에 다시 자세하게 설명하겠다.

명상이란 말에 대한 오해?

여기서 명상이란 말에 대해 한 마디 하고 싶은데, <국어대사전>을 찾아보니까, 명상이란 "고요히 눈을 감고 생각함"이라고 했다. 참선이나 위빠사나를 서양 사람들은 Meditation이라고 번역했고, 그리고 Meditation을 우리는 명상이라고 번역하고 있다. 그래서 나도 처음에는 명상이라니! 하고 혼동을 한 적이 있다. "명상하라면" 생각하라는 말인데 불교 참선에서는 "이게 뭐지", "이게 뭐지" 하고, 화두 하나만 들고 가만히 앉아 있는 것이지, 결코 여러 잡생각을 해서는 안 된다고 했다. 참선에서는 생각을 끊어야만 화두를 들 수 있다. 잡생각을 하고 있다는 것을 알아채면 잡생각을 없애는 방법으로 화두를 드는 것이다. 화두를 들고 있으면 잡생각이 저절로 없어진다. 그런데 명상하라고 했다. 생각하라고 했다. 뭔가 잘못된 것 같다. 알고 보니까, 여기서 말하는 명상이란 생각하라가 아니라, 초점단어 이외에 다른 생각을 생각하지 말라는 말인 것이다.

이완반응-명상 치료를 받은 환자들

1. 고혈압

닥터 벤슨은 고혈압 환자에게 우선 혈압을 내려주는 강압제 약물을 투여한다. 동시에 이완반응-명상을 하도록 한다. 명상을 함으로 해서 강압제 약의 양을 줄여나간다. 명상을 20분 씩, 매일, 오전 오후, 하루에 두 번씩 하게 한다. 명상을 할 때, 편안한 자세로 앉는다. 눈을 감는다. 배로 호흡을 한다. 숨이 들어올 때 배가 밖으로 나오고, 그리고 숨이 나갈 때 배가 꺼지는 것을 느낀다. 숨에 맞추어서 초점단어(Focus word)를 갖는다. 종교인이 아닌 환자들에게는 대개 "옴 옴 옴" 이라는 초점단어를 사용하도록 한다. 어느 말이든 자기가 좋아하는 말 한 마디를 초점단어로 삼을 수도 있다. (우울하고 침울한 단어를 초점단어로 선택해서는 안 된다). 2-3주쯤 명상하고 나면 효과가 나타나기 시작한다. 혈압이 낮아지기 시작하면, 의사의 지시에 따라서, 서서히 강압제 약물의 양을 줄인다.

혈압이 처음부터 가히 높지 않는 경우에는, 닥터 벤슨은, 강압제를 아예 사용하지 않고 그냥 이완반응-명상만으로 치료한다. 실질적으로 모든 고혈압 환자들이, 더 적은 양의 약물로 혈압을 잘 조절하고 있다.

어느 젊은 남자는, 무종교인(Non-religious)인데, 매일 조깅(Jogging, 달리기)을 즐기고 있다. 혈압이 높다. 조깅할 때 발을 올리고 내리는 것에 맞추어서, 운동 도중, 10분 내지 20분 동안, 초점단어로서, 하나 둘, 하나 둘, 하나 둘, … 하고 하나 둘을, 마음속으로, 세도록 했다. 3주쯤 지나서 혈압이 140/90으로 내려왔다. 12주 후에는 혈압이 120/80으로 내려왔다. (운동 명상에 대해서는 다음 번에 자세하게 설명하겠다).

2. 불안공포증

밥(Bob)은 20대 청년이었었을 때는 많은 운동을 했었다. 이제 나이가 40이 된 후부터 건강문제가 생겨났다. 어느 날은 갑작스럽게 가슴이 아팠다. 겁이 났다. 의사한테 찾아갔다. 의사는 모든 검사를 다 해보았지만 아무런 이상을 발견하지 못했다. 육체적으로는 정상이라고 말해주었다. 하지만 밥은 계속해서 가슴에 통증을 느꼈다. 모든 게 불안해졌다. 엘리베이터를 타는 것도 두려웠다. 자동차를 타고서 터널이나 다리를 건너갈 수가 없었다. 광장공포증이 생겨서, 집밖을 혼자서 나갈 수가 없게 되었다. 비행기에 대한 공포가 심해서, 이제는 방학이 되어도 어디에도 나가지를 못했다. 의사는 여러 약물을 주었다. 하지만 효과가 없었다. 더군다나 약물의 부작용이 생겨서 약물을 복용함으로 해서 오히려 더 고통을 당했다. 게다가 혈압은 올라가기만 했다. 고혈압이 되었다. 내과의사는 닥터 벤슨이 경영하고 있는 심신의료센터에 가보라고 했다.

닥터 벤슨은, 밥에게 이완반응-명상을 하라고 했다. 지난 20년 동안 시달려온 병이, 명상을 한다고 해서, 하루 사이에 모든 불안 증상이 없어지리라고 믿어서는 안 된다. 하지만 한 달 동안 명상을 하니까, 증상이 양호해짐을 느끼기 시작했다. 밥은 클리닉에서 3년 명상 치료를 받았다. 99%가 좋아졌다. 이제는 비행기를 타고 캘리포니아에도 왔다 갔다 할 수 있게 되었다. 혼자서 밖을 나가 돌아다녀도 아무런 불안을 느끼지 않았다. 엘리베이터도 마음 놓고 타고, 그리고 자동차를 타고 다니며 터널을 아무런 두려움 없이 운전하고 다녔다. 혈압도 완전히 정상으로 내려왔다. 강압제를 더 이상 복용하고 있지 않다. 밥은 명상을 하면 낫는다 하는 강한 신념을 갖고 있다. 그래서 지금도 계속 명상을 하고 있다.

3. **협심증**(Angina)

크리스티나는 10년 전부터 협심증에 시달리고 있었다. 심장의 근육 내에 흐르는 핏줄을 관상동맥이라고 한다. 지방질이나 콜레스테롤, 칼슘 등의 덩어리가 혈관 내벽에 생겨서, 핏줄이 좁아진 상태, 그리고 핏줄 자체가, 유연성이 줄어들고, 단단해진 상태를 경화증이라고 말한다. 경화증이 있는 상태에서, 갑작스럽게 높은 계단을 오른다거나 혹은 무거운 짐을 지면서 육체적인 노동을 할 때면, 심장근육으로 가는 피가 부족해서, 가슴에 숨이 막힐 것 같은 압박감이나 둔한 아픔을 느낀다. 혹은 가슴이 찢어질 듯한 심한 통증을 느끼기도 한다. 물론 관상동맥경화증이 없을 때에도 협심증이 나타나기도 한다. 스트레스를 많이 받아, 정신적으로 흥분되고 격분되어 있을 때 관상동맥에 경련이 생기고, 관상동맥의 혈관이 협소해짐으로 해서, 가슴에 통증이 생기기도 한다.

크리스티나의 경우, 가끔 생겼었던 가슴 통증이, 지난 일 년 전부터는 협심증 증상이 자주 그리고 더 심하게 나타났다. 협심증을 가라앉히는 약물을 복용했었지만, 효과가 없었다. 의사가 크리스티나에게 이완반응-명상을 하라고 했다. 어떤 명상이든 명상을 하면 이완반응이 일어난다. 이완반응이 일어나면 혈압이 낮아지고, 심장맥박이 서서히 뛰고, 그리고 마음의 평안을 느낀다. 크리스티나는 기독교신자다. 우선 편안한 자세로 앉는다. 눈을 감는다. 그리고 숨이 배로 들어오고 나가는 것을 느낀다. 숨에 맞추어서, 숨을 내쉴 때마다 "하나님이시어, 자비를 베푸소서", "하나님이시어 자비를 베푸소서"라는 말을 되풀이하면서 20분씩, 오전 오후 하루에 두 번씩 명상을 하도록 했다. 명상을 하기 시작한 후, 이 삼 주가 지난 후부터, 협심증상이 가라앉기 시작했다. 더 이상 통증이 일어나지 않았다. 협심증 약물을 줄이기 시작했다. 완전히 약물을 끊었다. 이제는 더 이상 통증을 느끼지 않았다. 하지만 계속 명상을 하고 있다. 계속 명상을 해야만 이완반응 효과가 지속되는 것이다.

4. **두통**(Headache)

나오미(Naomi)는 36세 먹은 복지가(Social worker)이다. 일주일에 평균적으로 3번 내지 4번 정도 심한 편두통이 생긴다. 어느 때는 너무 아파서 직장에 나가지를 못한다. 집안에서 온종일, 어두운 방안에 앉아서 편두통에 시달리기도 한다. 편두통이 일어나면 직장 근무뿐만 아니라 집안 일도 제대로 할 수가 없다. 닥터 벤슨 클리닉에 찾아왔다. 이 여인은 유태인이다. 종교심이 강하다. 닥터 벤슨은 나오미에게 초점단어로서 샤롬(Shalom: 평화)이라는 말을 읊조리도록 했다. 나오미는 호흡에 맞추어서 샤롬, 샤롬, … 하면서 명상을 시작했다. 얼마 지나지 않아서 편두통 증상이 좋아지기 시작했다. 설령 편두통이 생겼다고 하더라도, 심하지 않아서, 두통을 견디어낼 수가 있게 되었다. 그 후 두통은 더 줄어들었다. 두통은 일주일에 한 번 정도밖에 생겨나지 않았다. 직장에서나 집에서 편안하게 일을 할 수가 있게 되었다. 근래에 와서 두통은 두 달에 한 번 정도 생길까 말까 할 정도가 되었다. 나오미는 계속 명상을 하고 있다.

5. 불면증

많은 사람들은 불면증에 시달리고 있다. 특히 나이가 많아지면 불면증에 걸린 사람들이 더 많아지기 마련이다. 다행히도 많은 사람들은 침대에 곧바로 들어 누어서 이완반응을 일으키기만 해도. 삼사 분 내로 스르르 잠이 들고 만다. 하지만 어떤 사람들은 침대에 들어 눕자마자, 이 생각 저 생각 때문에 흥분되어 잠을 이루지를 못한다. 이런 경우, 명상이나 기도를 함으로 해서 잠을 잘 수가 있다.

알린(Arlene)은 소녀였었을 때부터 수면장애가 있었다. 이제 나이 40, 침대에 들어 누운 후 30분 내지 40분 걸려서 잠이 든다. 심지어 어떤 밤은 세 네 시간 걸려서야 잠이 든다. 어떤 때는 두 번 혹은 세 번 정도 자다가 일어나서 소변을 보기도 한다. 다시 자려고 하면 잠이 오지 않는다. 어떤 때는 2시나 4시경에 일어나서, 한 두 시간 정신 말짱하게 깨어 있다가 아침 7시경 일어나야 할 때 잠이 들기도 한다. 괴롭다. 의사한데 찾아갔다. 이완반응-명상을 하루에 두 번씩 했다. 일주일쯤 지나니까, 수면이 좋아졌다. 두시나 세시경에 깨어나도, 금방 다시 잠에 들 수가 있었다. 더 이상 소변을 보지 않을 정도로 잠을 계속 잘 수가 있게 되었다. 문제는 명상을 매일 계속 한다는 것이 쉬운 일이 아니었다. 어떤 때는 명상을 하는 것을 잊어버릴 때가 있다. 이처럼 명상을 매일 하지 않는 경우, 다시 불면증에 시달리게 된다. 닥터 허버트 벤슨은 명상을 하루에 두 번씩 매일 한다면 수면은 좋아진다고 말했다.

6. 어린 시절 성추행을 당했다

아서(Arthur)는 심하지는 않지만, 그래도 우울증에 시달리면서 많은 나날을 우울하게 지냈었다. 뭔가 짙은 구름이 끼어있는 것 같은 느낌을 가졌었지만, 무엇이 아서를 괴롭히고 있는지를 정확하게 알 수가 없었다. 어느 날은 친구에게 찾아가서 호소를 했다. 친구는 기독교신자로서 교회에서 몇 명의 다른 신도들과 함께 매일 기도와 그리고 명상을 하고 있다. 아서도 이 명상 그룹에 안내됐다. 이완반응-명상을 몇 주 동안 했다. 그룹 리더의 도움을 받아서, 아서는 어린 시절을 회상하다가 자기가 어렸었을 때 몇 명의 큰 아이들한테 성추행을 당한 것을 기억해냈다. 성추행 당한 것에 대한 기억 망각이 아서로 하여금 우울증에 빠지게 했었던 것이다. 이제 성추행을 당한 것을 알게 된 후 우울증에서 벗어났다. 그룹 리더의 도움으로, 어렸을 때 자기를 성추행한 큰 아이들을 아서는 용서해 주었다. 그리고 신께 기도했다. 자기의 상처를 아물 수 있게끔 도와달라고 기도했다. 성추행을 당한 것을 기억해 낸 후, 정신상담치료를 받으면서 계속 몇 개 월 동안 명상을 했다. 이제는 거의 정상적인 생활을 할 수 있을 정도로 아서의 정서(情緖)는 좋아졌다.

이완반응-명상 치료법은 많은 종류의 심신(心身)질환을 치료할 수가 있는 것이다. 닥터 벤슨은 의학치료에는 세 가지 기둥이 있다고 했다. 첫째 기둥은 약물로 치료하는 것이고, 둘째 기둥은 외과적인 수술로서 치료하는 것이다. 셋째 기둥은, 자기 치료인 것이다. 자기가 스스로 자기 치료를 하는 것이다. 이완반응-명상은 자가치료인 것이다.

닥터 허버트 벤슨은 누구인가?

허버트 벤슨은 웨스리안 대학을 졸업한 후, 1961년도에 하버드에서 의과대학을 졸업했다. 40여 년 전 만해도, 서양의학은 마음과 육체가 서로 연관되어 있지 않고, 육체는 육체대로 따로 병이 들고, 마음은 마음대로 따로 병이 든다고 생각해왔었다. 이에 대해 닥터 벤슨은 반기를 들었다.

1967년 손다이크 실험실 (Thorndike Memorial Laboratory)에서 심장내과 수련을 받은 후, 하바드 의대 생리학교실에서 이년동안 연구했다. 그 당시에 원숭이에게 바이오피드백(Biofeedback) 수련을 시켜서 고혈압의 원인과 결과에 대해 연구를 했다. 1968년도에 초월명상가들을 연구함으로 해서 명상이 또한 혈압을 낮춘다는 사실을 발견해냈다. 닥터 벤슨은, 초월명상뿐만 아니라, 위빠사나처럼 다른 종류의 명상, 그리고 요가, 걷기나 수영 같은 반복적인 운동, 점진적인 근육이완, 상상(Imagination) 등도 이완반응을 일으키고 있다는 사실을 알아냈다.

이완반응을 일으키면 육체가 좋아질 뿐만 아니라 마음도 평정해진다는 사실을 증명해냈다. 몸에서 이완반응이 일어나면 생리적인 변화가 일어난다. 이완반응은 스트레스에서 생기는 생리적인 반응하고 정반대의 생리적인 반응을 일으키는 것이다. 이완반응에서는, 신진대사가 느려지고, 심장은 서서히 뛰고, 숨도 서서히 쉬고, 혈압도 내려가고, 그리고 뇌파(Brain wave)에도 변화가 일어나서 마음이 안정해진다. 또한 창의력(Creativity)도 증가한다.

여기서 닥터 벤슨은 마음과 육체가 서로 깊게 연관되어 있다는 사실을 기반으로 해서 심신(心身)의학을 발달시켰다. 이완반응도 심신의학에 속한다. 닥터 벤슨은 지난 40여 년간 이완반응을 이용해서 스트레스에 관련된 모든 질환을 치료해온 선구자이다. 30여

년 전만 해도, 이완반응 치료법은 일종의 민간치료법, 혹은 대체의학이라고 해서, 주류의학으로부터 도외시 당했었다.

하지만 닥터 벤슨은 11권의 책과 175편의 많은 의학논문을 저서 혹은 공저했다.

이완반응치료법은, 치료효과를 측정해낼 (Measurable)수 있고, 예상해낼 (Predictable)낼 수 있고, 그리고 똑같은 효과를 다른 의사들이 재현해낼 (Reproducible)수 있다는 것을 증명해냈다. 그래서 이완반응 치료법은, 대체의학이 아니라, 정식으로 스트레스에 관련된 모든 질환을 치료하는 의학 치료방법임을 입증해냈다. 지금에 와서는 많은 의과대학에서 심신의학을 하나의 전공과목으로 가르치고 있다. 미국의 60% 내지 70%의 의사들이 만성 통증 환자들을 이완반응-명상법으로 치료하고 있다.

닥터 벤슨은 Thorndike Memorial Laboratory (1969--1974), Boston's Beth Israel Hospital (1974-1987)에서 근무했었다. The New England Deaconess Hospital에서 1987년도에 심신(心身)의료센터를 설립했다. 닥터 벤슨은 1992년도에 하버드 의과대학에서 심신의료를 전공하는 정식 교수가 되었다.

하버드 의대에서는, 닥터 벤슨의 공로를 인정해서, 닥터 벤슨의 이름을 따서 벤슨-헨리 의료센터(Benson-Henry Institute: BHI)를 설립했다. 닥터 벤슨은 벤슨-헨리 의료센터의 명예과장인 것이다. 닥터 벤슨은 1961년도에 하버드 의대를 졸업했었으니까 지금쯤은 70이 넘은 고령일 것이다.

닥터 허버트 벤슨 (Herbert Benson)의

이완반응 치료법, 효과 있다! (2)

20분, 하루에 두 번씩

혈압이 내려간다!

닥터 허버트 벤슨은 이완반응-명상을 함으로 해서 혈압이 진짜로 내려가는 가를 알아보기 위해서 실험대상자를 모집했다. 80여명이 지원했다. 이 중에서, 혈압을 내리는 강압제를 계속 복용하고 있는 자, 그리고 강압제를 처음부터 복용하지 않는 자들만을 골라냈다. 실험 도중 강압제의 양을 올리고 내리고 하는 사람, 혹은 20분 명상을 하루에 두 번씩 하지 않는 지원자들도 제거했다. 단지 36명만이 실험대상이 되었다. 이들의 평균 수축성 혈압은 146 밀리미터(146 millimeters of mercury)였다. 5-6 주, 혈압이 137로 내려왔다. 10정도 떨어졌다는 것은 통계적으로 가치가 있는 것이다. 확장성 혈압은 93.5에서 88.9로 떨어졌다. 명상을 하고 있지 않을 때도 혈압은 떨어져 있었다. 명상이 고혈압을 치유하지는 못했지만, 그래도 명상을 하루에 두 번씩 계속 하고 있는 한 혈압은 떨어져 있었다. 명상을 중단하면, 4주 내로 혈압이 다시 그 전의 상태로 올라와 있었다. 그러니까 명상을 매일 계속해야만 한다.

명상을 함으로 해서 이완반응이 생기고, 이완반응이 바로 교감신경을 가라앉혀서 혈압이 내려간 것이라고 닥터 허버트 벤슨은 말했다. 혈압이 올라가면 동맥경화증이 생기는데, 혈압이 낮아지면 그만큼 동맥경화증이 생길 가능성이 줄어들고, 동시에 심장마비나 뇌졸중을 그만큼 예방할 수가 있는 것이다. (닥터 허버트 벤슨 저 "The Mind/Body Effect" 책에서)

불규칙한 심장박동도 좋아진다!

불규칙한 심장박동인 피비시 (PVC, Premature ventricular contraction: 조기심실수축, 일종의 불규칙적인 심장박동)는 심한 스트레스를 오랫동안 받으면서 살다보면 생기는 질환이다. 스트레스를 감소하면 심장박동이 정상으로 되돌아온다. 이처럼 아무런 병리적인 이상 없이 불규칙적인 심장박동이 생기는 경우는 생명에는 지장이 없다. 하지만 만약 심장 근육 내에 흐르는 관상동맥에 경화증이 생겨서, 관상동맥의 혈관이 협소해졌거나 혹은 막혔기에 피비시 (PVC, 불규칙적인 심장박동)가 생겼을 경우에는 생명에 위험이 있다. 이런 경우에는 치료를 받아야 한다.

심장약을 복용했는데도 심장이 불규칙적으로 박동(搏動)하고 있는 피비시 (PVC) 환자 11명을 골라서 이완반응 치료를 했다. 이완반응 치료를 하기 위해서 우선 심장약을 끊도록 했다. 닥터 허버트 벤슨 그룹은 11명에게 홀터 모니터(Holter-monitoring)를 48시간 동안 가슴에 달고 다니게끔 했다. 11명의 심장박동을 기록했다.

그리고 난 후, 11명의 환자에게 이완반응-명상을 하는 방법을 5분 동안 가르쳤다. 11명의 환자에게 10분 내지 20분 이완반응-명상을, 오전 오후, 하루에 두 번씩 하라고 지시했다. 환자들은 의사의 지시를 받고서 명상을 했다.

한 달 후에 다시 11명의 환자에게 홀터 모니터를 48시간 동안 또 가슴에 달고 다니게 했다. 그리고 심장박동을 한 달 전 것하고 비교해보았다. 4주간의 명상을 하고 난 후, 심장박동을 서로 비교해본 결과, 나중 것이 불규칙적인 심장박동의 횟수가 많이 줄어들었다. 이 후, 오번 산 병원(Mr. Auburn Hospital in Cambridge, Massachusetts)에서도 이완반응치료법으로서 불규칙적인 심장박동환자 7명을 치료한 결과 좋은 성과를 냈다고 보고했다. (The Mind/Body Effect에서)

불안증상도 좋아진다!

이완반응은 또한 불안질환에도 효과가 있다고 닥터 벤슨은 말했다. 120명의 불안질환 환자를 4주 동안 인터뷰하면서 조사했다. 120명을 세 그룹으로 나누었다. 한 그룹은 이완반응-명상을 하루에 두 번씩 하도록 했다. 두 번째 그룹은 이완반응-명상을 하지 않고, 그냥 조용하게 앉아만 있도록 했다. 세 번째 그룹은 대조그룹(Control group)으로서 평소 때 하는 행동 그대로 하게끔 했다. 이완반응-명상을 하루에 두 번씩 하는 첫 번째 그룹은 혈압도 낮아졌고, 자주 앓았었던 병이 양호해져서 적게 앓게 되었고, 직장에서의 근무성적도 더 좋아졌다. 두통, 피부발진, 구토, 설사, 걱정근심이 많이 줄어들었다. 연필을 입으로 물고 그리고 손톱을 이빨로 뜯어먹는 불안한 행동도 많이 줄어들었다. 잠도 더 잘 자게 되었고, 그리고 입아픔 (Mouth sores)도 많이 줄어들었다고 닥터 벤슨은 보고했다. (The Mind/Body Effect 책에서)

창의력도 좋아진다!

닥터 허버트 벤슨은, 하루에 두 번씩 이완반응-명상을 함으로 해서 정신이 맑아지고 그리고 창의력이 증진되었다고 보고했다. 글을 쓰는 어느 여인은, 가톨릭 신자인데, 이완반응 명상을 할 때, "성령이여 오소서" "성령이여 오소서"라는 초점단어를 들고서 명상을 함으로 해서 신으로부터 영감을 받고 그리고 신으로부터 직접 아이디어를 얻고 있다고 했다. 미국은 주로 기독교 국가이다. 그래서 닥터 허버트 벤슨은 불교인 환자를 한 명도 치료한 적이 없었든 것 같다.

만약 불교신자일 것 같으면 "성령이오 오소서"라는 초점단어 대신 "관세음보살" "관세음보살" 혹은 "석가모니불" "석가모니불" 하고 조용히 매일 명상하면 창의력이 향상되게끔 되어 있는 것이다. 나는 조주 스님의 무자 화두를 들고 있으면서 왜 조주가 개한테는 불성이 없다고 했지 하면서 '없다' '없다' 화두를 들고 명상을 하다보면 어떤 때는 뜬금없이, 갑작스럽게 좋은 생각들이 떠올라올 때가 있다. 그러면 그 좋은 생각들은 얼른 종이에 적어놓는다. 그리고 글로 쓴다.

내가 명상하는 세 가지 이유

내가 이완반응-명상을 하는데 세 가지 이유가 있다. 미국에서 이방인으로서 오래 살다보면 많은 고통을 당하게 된다. 고통을 당하다 보면 화도 나고, 화가 오랫동안 나면 나중에는 화병(火病, 울화병)으로 변한다. 어떤 때는 우울증에 빠지기도 한다. 서투른 영어 때문에 직장에서 버림이나 받지 않나 하는 불안감도 생긴다. 이런 불안감이 모이고 모이면 어떤 때는, 밤에 잠도 제대로 자지를 못해 악몽과 불면증에 시달리기도 한다. 그래서 이완반응-명상을 하는 첫째 이유는, 이런 불안증상과 고혈압을 치료하기 위해서인 것이다. 1970년도에 오법안 스님, 숭산 스님, 그리고 박성배 교수로부터 불교와 참선을 배웠다. 둘째 이유는, 도를 깨치기 위해서 매일 명상을 하는 것이다. 셋째 이유는, 이완반응-명상을 하면 창의력(Creativity)이 는다고 했다. 나는 글을 쓰기 때문에 창의력이 필요하다. 창의력을 늘리기 위해서 나는 또한 자발적으로 매일 명상하고 있다.

월호 (쌍계사 승가대학 교수) 스님은, <당신이 주인공입니다>라는 책에서, "가부좌하고 화두를 잡고 있는 이 순간이야말로 최상의 순간이다. 극락에 간다고 한들 이보다 더 즐거울 수 있으랴? 하는 마음가짐으로 즐겁게 수행해야 부작용 없이 오래도록 참선을 즐길 수 있다"라고 말했다. 옳은 말이다. 이왕 할 바에야 즐거운 마음으로 하는 것이 좋다.

70%의 질환이 스트레스하고 관련되어 있다

환자들이 아파서, 병(病)이 있기에 의사한테 찾아가는데, 이 중에서 70% (주로 60% 내지 90%)은 스트레스에 기인한 질환이라고 닥터 허버트 벤슨은 말했다. 스트레스에 기인한 질환일 것 같으면 본인 스스로가 자가(自家) 치료를 해서 스트레스를 해소시켜 줄 수가 있는 것이다.

닥터 벤슨은, 1975년도 통계에 의하면 미국에서 대략 6천명 내지 1만2천명 정도가 약의 부작용 때문에 죽었다는 닥터 넬슨 아이리(Nelson S. Irey)의 보고를 인용하면서, 약물치료를 피할 수 있으면 피하는 게 좋겠다고 말했다. (의사가 처방을 해주면 약을 먹음으로 해서 어떤 증상이 좋아질 수 있는가, 그리고 약의 부작용에 대해서 꼭 물어보아야 한다). 가령 고혈압의 환자인 경우, 혈압이 가히 높지 않는 경우, 가령 수축성 혈압이 140 근방인 경우에는, 혈압을 내려주는 강압제를 복용하는 것보다는 이완반응-명상을 함으로 해서 혈압을 낮추는 것이 좋다고 했다. 혈압이 아주 높은 경우 (수축성 혈압 160 이상)에는 강압제 약물을 복용해야 하지만, 그래도 이완반응-명상을 함으로 해서 서서히 강압제의 양을 줄여 나갈 수가 있다고 말했다.

약물치료가 절대적으로 필요할 때가 있다는 사실도 꼭 알고 있어야만 한다.

울혈성심장마비 (Congestive heart failure: 심장근육이 약해서, 충분한 피를 박동해 내지 못해 폐에 물이 고이고 그리고 온 몸의 정맥이 부어있는 상태)는 디지타리스(Digitalis)라는 약물을 꼭 복용해야만 한다. 폐렴이나 폐결핵 같은 전염병에는 항생제 복용이 꼭 필요하다. 맹장염과 같은 질환은 외과적인 수술로서 치료를 받아야만 한다. 이런 식으로 10% 내지 20%의 질환은 진짜 현대의학의 치료가 필요하다.

하지만, 60% 내지 90%의 질환은 이완반응, 위약효과(Placebo effect), 규칙적인 운동, 스트레스 관리법 그리고 건강 식이요법으로 자가 치료할 수가 있는 것이다. 몸에 병이 생기면, 먼저 의사로부터 진찰과 치료를 받는다. 의사의 지시아래, 의사가 처방해준 약을 복용하면서, 동시에 이완반응-명상을 이용해서 자가 치료를 하면 병 증세가 더 많이 양호해진다. 또한 치료비도 많이 절약할 수가 있어서 좋다.

다음 질환은 이완반응-명상을 하면 좋아진다!

• 협심증, • 불규칙한 심장박동(Cardiac arrhythmias) • 알레르기 성 피부질환 • 경하고 심하지 않는 우울 질환 • 천식 • 안면 헤르페스 (Herpes simplex, cold sores) • 기침 • 변비 • 당뇨 • 십이지장 궤양 • 현기증 • 피곤증 • 고혈압 • 불임증 (Infertility) • 임신 구토증 • 월경 전 증후군 (Premenstrual symptom) • 불면증 • 편두통 및 그 외 통증 • 불규칙적인 심장박동 • 신경통 • 여러 종류의 통증, 두통, 허리 등 아픔, 복통, 근육통, 관절 아픔, 수술 후 아픔. 그리고 목, 팔, 다리 아픔, 등 • 수술 후에 부음에서 오는 아픔 (Postoperative swelling) • 류마토이드 관절염 (Rheumatoid arthritis) • 암이 생겼을 경우 생기는 여러 나쁜 부작용 (Side effects of cancer) • 에이wm 질환에서 생긴 여러 좋지 않는 부작용 (side effects of AIDS), ("the Relaxation Response" 책에서)

위의 질환이나 증상들은 대개의 경우, 교감신경(Sympathetic nervous system)이 활발해짐으로 해서 생겨난 것이다. 이완반응은 교감신경의 활동을 잠재워주는 것이다. 현대의학에서 제일 많이 사용하는 약품으로서 인대랄(Inderal), 콜가드(Corgard), 로프렛서(Lopressor) 등이 다들 교감신경의 활동을 진정시켜주고 있는 약품들이다. 이완반응은 부작용도 없이 교감신경을 진정시켜주고 사람의 마음을 안정시켜줌과 동시에 마음을 편안케 해주고 있는 것이다.

오해를 피하기 위해서 다시 말하는데, 위의 여러 질환은 이완반응치료법으로 증상을 어느 정도 양호하게 할 수 있고 그리고 치유할 수도 있지만, 그래도 꼭 의사로부터, 적절한 약물치료를 받으면서, 동시에 의사의 지시에 따라서 자가(自家) 이완반응-명상치료를 해야 하는 것이다. 다음에는 닥터 허버트 벤슨의 "명상법"에 대해 이야기를 해보겠다.

앉아서 하는 명상법

1. 조용한 장소에서 편안한 자세로 앉아서 명상한다.
2. 초점 단어(Focus word)에 정신을 집중한다.
3. 초점단어에 정신 집중하기 위해서, 명상할 때 눈을 살며시 감는다

4. 몸을 느슨하게 푼다. 발, 종아리, 허벅지, 배, 어깨, 목, 그리고 머리, 등 몸의 모든 근육을 이완시킨다. 가령 목이나 어깨가 긴장되어 있다는 것을 느끼면, 스트레칭을 해서, 목이나 어깨에 힘을 주어서, 근육을 더 긴장시키고 난 후 풀어준다. 혹은 마음속으로 근육아 이완하라 하고 말을 해줌으로 해서 몸을 이완시키기도 한다. 혹은 4초 동안 숨을 길게 깊게 배속으로 들어 쉰 후, 4초 정도 호흡을 멈추고 난 후, 서서히, 8초 동안, 폐 안의 모든 공기를 다 내쉬어 낸다. 이런 식으로 심호흡을 두 세 번쯤 하고 나면 온 몸이 이완된다. 혹은 가만히 앉아서 명상하고 있으면 또한 온 몸이 저절로 이완된다.
5. 숨을 자연스럽게 쉰다. 숨에 맞추어 초점단어를 반복적으로 읊조린다. 가령 숨이 나갈 때, "사랑"하고 말한다. 혹은 사랑이란 단어를 둘로 나누어서, '사'하면서 숨을 배속으로 들어쉬고, 그리고 '랑'하면서 숨을 밖으로 내쉰다. 하여튼 숨이 들어오고 나감에 따라 초점단어를 마음속으로 읊조린다.
6. 항상 수동적(Passive)인 마음가짐을 갖는다. 얼마나 명상을 잘 하고 있느냐에 신경을 쓸 필요는 없다. 여러 생각들이 떠오르면, 잡생각을 하고 있다는 것을 아는 순간 즉시 다시 초점단어로 되돌아온다.
7. 명상을 10분 내지 20분씩 한다.
8. 20분간의 명상이 끝나면 즉시 일어서지 말고, 몇 분간 더 앉아 있다가 서서히 일어난다.
9. 오전 오후, 하루에 두 번씩 명상을 한다. 명상하기에 좋은 시

간은 아침 먹기 전 그리고 저녁 식사 전이다.

운동하고 있을 때의 이완반응-명상법

에드워드 스탄리 (Edward Stanley, 15th Earl of Derby)는 말하기를, "시간이 없다면서 운동하지 않는 사람들은 어느 땐가 앓고 있는 시간을 갖게 될 것이다" 라고 말했다. 시간이란 내면 시간이 있는 것이지 시간이 따로 있는 것은 아니다. 일부러 시간을 만들어내서 운동을 규칙적으로 하다보면 나중에 앓는 것을 그만큼 줄일 수 있다는 것이다.

바쁜 세상에, 앉아서 명상하는 것도 쉬운 일은 아니다. 나는 낮에는 걸으면서 명상을 한다. 그리고 저녁이면 앉아서 20분 - 30분간 좌선명상을 한다.

이미 많은 사람들은 다 알고 있겠지만, 육체적인 노동자가 아닌, 주로 책상에 앉아서 온종일 근무하는 세든터리(Sedentary) 사람들은 스트레스를 이겨내는 적응력이 약하고, 우울증에 걸리기 쉽고, 일의 생산성도 낮고 그리고 결근도 많이 하게 된다. 규칙적으로 매일 운동을 하면 스트레스에서 생기는 여러 어려움을 상쇄시킬 수가 있는 것이다.

여기서 운동이란 걷기, 조깅(살짝 달리기), 수영, 스키, 댄스 등등 똑같은 리듬을 반복적으로 해주는 운동을 말한다.

1. 35세 이상이면, 혹은 육체적인 질환이 있는 경우에는 의사에

게 운동해도 괜찮은가 하고 물어본다. 그리고 의사의 지시를 따라 운동한다.

2. 30분 정도 운동을 해도 몸의 상태가 좋아야 한다. 다시 말하면 운동을 하고 있는 도중에 숨이 차거나 혹은 근육에 통증을 느끼면 좋지 않다. 물론 처음 운동을 하는 사람들은 처음에는 서서히 5분 내지 10분 정도 운동을 해서, 일주일 간격으로 혹은 한달 간격으로 운동량과 운동 시간을 서서히 늘려가야 한다.
3. 물론 운동을 시작할 때마다 처음에는 서서히 웜-압(warm-up) 운동을 해준다
4. 앉아서 명상을 할 때는 정신집중을 하기 위해서 눈을 감지만, 운동할 때는 눈을 뜨고 해야만 한다
5.호흡을 의식하고 있어야 한다. 숨이 들어오고 나가는 것에 정신 집중한다.
6. 발의 움직임도 고르고 그리고 호흡도 고정되어 있으면서 편안하게 운동을 할 수 있을 때에 정신집중해서 초점단어를 반복적으로 읊조린다. 초점단어는 발의 움직임에 따라서 한다. 혹은 발을 움직일 때마다 “왼발”, “오른 발” 하면서 “왼발” “오른발”을 초점단어로 선택할 수도 있다. 혹은 그냥 간단하게 한 발, 한 발, 뛸 때마다 "하나" "둘" "하나" "둘" 하고 “하나” “둘”을 초점단어로 가질 수도 있다.
7. 수동적인 마음가짐을 갖는다. 잘 하고 있는가 하고 걱정할 필요는 없다. 만약 다른 여러 가지 생각들이 머리에 떠오르면, “아, 지금 내가 잡생각을 하고 있었구나” 하고, 다시 발의 움

직임에 맞추어서, 초점 단어로 되돌아오면 된다.

8. 운동이 끝나면 잠시 쉬었다가 다시 정상적인 생활로 되돌아간다. 나도 낮에는 매일 걷기 운동을 하고 있다. 걸을 때마다, 발걸음에 맞추어서, (개는) "불성 없다", "왜 없다고 했지?" "없다" 라는 화두를 반복적으로 읊조리면서 걷는다.

수영을 하는 사람은 움직이는 손이나 발에 맞추어서, 자전거를 타는 사람은 자전거 바퀴를 돌리는 발에 맞추어서 초점단어를 읊조리면 된다. 나는 초점단어 대신 화두 ("없다", "왜 없다고 했지", "개는 불성 없다")를 들고서 걷는다. 화두를 들고 걸으면 그게 바로 참선이 되는 것이고 명상이 되는 것이다.

어느 종파든 상관없이, 종교적인 의식으로서 노래를 부르거나 기도를 반복적으로 하고 있을 때도 또한 이완반응이 생긴다. 비종교인들도, 초점단어를 들고 있으면서, 요가를 하거나, 수영을 하거나, 걷고 있거나, 뜨개질(Knitting)을 하거나, 혹은 노를 젓고(Rowing) 있으면, 이때도 또한 이완반응이 생긴다.

초점 단어

◆무종교인: "옴", "사랑", "내 시간", "하나(1)", "평화", "바다", "리렉스" (Relax), "관두다" (Let go), "마음아 가라앉아라"

◆가톨릭: "성모님이시어", "천주의 성모마리아님", "은총이 가득하신 마리아님",

◆유태인: "샤롬"(Shalom, 평화), "Sh'ma Yisrael"

◆기독교: "주님", "하느님", "하나님", 자비를 베푸소서", "성령이여 오소서", "주님, 저희를 구원하소서", "주님, 사랑을 베푸소서", "은총을 내리시는 하느님", "주님은 목자이시다"

◆무슬림: "알라"(Allah, 하느님),

◆힌두교: "옴" (Om)

◆불교: "석가모니 불", "관세음보살", "지장보살", "옴마니 반메 훔"

미국인들이 가장 많이 사용하는 소리가 "옴, 옴, 옴.…"이다. 옴이란 단어는 그냥 소리에 불과하다. 옴이란 단어 안에 어떤 의미가 포함되어있는 것이 아니다. 이런 '소리'가 초점단어로서 좋다고 초월명상가들은 말한다. 닥터 허버트 벤슨은, 자기가 좋아하는 단어나 문구를 초점단어로 사용하는 것이 좋다고 했다. 위에 열거한 단어 중에서 하나를 골라 초점단어로 사용하던가 혹은 당신이 좋아하는 단어나 기도 문구를 초점단어로 사용하라고 했다. 하지만, 강조해서 말하고 싶은 점은 '불행', '고통', '고민', '참혹' 등 부정적인 단어를 초점단어로 사용하지 말라고 닥터 벤슨은 경고했다.

아함경에 보면, 많은 스님들이 백골관을 관했다. 백골관은 인간은 죽으면 백골이 되고, 그리고 인생은 허망하다는 것을 관하는 것이다. 많은 스님들이 백골관을 관하다가 우울증에 빠져서 자살을 했다. 그래서 부처가 스님들에게 백골관을 더 이상 관하지 못하게 하고서, 4념처를 관하게 했다.

앉아서 명상을 할 때는 숨에 맞추어서 초점단어를 든다. 걸으면서 운동을 하고 있을 때는, 호흡이 아니라, 발걸음에 맞추어서 초점단어를 듣다. 발의 오르고 내림에 맞추어서, 초점단어를 드는 것이다. 잡생각을 하고 있다는 사실을 알게 되면 즉시 다시 초점단어로 되돌아온다. 잡생각이 자주 떠오르는 것이 정상이다. 초점단어나 화두에 정신 집중할 수 없다고 해서, 어떤 사람들은 명상 자체를 포기해버리는데, 명상을 포기해서는 안 된다. 어떤 사람은 명상을 해도 효험을 볼 수가 없어서 그만 둬버렸다는 사람도 있다. 명상 하루 이틀 했다고 해서 효험이 즉시 나타나는 것은 아니다. 닥터 벤슨은 4주 내지 6주쯤 지나야 조금씩 효과가 나타나기 시작하고 그리고 적어도 일 년이 지나야 완전한 효험이 나타난다고 말했다.

닥터 허버트 벤슨 (Herbert Benson)의

이완반응 치료법, 효과 있다! (3)

20분, 하루에 두 번씩

7세의 앤디(Andy)는 닥터 허버트 벤슨의 환자다. 선천성 편두통 (Conge⊤ital migraine headache)을 앓고 있었다. 태어난 후, 거의 매일 울면서 자랐다. 부모들은 이 아이가 왜 우는지를 몰랐었다. 아이가 말을 하고 난 후부터 머리가 아프다고 호소했다. 학교성적도 뒤떨어져 있었다. 친구들도 없었다. 편두통은 밝은 곳에서는 머리가 더 아프기 때문에, 앤디는 항상 어두운 방안에서 하루 온 종일을 보내야만 했었다. 앤디는 여러 의사들을 찾아가 치료를 받았다. 여러 종류의 약을 복용했다. 하지만 어떤 약도 편두통을 없애지 못했다. 가족은 가톨릭을 믿고 있었다. 닥터 벤슨은 앤디한테 가톨릭 기도 문장 중에서 초점단어 하나를 골라잡으라고 했다. 그리고 오전 오후, 매일 하루에 두 번씩 10분 내지 20분 명상을 하라고 했다. 동시에, 두통이 생길 것 같은 기분이 들면, 얼른 "짧은 명상"을 일이 분 정도 즉시 하라고 일러주었다. 앤디는 닥터 벤슨이 하라는 대로 했다. 이 삼 주가 지났다. 두통의 기간이 짧아짐과 동시에 다음에 생기는 두통과 두통 사이가 점점 길어지기 시작했다. 몇 주가 지난 후 두통의 심도, 다시 말하면 아픔의 정도가 낮아졌다. 울지 않고 견딜 정도로 두통이 양호해졌다. 두세 달 후에는 두통이 완전히 사라지고 말았다. 학교 성적도 좋아졌고, 친구도 사귀었다. 학교에서 학키(Hockey)팀에 가담해서 학키 운동을 즐겼다. 앤디는 모든 편두통 약물을 끊었다. 가족들은 앤디가 언제 편두통에 앓은 적이 있었느냐는 식으로, 편두통은 과거의 일이 되고 말았다. (<Timeless Healing> 책에서)

왜 명상을 해야하는가 하는 목적이 있어야 한다

몸에 좋으니까 걷기 운동을 하루에 30분씩 하라고 해도 하지 않는 사람이 꽤나 많은 데, 하물며 가만히 앉아서 좌선을 20분씩 두 번 하라고 하면 누가 하려고 하겠는가? 명상을 왜 해야만 하는가 하는 목적의식이 뚜렷해야만 명상을 매일 할 수가 있는 것이다. 위에 말한 앤디는, 첫째 닥터 허버트 벤슨을 굳게 믿고 있었고, 그리고 심한 두통을 없애기 위한 목적의식이 뚜렷하기 때문에 명상을 매일 꾸준하게 했었다.

나는 명상에 대한 뚜렷한 목적의식을 갖고 있다. 그래서 명상을 매일 한다. 전번 호에서 말했었지만, 나의 참선(명상) 목적은 고혈압을 치료하기 위함이고, 도를 깨치기 위함이고 그리고 창의력을 늘리기 위함인 것이다.

나는 일주일에 적어도 두 세 번은 혈압을 잰다. 대부분의 고혈압은 강압제를 복용한다고 해도 혈압이 효과적으로 떨어지지는 않는다. 나도 강압제를 복용하지만, 혈압이 고작 140 내지 160 정도로 밖에 떨어지지 않았다. 헌데 다행히도 명상을 매일 함으로 해서 나의 혈압이 130까지 내려왔다. 나의 혈압이 많이 좋아졌다. 혈압이 좋아진 것을 보니까 명상이 효과가 있구나 하는 것을 알 수가 있었다. 명상 효과가 있고 그리고 효과가 있기에 나는 즐거워하면서 명상을 매일 하고 있는 것이다.

만약 목적의식이 뚜렷하지 못하면, 대개의 경우, 한 두 달 하다가 그만 둬버린다. 여러분들도 왜 명상을 해야 하는가, 명상에 대한 뚜렷한 목적의식을 갖고 있어주기를 바란다. 좌선하는 불교인들은 도를 깨쳐야겠다고 하는 목적의식을 갖고 있다. 그래서 일평생 좌선-명상을 할 가능성이 많다. 하지만, 불교인이 아닌 경우 특별한 목적의식이 없는 경우, 명상을 당분간 하다가 그만 둬버릴 가능성이 아주 많다.

어떤 사람은, 남들이 좋다고 해서, 정말 좋은가 보다 하고 명상을 시작했는데, 해보니까 기대했던 만큼 명상 자체가 좋은 것 같지 않으니까 명상을 중단해버렸다. 병이 낫는다고 해서 명상을 했는데 일주일 동안 해보아도 병이 나아진 것 같지 않으니까 그만 둬버리는 사람도 있다. 어떤 사람은 초점단어를 들고 앉아있으라고 해서 앉아있었는데, 일이 분 이상 초점단어를 붙잡고 있을 수가 없으니까, 다시 말하면 일이 분도 안 되어서 초점단어가 자꾸 없어지니까, 실망한 나머지 명상을 그만 둬버리는 사람도 있다. 오늘은 이에 대해 설명해보겠다.

닥터 허버트 벤슨은, 우리 몸에 병이 생기면, 병을 고치려고 하는, 생리적인 기능이 우리 몸에 선천적으로 틀어박혀(inborn built-in)

있다고 말했다. 이완반응을 일으킴으로 해서, 우리의 병을 스스로 치유하려고 하는, 생체 내에 선천적으로 틀어박혀 있는 생리적인 기능을 최대한으로 활성화시키자는 것이 이완반응의 목적이라고 했다. 동시에, 될 수 있으면, 약물치료에 적게 의존하자는 것이 이완반응-명상의 목적이라고도 말했다.

초보자에게 있어서, 매일 명상을 한다는 것을 결코 쉬운 일은 아니다. 고혈압이 있으니까 명상을 하라고 하면, 어떤 사람은 흥 하고 콧방귀를 낀다. 흥미 없다는 것이다. 내가 알고 있는 어떤 사람은, 혈압이 높다. 의사가 강압제를 처방해주었다. 강압제를 복용하지 않는다. 왜냐고 물었다. 강압제를 복용하면 약의 부작용이 생길까봐 두려워서 먹지 않는다는 것이다. 강압제의 부작용하고 강압제를 복용하지 않는 경우, 고혈압의 부작용하고 어떤 것이 더 무서운 줄 아느냐고 물어보았다. 이 친구는 고혈압은 사람을 "조용하게 죽이는 살인자" (Silent killer)라는 것을 전연 모르고 있었다. 강압제를 복용한다고 해도 혈압이 그리 쉽게 내려가는 것은 아니다. 그래서 매일 명상이 필요한 것이다. 이처럼 약도 복용하기 싫어하는 사람한테 하루에 두 번씩 명상을 하라고 하면 이런 사람이 명상을 할까. 안 할 것이다. 이런 사람들은 나중에 뇌졸중이나 심장마비가 생기고 난 후 후회하게 될 것이다. 내가 알고 있는 어떤 사람은 심한 뇌출혈이 생겨서 의식을 회복하지 못한 채, 삼 사 일 후에 죽어버렸다. 그래서 이 사람은 "왜 내가 강압제를 복용하지 않았었을까", "왜 내가 명상을 하지 않았었을까" 하고 후회도 하지 못한 채 죽어버리고 말았다.

건강하게 오래 오래 살고 싶으면 건강을 잘 관리해야지, 건강을 잘 관리하지 않으면서도 오래 오래 건강하게 살고 싶다고 하는 것은, 마치 책은 한 권도 읽지 않는 사람이 실력과 지식을 많이 갖고 있기를 바라는 것하고 똑같은 이치다.

꼭 필요한 두 가지 요인

전번 호에서 "앉은 명상"하고 "운동 명상"에 대해서 설명했었다. 닥터 허버트 벤슨은, 이완반응을 일으키는 데 있어서, 두 가지 중요한 요건은 '초점 단어' (Focus sound or word) 하고 '수동적인 마음가짐'이라고 말했다. 이 두 가지만 갖고 있으면, 행주좌와 (行住坐臥), 걷고 있던 서서있든 앉아 있든 들어 누워 있든 어디에서든 이완반응을 일으킬 수가 있는 것이다. 명상을 얼마나 잘 하느냐 혹은 못하느냐에 신경을 쓸 필요는 없다. 제일 나쁜 명상은 전연 명상을 하지 않는 것이다. 명상을 매일 한다면 그게 바로 좋은 명상인 것이다. 초점단어에 대해서는 전번 호에서 설명했다. 여기서는 수동적인 마음가짐에 대해서 설명해보겠다.

수동적인 마음 태도(Passive attitude)

수동적인 마음가짐이 가장 중요하다. 우리가 결코 두통이라거나 허리 아픔, 혹은 혈압을 고의적으로 없애거나 내릴 수는 없다. 고의로 혈압을 내리려고 하는 마음이 바로 능동적인 마음가짐인 것이다. 우리가 능동적으로 그리고 고의로 두통을 없애려고 하거나,

혈압을 내리려고 노력하면 노력한 만큼, 병의 증상이 더 악화될 수 있다. 병의 증상이 좋아지지 않을까 하는 걱정불안이 오히려 교감신경을 자극해서 증상을 나쁘게 한다. 그러니까, "병(病)아, 좋아져라" "병아 나아져라" 하는 말을 초점단어로 갖지 말아야 한다. 병이 나아질 것인가에 대한 걱정일랑 하지 말아야 한다.

당신 병이 좋아질 것인가 혹은 좋아지지 않을 것인가는 당신 의사가 걱정해야 할 일이고, 그리고 당신의 병을 치료하는 것은 바로 당신 의사가 해야 할 일이다. 당신이 해야 할 일은 매일 규칙적으로 이완반응-명상만 하면 된다. 명상을 하다보면 병의 증상이 양호해지니까, 양호해질 때까지 계속 명상하면서 기다리고 있으면 된다.

명상을 하다보면 많은 잡생각이 떠오른다. 잡생각을 일부러, 능동적으로 하지 않으려고 용을 쓸 필요는 없다. 잡생각을 한다고 해서 명상 실패라고 생각해서는 안 된다. 생각내용이 좋다 나쁘다 하고 판단을 하지 말아야 한다(Non-judgmental). 이런 생각을 하고 있구나 하고 생각을 하고 있다는 사실만 알고 있으면 된다. 잡생각을 자주 한다고 해서 화를 낼 필요는 없다. 잡생각을 하면 하는가보다 하고 무반응을 보이면 되는 것이다. 명상을 하면서 우리는 잡생각에 대한 수동적인 마음가짐을 가지는 방법을 익히고 배우면 된다. 잡생각을 하고 있다는 사실을 아는 것 이게 바로 마음 깨어있음(Mindfulness)이다. 초점단어로 되돌아오는 것이 바로 명상인 것이다. 명상을 하는 도중, 길가에서 요란스럽게 사이렌소리가 들려온다거나, 혹은 아랫배가 아프다거나 이런 경우, 사이렌소리를 듣고 있다는 사실, 그리고 배가 아프다는 사실을 인정하고 다시 초점단어로 되돌아오면 된다. 설령 20분 명상을 하는 도중, 처음부터 끝까지 잡생각이 떠오른 경우, 수동적으로, 무관심하게, 모든 잡생각을 받아들이고, 그리고 잡생각을 하고 있다는 사실을 아는 즉시 다시 초점단어로 되돌아오고, 또 잡생각이 떠오르면 또 다시 초점단어로 되돌아오고, 이런 식으로 20분 명상이 잡생각으로 가득 찼다고 하더라도 걱정할 필요는 없다. 왜냐하면, 잡생각에 대한 수동적인 마음가짐을 가지고 있는 한, 생리적인 이완반응 현상이 일어나고 있으니까 말이다. 이완반응 현상은 전에도 말했지만, 싸움-혹은-도주 반응하고 정반대 현상인 것이다. 생리적인 이완반응이 일어나고 있는 한, 명상으로서의 효과가 있는 것이다.

닥터 벤슨은, <이완반응을 넘어서> (Beyond the Relaxation Response)라는 책에서, 명상을 아침에 이빨 닦는 식으로 하라고 했다. 아침저녁으로 이빨을 닦는 것은 매일 습관적으로 하는 일상(日常)인 것이다. 이빨을 닦으면서 "내가 이빨을 잘 닦았느냐?", "충치예방을 잘 할 수 있을 만큼 이빨을 잘 닦았느냐?" 하고 따지면서 이빨을 닦는 것이 아니고, 그냥 아무런 생각 없이 이빨을 닦는 식으로, 명상도 이빨 닦는 식처럼 하라고 했다. 명상을 하면서 "내가 명상을 잘했느냐?", 혹은 "내 병이 나아질 수 있을 만큼 충분하게 초점단어를 들고서 명상을 했었느냐?" 하고 따지지 말고 그냥 일상으로서 매일 명상을 하라고 했다.

닥터 벤슨은 '초점단어'하고 '수동적인 마음가짐', 이 두 가지가 이완반응-명상에 있어서 절대적으로 필요한 요건이라고 누차 말했다.

이완반응 치료법을 한다고 해서 당신 몸이 슈퍼맨처럼 건강해질 것이라는 것을 암시해주는 것은 결코 아니다. 이완반응 치료법이 만병을 통치하는 것은 아니다. 사람마다 다 자기네 특유한 유전인자에 의해서 건강이 어느 정도 결정되어 있는 것이다. 이완반응-명상은 당신이 건강할 수 있는 최대한의 건강을 유지할 수 있게끔 도와준다는 것뿐이다.

하지만 이완반응 명상을 계속 하면 병의 증상이 저절로 좋아질 것이라는 긍정적인 생각과 기대는 꼭 갖고 있어야 한다. 요약하면, 닥터 벤슨은, 병을 고치겠다는 욕심 없이 매일 명상을 하면 병이 나아질 것이라고 말했다. 이런 마음이 바로 수동적인 마음가짐인 것이다.

참선도 마찬가지다. 깨치기 위해서 참선을 하지만 깨치겠다는 욕심을 갖고 있는 한 도를 깨칠 수가 없다고 불교 선지식들은 말하고 있다. 도를 깨치겠다는 욕심이 없어진 후에 깨칠 수가 있다는 것이다. 간화선을 확립한 대혜스님은 <서장>에서 다음과 같이 말했다.

"지극한 이치를 궁구함에는 깨침으로써 법칙을 삼음이라. 그러나 첫째로 마음을 두어 깨치기를 기다리지 마십시오. 만일 마음을 두어 깨닫고자 기다리면, 기다리는 바의 마음이 도의 안목(眼目)을 장애하여 급할수록 더욱 더디어집니다. 단지 화두를 잡아가다가 문득 잡아가는 곳을 향해서 생사심 (生死心)이 끊어지면 이것이 곧 집에 돌아가 편안히 앉은 곳입니다"

대혜스님도 수동적인 마음가짐으로 도를 닦아가라고 했다. 깨치고자 하지 말고 단지 화두만 들고 매일 참선만 하다보면 어느 땐가는 깨침을 얻을 날이 있을 것이라고 말했다. 이완반응-명상도 병을 고치려고 하지 말고, 그냥 매일 명상을 하다보면 병의 증세가 서서히 좋아짐을 보게 될 것이라고 닥터 허버트 벤슨은 말했다.

짧은 명상

명상을 10분 내지 20분씩 하루에 두 번씩 매일 하면 좋다. 가끔가다가 불안하거나 초조하거나 혹은 두려움이 생길 때는 짧은 명상을 해도 좋다. 위에서 말한 앤디도 편두통이 일어나려는 기미를 느끼면 얼른 짧은 명상을 해서 두통을 예방하거나 완화시켰다. 여기서 짧은 명상이란, 1분 혹은 삼 사 분 정도 명상을 하는 것이다. 여기서 명상이란, 호흡에 마음을 집중시키고 그리고 초점단어를 집어드는 것이다.

+ 가령 급히 가야하는데 빨강 신호등에 걸렸을 때

+ 치과의사가 주사를 줄려고 할 때

+ 상관이 할 말이 있다면서 오피스로 오라고 할 때,

+ 저녁 모임에 제일 먼저 와서 기다리고 있을 때

+ 당신이 말을 하는데 당신 배우자가 당신의 말에 귀를 기우리고 있지 않을 때

+ 중요한 전화를 막 걸려고 할 때

+ 사람이 꽉 찬 실내를 들어가려고 할 때

+ 줄을 서서 기다리고 있을 때

+ 지불을 해야 할 때

+ 추운 날, 주유소에서 자동차에 휘발유를 넣고 있을 때

나는 치과의사가 주사를 주려고 할 때 괜히 두려움이 생긴다. 이때 얼른 짧은 명상을 한다. 호흡에 정신집중을 하면서 '불성 없다', '불성 없다' 하고 화두를 든다. 그러면 마음이 가라앉는다. 하여튼 불안하고 두려움이 있을 때마다 짧은 명상을 하는 것이 좋다. 또한 화장실에 앉아있을 때도 나는 짧은 명상을 한다.

언제쯤 효과가 나타나는가?

이완반응-명상을 오전 오후 하루에 두 번씩 매일 2주일 정도 하면 효과가 아마 나타날 수도 있다. 하지만, 대개의 경우 4주 내지 6주쯤 지나야 효과가 서서히 나타나기 시작한다. 위에서 말한 앤디는 2-3개월이 지나서야 편두통이 나았다. 완전한 효과가 나타나려면 1년쯤 걸린다고 닥터 허버트 벤슨은 말했다.

어떤 사람은, 명상을 이-삼 주간 했었는데 효과도 없고, 그리고 잡생각만 떠올라서 명상을 그만 중단해버렸다고 했다. 두-세 달 명상을 해도 효과가 나타날까 말까 하는데 2-3주하고 그리고 효과가 나타나기를 바란다는 것은 성격이 급한 편인 것 같다. 조급하게 굴 필요는 없다. 우리가 스트레스에서 오는 병도 서서히 오랜 세월을 두고 얻었으니까 또한 서서히 기다리면서 병을 낫게 해야 하는 것이다. 명상도 적어도 일 년쯤은 해야 한다. 일 년쯤 하다보면 정신상태도 그만큼 맑아지고, 명상의 심도도 그만큼 깊어질 것이다. 이때쯤 되면 명상 자체에서 또한 말로 표현할 수 없는 어떤 미묘한

즐거움을 느낄 수도 있게 된다.

오랜 세월 동안 이완반응-명상을 규칙적으로 하다보면, 닥터 허버트 벤슨은, 앤디처럼, "내가 언제 아픈 적이 있었더냐"는 듯이 병에 대한 기억을 못할 정도로 완쾌돼버린 환자들이 많다고 말했다.

고혈압 환자들은, 혈압기가 가히 비싸지 않으니까 하나쯤 사서 집에서 자주 혈압을 재보는 것이 좋다. 강압제를 계속 복용한 채, 이 삼 개 월 동안 혈압을 매일 재보고 그리고 혈압을 기록해보시라. 혈압이 실제로 좋아지고 있는지를 알아보시라. 2-3개월 후에 만약 혈압이 좋아지고 있다는 사실을 발견하게 되면 저절로 신이 나서 명상을 매일 하고 싶어 할 것이다.

전 번호에서도 말했듯이 명상을 중단하면 4주 내로 혈압이나 불안증상이 다시 그 전의 상태로 되돌아오고 만다. 그러니까 명상을 매일 계속해야만 한다.

시끄러운 곳에서도 명상을 한다

* 꼭 조용한 장소에서만 명상을 하는 것은 아닌 것 같다. 어떤 사람은 지하철에서 혹은 기차 안에서 초점 단어를 들고서 명상을 하기도 한다. 아무리 시끄러워도 앉아서 명상을 할 수가 있는 것이다.

* 가족들이 떠들어대면 조용하게 하라고 어린 자녀들에게 혹은 아내 남편에게 잔소리나 압박을 가하지 않는 게 좋다. 괜히 명상한다고 해서 가정싸움이 벌어지면 온 가족이 스트레스를 받게 되어 결과가 좋지 않다. 시끄러워 명상을 하기가 어려운 경우에는, 가족

들이 일어나기 30분전에 먼저 일어나서 명상을 한다. 오후에는 자녀들이 밖에 있는 시간을 틈내서 명상을 한다.

아픔을 격리시킨다

협심증이나 관절염, 혹은 두통, 등 통증을 갖고 있는 사람이 명상을 할 때면, "내가 아프다"라고 말을 하는 것이 아니다. 대신 "가슴에 아픔이 있구나", "무릎에 아픔이 있구나", "머리에 두통이 있구나" 하고 나를 떠나서 아픔을 나하고 격리시켜서 아픔을 관찰하는 것이다. 불교에서는 어떤 것도 고정불변한 것은 없다고 했으니까, 아픔도 결국은 변하게끔 되어 있는 것이다. 명상을 하다보면 아픔의 강도가 변하는 것을 느끼게 된다. 대개의 경우, 아픔이 가라앉는다. '나'하고 격리시켜 아픔을 관찰하다보면 아픔을 보다 더 쉽게 견디어 낼 수가 있어 좋다.

초월명상하고 수면은 다르다

나도 1970 년 말부터 - 90년대에 초월명상을 배워서 해보았다. 그 당시 점심시간에 시간이 있었으므로 안락의자에 편안하게 들어누워서 눈을 감고 초점단어, 무(無, 없다), 무, 무, 하고 명상을 했었다. 그러면 금방 잠이 들고 만다. 20분 내지 30분쯤 자고 나면 몸이 가벼워지고 그리고 기분이 상쾌해져서 힘이 솟았다. 4년 전까지만 해도 일주일에 3일, 아침 8시부터 밤 9시까지, 하루에 13시간씩 근무를 했었다. 그래서 낮잠이 필요했었다. 낮잠을 자지 않으면 밤 근무를 할 때 너무 피곤해서 환자 앞에서 졸던가 혹은 졸지 않을 경우에는, 환자가 뭐라고 말을 하는지 알아들을 수 없을 정도로 정신이 혼미해지고 말았었다. 낮잠을 자고 나면 하루에 13시간 근무를 거뜬하게 해낼 수가 있었다.

하지만 닥터 허버트 벤슨은 명상하고 수면(睡眠)은 생리적으로 다르다고 분명하게 말했다. 물론 같은 현상도 많다. 명상이나 잠을 자고 있을 때면 신진대사가 저하되어 산소 소비량도 낮아지고, 혈압도 내려가고 심장박동수도 줄어든다. 하지만, 잠을 자고 있을 때는 항문(Rectum) 온도가 내려간다. 반대로, 명상하고 있을 때는 항문의 체온은 내려가지 않고 있다.

수면 때는, 산소 소비량이 서서히 그러면서 점차적으로 4시간 내지 5시간이 지난 후 줄어든다. 그리고 깨어있을 때보다 8% 정도 줄어든다. 하지만 명상할 때는 처음 3분에 산소 소비량이 10% 내지 20%가 줄어든다. 아까도 말했지만, 뇌파에 있어서 명상 때는 주로 알파 뇌파가 많이 나타나는데, 수면 때 나타나는 뇌파는 명상 때 나타나는 뇌파하고 다른 점이 많다. 또 명상 때는 혈중(血中) 유산염 (Lactate)이 현저하게 낮아진다. 유산염은 근육의 신진대사에서 생겨나고, 그리고 특히 불안증상이 심할 때 많이 형성된다. 반면에 명상 때는 불안증상하고 다르게 유산염이 낮아지고 있다. 이런 것을 보면 명상하고 수면은 생리적으로 서로 같지가 않다는 것이다. 명상할 때는 정신이 깨어있어야 하는 것이다. 닥터 벤슨은 명상하고 수면은 생리적으로 다르니까, 명상할 때 잠을 자지 말라고 했다.

닥터 허버트 벤슨 (Herbert Benson)의

이완반응 치료법, 효과 있다! (4)

20분, 하루에 두 번씩

36%의 불임증 여인이 임신을 하다!

불임증이 숫자적으로 결코 적은 편은 아니다. 미국에서 6부부 중에 한 부부가 불임으로서 아이를 갖지 못하고 있다. 임신을 하고 싶은데 임신을 하지 못할 때 여성들은 크게 괴로워하고 있다.

불임증의 원인이 아주 많겠지만, 그 중에서 하나가 정서적으로 심한 스트레스를 받고 있으면 임신이 되지 않을 수도 있다고 했다. 가령 강한 스트레스를 받으면 팔로피안 관 (Fallopian tube)이 경련이 돼서 관이 좁아진다거나 혹은 배란(排卵)도 불규칙하게 일어나고, 호르몬 변화 혹은 남성들의 정자 생성이 저하되어 불임이 될 수도 있는 것이다. 이처럼 스트레스 때문에 생기는 불임증의 경우, 이완반응 명상 치료를 받으면 임신이 될 수도 있다는 것이다.

물론 자궁내막증식증 (Endometriosis), 팔로피안 관 손상 (Tubal scarring), 혹은 팔로피안 관이 완전히 막힌 경우에는 이완반응 치료법으로서 임신이 되지는 않는다. 임신이 되지 않는 이유는 95%

가 주로 육체적인 결함이 있기 때문이다.

하지만 불임이 스트레스를 일으키니까, 불임에서 생기는 스트레스를 완화시켜주는 것은 좋은 일이다. 닥터 허버트 벤슨, 심신의료센터에서 이완반응-명상 프로그램(Program)에 참여한 불임증 여성들의 34%가 6개월 내로 임신을 했다고 했다. (<The Wellness Book> 그리고 <Timeless Healing> 책에서). 또, 닥터 존 콜린스 그리고 닥터 티모시 로우 (Drs John Collins and Timothy Rowe, from McMaster University and the University of British Columbia, 캐나다)도 이완반응 치료 프로그램에 참여한, 원인을 모르는 불임증(Unexplained infertility) 여성의 18%가 6개월 내로 임신을 했다고 발표했다. 이완반응 프로그램에 참여한 모든 불임증 여성들은 거의 모두가 다 정서적으로 더 안정됐다고 했다. 물론 임신을 해야겠다고 하면 오히려 더 불안을 느끼게 되니까, 임신을 해야겠다 하는 마음을 먹지 말고, 그냥 이완반응-명상에 집중해서 마음을 진정시키고 안정시키는 데만 정신을 집중시키라고 했다. 그러면 임신이 될 수도 있다는 것이다.

불임증 여성들은 대개가, "나는 결코 임신을 못 할거야, 왜 나는 임신을 못한단 말이야, 나는 결코 나쁜 사람이 아닌데 왜 임신을 못한단 말이야, 저 나쁜 여인은 임신을 하고 또 하는데 왜 나는 임신을 못한단 말이야, 내가 무어가 잘못되었단 말야" 하고 항상 자동적으로 나쁜 생각만 하게 되는 수가 많다. 그리고 임신을 못했다고 해서 불임자체를 인생 실패로 간주해버리는 경향이 있다. 이런 부정적인 사고방식을 이완반응-명상을 함으로 해서 제거해야만 한다.

불임여성들은 대개가 불안증과 우울증에 빠지기도 하고, 분노를 느끼기도 하고 그리고 항상 피곤을 느낀다. 이완반응 프로그램에 참여한 많은 여성들은 수동적인 마음가짐을 가지고서 임신을 해야겠다는 욕심과 생각을 버려야 한다. 그 대신 이완반응-명상을 함으로 해서 앞으로 무엇을 할 것인가에 대한 새로운 인생목적을 세우고, 그 목적을 달성하기 위해서 삶을 살아가야 한다고 말했다. 사실 포기할 것은 포기하는 것이 좋다. 그러다가 우연히 임신이 된다면 더욱 좋은 일이고!

불임증 여성들은 대개가 자기를 비하하는 자동생각을 갖고 있다. “나는 결코 임신을 못할 것이다.” “나는 죽을 때까지 불임일 것이다”, “나는 임신을 못하는데 저 여자는 아이를 낳고 또 낳는단 말인가?” “도대체 내가 뭐가 잘못되었단 말인가?” 이런 자동적으로 생각하는 자기 비하 생각을 뜯어고쳐야 한다. 그렇다고 해서 마음 놓고 살아, 언젠가는 임신을 할 테니까 하고 임신을 바라서는 안 된다. 임신을 할 수가 없을 경우에는 아이 없이 살 것인가 혹은 다른 아이를 양자로 삼을 것인가 부부가 진지하게 토의해서 미래를 타개해 나가는 게 좋을 것이다.

여기서 한 마디 첨부하고 싶은 점은, 임신하지 못한 여자한테 빨리 아이를 낳으라고 말해주면 불임여성의 마음은 죽으라고 아파한다는 사실을 알고 있어주기 바란다. 그래서 불임여성에게 빨리 아이를 낳으라는 말을 하지 말아야 한다.

불임여성들을 위한 모임이 있다. Resolve, Inc에 전화를 해서 도움을 청하는 게 좋을 것이다.

유산

임신부의 30%가 유산을 하게 된다. 옆에서 보기에는 아무렇지도 않는 것처럼 보이지만 유산을 한 여인은 아이를 잃은 것처럼, 아이가 죽은 것처럼 마음 아파하고 있다는 사실을 알고 있어야 한다. 그러니까 유산을 한 여성에게 "다시 임신하면 되지 않아" 라고 말을 하면서 위로하려고 해서는 안 된다. 이런 말을 하면서 위로를 하면 오히려 유산을 한 여성의 마음을 더 상케하고 있다는 사실을 알아두기 바란다. 유산을 한 여성들도 애도를 해야 한다. 이런 경우 이완반응 명상을 함으로 해서, 우울증이나 죄의식 혹은 불안증상을 없애버리는 것이 좋겠다.

유산을 해서 마음이 우울해지고 상한 여성들은, 해결방법으로서 남 하고 밖에 나가 식당에서 저녁을 먹고 그리고 영화를 보면서 다시 로맨틱한 시간을 갖는다던가, 혹은 산부인과 의사한테 찾아가서 앞으로 어떻게 해야 유산을 예방할 수 있을 것인가에 대한 상담을 받는 것이 좋겠다. 혹은 매일 이완반응 명상을 함으로 해서 기분전환을 하던가, 혹은 "나는 이런 일을 이겨낼 것이다. 이번 유산은 내가 나빴기 때문에 생긴 것이 아니다, 내 탓이 아니다." 하고 스스로는 다짐하는 것이 좋겠다. 혹은 일기장에 자기의 아픔 감정을 글로 써놓는 방법도 있겠다. 혹은 친구나 가족으로부터 위안을 받으면 좋겠다.

명상에 대한 몇 가지 조언

* 초보자는 처음에는 명상을 5분 정도 한다. 명상에 어느 정도 익숙해지면 20분 명상이 5분처럼 짧게 느껴지고 만다.

* 10분이나 20분 명상을 하는데 알람(Alarm) 시계를 사용하지 말고, 눈을 뜨면 볼 수 있게끔 시계를 눈앞에 두는 것이 좋다.

* 어느 친구에게 명상을 한번 시작하면 죽을 때까지 일평생 하라고 했더니, 어떻게 일평생 매일 명상을 할 수가 있겠느냐고 짜증을 부린다. 그래서 내가 웃으면서, 하루에 세끼씩 밥을 매일 일평생 먹을 수 있다면 명상도 일평생 매일 할 수가 있을 것이라고 말해주었다.

* 밥을 먹고 난 후 두 시간 내로 명상을 하지 않는 것이 좋다. 왜냐하면 소화기능이 이완반응을 일으키지 못하게 할 수도 있을 수 있으니까 말이다. 닥터 벤슨은 될 수 있으면 명상을 아침 식사 전 그리고 저녁 식사 전에 하라고 했다.

* 명상이 끝나고 난 후 즉시 일어서지 말고, 몇 분 동안 조용히 앉아 있다가 서서히 일어서는 게 좋다.

* 이완반응이 일어날 때 대부분의 명상가들은 이완된 마음의 평온을 느낀다. 어떤 명상가들은 상쾌함, 즐거움, 신선함, 웰빙(Well-being)을 느끼기도 한다.

* 밤에 잠자기 위해서 침대에서 들어 누어서 초점단어를 들고 명상을 하다보면 잠이 쉽게 든다. 이것은 수면제로서의 명상이지, 이완반응-치료제로서의 명상은 아닌 것이다. 하지만 밤에 잠이 안 오면 침대에 누어서 초점단어를 들고 있으면 잠이 쉽게 올 수도 있다.

* 가려우면, 초점단어에 정신집중하기 위해서, 가려운 데를 긁어주어 가려움증을 없애주는 것이 좋다.

이완반응을 일으키는 것들

명상(초월)만 이완반응을 일으키는 것은 아니다. 요가 및 참선도 이완반응을 일으키고 있다. 이슬람의 수피슴(Sufism), 힌두교와 가톨릭교의 수행자, 그리고 깊게 사색하는 시인들에게도 이완반응이 일어난다고 닥터 벤슨은 말했다. 단전호흡, 위빠사나 명상, 반복된 운동(Repetitive exercise), 반복하는 기도 (Repetitive prayer), 전진적인 근육이완 (Progressive muscle relaxation), 요가 스트레칭(Yoga stretching), 상상(Imagery) 등도 이완반응을 일으킨다. 하지만, 닥터 벤슨은 주로 초월명상을 함으로 해서 이완반응을 일으켜서 스트레스에서 생기는 모든 질환을 치료하고 있다. 이전에도 말했지만 초점단어하고 수동적인 마음가짐만 있으면 다들 이완반응이 일어나고, 이완반응이 일어나면 병의 증상이 좋아지게끔 돼있다.

왜 하루에 두 번씩 20분 명상인가?

1968년도 초월명상가들을 상대로 임상실험을 하기 전에, 닥터 벤슨은 초월명상을 만들어낸 마하리쉬 마해쉬 요기(Maharishi Mahesh Yogi)를 직접 찾아가서 면담을 했었다. 그리고 임상실험을 해도 괜찮다는 허가를 받았었다. 마해쉬 요기는 젊었었을 때 물리학을 공부했었는데, 요가를 했었다. 요가를 하다가 불필요하다고 생각

되는 부분을 다 삭제해버리고 그리고 간단하게 할 수 있는 초월명상을 만들어냈다.

1960년대에 미국에서 초월명상이 한참 유행이 되었었다. 초월명상가들은 스승으로부터 비밀의 말(A secret word or sound or phrase), 다시 말하면 만트라 혹은 초점단어를 비밀로 받는다. 왜 비밀의 말이라고 하는가? 명상을 하는 사람들은 스승으로부터 초첨단어를 하나 받아들고 난 후, 초첨단어가 무엇인가를 다른 사람들에게 결코 말해주지 말라는 지시를 받는다. 초월명상가들은 편안한 자세로 앉아서, 초점단어를 들고서 명상을 한다. 초점단어를 든 이유는 잡생각을 없애기 위해서 이다. 명상가들은 수동적인 마음가짐을 가지고서, 초점단어에만 정신집중을 한다. 그러다가 다른 잡생각이 떠오르면 다시 초점단어로 되돌아오면 된다. 대부분의 요기(Yogi: 요가를 하는 사람)들은 20분씩 하루에 두 번, 아침식사 전 그리고 저녁 식사 전에 명상을 했었다. 그래서 초월명상가들이 하는 대로, 하루에 두 번씩 20분 명상을 하게 함으로 해서 이완반응을 일으켜 스트레스에서 생기는 많은 질환을 치료하고 있는 중이다. (<The Relaxation Response>에서)

잡생각이 떠오르면 다시 초점단어로 되돌아오면 된다고 말했었는데. 이에 대해 한 마디 더 해보겠다. "정진해 오시면서 공부하는데 어려움은 없으셨습니까"라는 어느 기자의 질문에, 원담(덕숭총림, 수덕사 방장) 스님은, "공부하는데 어려움이 많았지. 졸음이 와서 어렵고, 망상이 많이 와서 어렵고, 태타(怠惰: 몸씨 게으름)하고 싶은 생각을 잊느라고 어렵고, 그런 생각이지"라고 답변하셨다. “어려움을 어떻게 풀어내셨는지요?”라는 기자의 질문에, 원담 스님은, “가만뒀어. 그러니까 다 해결되었어.”라고 말씀하셨다. (불교신문: 2003/1/21) 가만두니까 저절로 해결됐다고 원담스님은 말씀하셨다. 다시 말하면 매일 계속해서 이완반응-명상을 하면 많은 잡생각이 저절로 없어지고, 그리고 정신 맑게 초점단어를 들고서 명상을 할 수 있게 된다는 말인 것 같다.

배로 호흡하는 것, 단전호흡

호흡을 의식하는 것이 제일 중요하다. 숨이 들어오고 나가는 것을 느끼고 의식하는 것이 이완반응의 전부라고 해도 과언이 아닐 정도로 호흡이 중요하다. 간화선 명상이든, 위빠사나 명상이든, 묵조선 명상이든, 혹은 초월명상이든, 하여튼 어떤 명상이든 호흡을 의식하는 것이 알파(시작)요 오메가(마지막)이다.

나도 처음 참선을 배웠었을 때 숭산스님이 단전호흡 (Diaphragmatic breathing: 횡격막호흡)을 하라고 했다. 배꼽 밑 2-3센티미터 아래로 숨을 쉬라고 했다. 배꼽 밑에 손을 대고 가만히 앉아있으면 숨이 들어올 때마다 배가 밖으로 나오고, 숨을 내쉴 때마다 배가 안으로 들어가는 것을 느끼게 된다. 배꼽 2-3센티미터 밑으로 호흡을 하라니? 어떻게 2-3센티미터 밑까지 숨을 쉴 수가 있단 말인가? 2-3센티미터라는 생각을 아예 버리고, 나는 숨을 들이쉴 때, 숨이 저 아래 배 밑바닥까지 내려간다는 느낌을 가지면서 숨을 들이 쉰다.

참선을 배우기 전까지는 숨을 쉬고 있다는 사실조차 모르면서 살아왔었는데, 이제는 숨이 들어오고 나가는 것을 느끼면서 숨을 쉬려고 하니까, 처음에는 어찌나 답답했었던지! 심지어 어떤 때는 숨을 어떻게 쉬어야할지 몰라서 망설인 적도 있었다. 닥터 벤슨의 환자는, 숨을 의식해서 쉬라고 하니까, 숨을 어떻게 쉴 줄을 몰라서 안절부절못하다가 그만 숨을 쉬지를 못해 기절해서 쓰러지고 말았다. 숨이란 자연히 쉬게끔 되어 있으니까, 의식을 잃은 후, 자기도 모르는 사이에 숨을 쉬었기에 다시 의식을 회복했었다고 했다. (<The Wellness Book>에서). 아마 당신도, 호흡을 의식해서 숨을 쉴 것 같으면 처음 며칠간은 답답하고 불안감을 느낄 것이다. 하지만, 걱정할 필요는 없다. 며칠 후에는 아무렇지도 않게 되니까 말이다.

단전호흡이 이완반응을 일으킨다

30세 도날드는 Panic attacks (공황증 발작)가 생겨서 심신의료센터에 찾아왔다. 머리는 어지럽고, 심장은 뚱뚱 빨리 뛰고, 온몸에서 땀은 흐르고, 금방 심장 발작을 일으켜서 죽을 것만 같은 극도의 공포증에 사로잡혀있었다. 도날드는 심신의료센터에서 제일 먼저 배로 숨을 쉬는 것부터 배웠다. 불안증상을 느낄 때마다 배로 심호흡을 하면 불안 공포증이 많이 가라앉았다. 이처럼 심호흡을 일 년 동안 하고 나니까 공포불안증의 90%가 가시었다. 지금에 와서는 밖에도 혼자 걸어 다니기도 한다. 요가 스트레칭 운동을 규칙적으로 하고 있다. 공포증상이 많이 가라앉았기에 도날드는 의사의 지시에 따라 심장약의 양을 줄였다. (<The Wellness Book>에서).

과도호흡: Hyperventilation

사람이 걱정근심이 많고, 불안하고, 혹은 화가 나 있으면 자기도 모르는 사이에 숨을 빨리 쉬게 된다. 숨을 빨리 쉬면, 짧은 시간에 많은 산소가 폐 속으로 들어가고, 동시에 많은 이산화탄소(CO2가 밖으로 나오게 된다. 의학적으로 말할 것 같으면 피 안의 이산화탄소는 줄어들고(Hypocapnia) 그리고 호흡성 알카리성증(Respiratory alkalosis)이 생겨난다. 이때 어지럽고, 현기증이 생기고, 실신할 것 같은 기분이 생기고, 가슴이 눌리는 것 같은 답답함을 느끼거나, 가슴에 통증이 생기기도 하고, 혹은 손가락 발가락에 짜릿짜릿한 이상한 감각이 생기고, 심지어는 기절해서 쓰러져버리기도 한다.

당신이 이 말이 사실인지 아닌지를 알고 싶으면 2-3분 동안 숨을 아주 빨리 쉬어보시면 된다. 아까 말한 대로 많은 산소가 폐 속으로 들어오고 그리고 많은 이산화탄소가 밖으로 배설되기 때문에, 현기증이 생기고, 심지어는 Panic(공포)발작이 일어나기도 한다.

이런 증상이 일어나면 어떤 사람들은 조그만 종이 봉지를 코에 대고, 종이봉지 안에 숨을 내쉬고 들이 쉬기도 한다. 하지만 이처럼 종이봉지에 호흡을 할 필요는 없다. 이때 심호흡을 해주면 된다.

심호흡이란, 숨을 4초에 걸쳐서 서서히 배속으로 깊게 들어 쉰다. 숨을 들이 쉰 후 4초 동안 호흡을 멈춘다. 그리고 난 후, 숨을 서서히 8초에 걸쳐서, 숨이 더 이상 나올 수 없을 때까지 숨을 내려 쉰다. 이런 식으로 심호흡을 세 네 번하고 나면 현기증이 사라지고, 그리고 마음이 진정된다. 심호흡을 해준다는 것, 이게 바로 이완반응을 일으키는 것이다.

분노, 공포 혹은 슬픔 같은 감정이 복받쳐 올라왔었을 때, 배로 호흡을 해보시라. 미국 속담에도 화를 내기 전에 깊은 호흡을 열 번 해보라는 말이 있다. 깊은 호흡을 열 번하고 나면 화내는 감정을 어느 정도 억제할 수가 있는 것이다.

어떤 사람은 숨을 밖으로 내쉴 때, 몸속에 들어있는 모든 화난 감정이 숨과 함께 밖으로 나가고 있다는 기분으로 숨을 내쉬기도 한다.

어떤 사람은 밤에 침대에 들어 누어서 호흡을 수면제용으로 이용하기도 한다. 숨이 들어오고 나가는 것에 정신집중을 하다보면 잠을 쉽게 잘 수도 있다.

<참고> 정상적인 호흡

어린 아이(2세-5세) -- 20-30/일분
큰 아이들 ---------- 16-25/일분
성인 -------------- 12-20/일분
심한 노동 혹은 운동 -- 35-45/일분
운동선수 절정 ------- 60-70/일분

적극적인 사고방식이 자기 향상을 가져온다

할 수 있다는 긍정적인 사고방식을 가지고 있는 사람들은 할 수 있다는 사고방식 때문에 무슨 일이든 하려고 한다. 이와 반대로 할 수 없다는 부정적인 사고방식을 갖고 있는 사람들은, 할 수 없다는 부정적인 사고방식 때문에 엔간해서는 아무런 일도 하려고 하지를 않는다. 그렇다면 어떻게 해야 부정적인 사고방식을 긍정적인 사고방식으로 바꿀 수가 있을까

게일(Gail)은 사업가다. 지난 몇 년 동안 어려운 일들을 많이 겪었다. 직장도 잃었다. 이혼도 당했다. 어머니하고 오빠는 자동차 사고로 죽었다. 게일의 사고방식은 비극적이고 부정적이 되고 말았다. 모든 것을 부정적으로 해석하고 부정적으로 사물을 본다. 게일은 이제 와서는 자기는 가치 없는 여인이라고 믿고 있었다. 그래서 직장을 얻는데도 또한 많은 고통을 당해야만 했다. 간신히 직장을 하나 얻으면 이삼 개월도 못 가서 해고당하고 만다. 게일은 직장을 얻자마자 금방 해고당할 것이라는 기대감을 갖고 있다. 그리고 해고당하면 "봐라 내가 뭐라고 했던가" 하고는 해고당하는 것을 오히려 당연하게 여긴다. 그리고 해고당했기에, 더 사고방식이 부정적이 되어간다. 기가 죽었고 그리고 우울해진다. 이제 와서는 친구들도 더 이상 만나고 싶지가 않다. 그래서 친구들을 피한다. 피하다 보니까 점점 더 고립되어 간다. 몸도 이제는 많이 불편해졌다. 몸의 이곳저곳이 아프다. 의사한테 찾아갔지만 의사는 진찰해보고 몸에는 이상이 없다고 말해준다. 게일은 직장도 없고 그리고 이혼을 당했기에 가족도 없다. 혼자서 아파트에서 살면서 시간이 남으니까, 앉아서 하느님께 가끔 기도하다가 점점 더 많은 시간을 기도하게 됐다. 기도하면서 즐거움을 느끼기 시작했다. 하루에

20분씩 혹은 더 긴 시간동안 열심히 기도하고 나면, 자연히 두뇌의 신경세포에 새로운 변화가 생기기 마련이다. 어느 날은 책방에서 이 책 저 책을 구경하다가 자기향상(Self help improvement)에 대한 책을 몇 권 샀다. 집에서 자기향상 책을 읽었고, 성경을 읽으면서 신이 그녀 자신과 함께 하고 있다는 느낌을 갖게 되었다. 매일 기도와 명상을 하면서 그녀의 사고방식은 점점 긍정적으로 변해갔다. 이제는 밖에 나가 친구도 만난다. 그리고 직장도 새로이 얻었다. 이전에 아팠었던 등이나 허리는 이제는 완전히 저절로 나아지고 말았다. 닥터 벤슨은 긍정적인 사고방식을 가꾸기 위해서는 먼저 이완반응을 일으키는 명상을 매일 계속하라고 권한다. 20분 명상을 하고 난 후, 우리의 마음에 희망을 줄 수 있는 어느 문장이나 좋은 글들을 20분 정도 듣고 앉아있으라고 권한다.

다시 강조하지만, 10분내지 20분 이완반응-명상을 하고 난 후, 좋은 문장을, 예를 들면 "나는 오직 하나, 나 혼자뿐이다. 모든 일을 다 할 수는 없어도 그래도 어떤 것들은 내가 해낼 수 있다. 비록 내가 모든 것을 다 할 수는 없다고 하더라도, 그래도 내가 할 수 있는 것들을 나는 거절하지 않는다" (Edward Everett Hale) 혹은 "위를 보라 아래를 보지 말고, 앞을 보라 뒤를 보지 말고, 밖을 보라 안을 보지 말고, 그리고 남을 도와주어라" (Edward Everett Hale), 혹은 "인간이란, 모든 면에 있어서 다 잘 할 수는 없어도, 그래도 어떤 부분에 있어서는 남보다 더 월등하기 마련이다", 혹은 "스스로 행복하다고 생각하지 않고 있는 사람은 행복하지 않다" (Publilius

Syrus), 혹은 “잘 살고, 자주 웃고 그리고 많이 사랑하는 자는 성공한 사람들이다”(Bessie Anderson Stanley), 라는 등의 좋은 문장을 읽고 사색하면서, 이런 좋은 문장을 이완반응-명상이 끝난 후 계속해서 어떻게 하면 우리의 삶을 더 향상시킬 있을까 하고 5분 내지 10분 정도 더 사색하는 것이다. 일-이주가 지나면 우리의 사고방식과 생활태도에서 미묘한 변화를 느끼기 시작할 것이라고 닥터 벤슨은 말했다. 부정적인 사고방식을 긍정적인 사고방식으로 바꾸면 삶도 그만큼 밝아지게끔 되어 있는 법이다. (닥터 허버트 벤슨의 책 <Your Maximum Mind>에서)

나는 신문이나 책을 읽으면서 좋은 문장이 있으면 읽고 또 읽는다. 그러면서 그 문장에 써진 대로 나의 삶을 향상시키려고 노력하고 있다. 근래에 신문에서 읽은 문장 중에서 좋다고 생각되는 문장을 여기에 적어보겠다.

“사람들은 환경을 탓한다. 그러나 나는 환경이란 것을 믿지 않는다. 성공한 사람들은 스스로 일어서서 자신이 원하는 환경을 찾은 사람들이다. 만약 그런 환경을 찾을 수 없다면, 그런 환경을 만든다.” (버나드 쇼, 영국의 소설가, 노벨상 수상)

다음 글은 미국 카네기 맬런 대학교수인 랜디 포시(Randy Pausch)가, 암으로 죽기 전에 쓴 책 <마지막 강의>에서;

* 절대 포기하지 말라. 벽에 부닥치거든 그것이 절실함의 증거임을 잊지 말라

* 삶을 즐겨라. 즐길수록 삶은 내 것이 된다.

* 솔직하라. 그것이 삶에서 꿈을 이루게 한다.

* 가장 좋은 금은 쓰레기통의 밑바닥에 있다. 그러니 애써 찾아라.

* 당신이 뭔가를 망쳤다면 사과하라. 사과는 끝이 아니라 다시 할 수 있는 시작이다.

* 주변 사람들에게 베풀어라. 그만큼 삶이 풍요로워진다.

* 감사하는 마음을 표시하라. 감사할수록 삶은 위대해진다.

* 준비하라. 행운은 준비가 기회를 만날 때 몰려온다.

이완반응-명상을 하고 난 후 좋은 문장이 있으면 5-10분 정도 읽고 또 읽으면서 사색하면 삶이 긍정적으로 변할 것이라고 닥터 벤슨은 말했다.

닥터 허버트 벤슨 (Herbert Benson)의

이완반응 치료법, 효과 있다! (5)

20분, 하루에 두 번씩

미스 바궤로의 유방 종양

엑스레이(X-ray)에, 미스 바궤로의 유방에서 칼슘이 축적되어 있는 덩어리(Calcium deposits)가 발견되었다. 외과의사는 칼슘덩어리가 드물지만 악성 암(Malignant cancer)으로 변질할 수도 있다고 말해주었다. 겁이 덜컥 났다. 바궤로는 수술을 허락했다. 수술을 받고 나니까 유방에 움푹 파인 곳이 생겼다. 보기 흉했다. "여자로서 사업도 해야 하고, 가족도 먹여야 하고, 어려운 시기에, 내 몸이 칼로 잘려졌다니! 이것 어떻게 하면 좋지!" 너무나 불안했다. 밤 3시면 깼다. 다시 잠을 자려고 해도 잠이 오지 않아 아침까지 걱정근심을 했다. 미스 바궤로는 도서관에서 닥터 허버트 벤슨이 쓴 책 <최대한의 마음> (Your maximum Mind>을 읽었다. 뉴욕에서 살면서도 보스턴에 있는 닥터 벤슨한테 찾아갔다. 닥터 벤슨은 미스 바궤로에게 이완반응-명상에 대해서 설명해주었다. 초점단어를 들고서 하루에 두 번씩 20분-명상을 하라고 일러주었다. 미스 바궤로는 가톨릭신자다. 어렸을 때 어머니가 예수께 바궤로를 보호해 달라고 기도했었다. 예수에 대한 강한 믿음을 갖고 있었다. 그래서 미스 바궤로는 "예수여, 저를 도와주시고, 저를 보호해주시고, 저를 낫게 해주십시오"라는 기도문을 초점단어로 삼았다. 미스 바궤로는 명상을 매일 했다. 사람이 심한 긴장에 쌓여있으면 싸움-혹은-도주 반응이 일어난다. 아드레날린이란 스트레스 호르몬이 많이 분비되어 나온다. 혈압은 올라가고 심장박동은 빨라지고 온 몸은 긴장되어 있다. 초점단어를 들고 매일 명상을 함으로해서 이완반응이 일어났다. 온 몸의 긴장은 풀렸다. 그녀의 마음은 평온해졌다. 인생을 살아가는 데 대한 자신감이 생겼다. 이제는 잠도 잘 잘 수가 있게 되었다. 미스 바궤로는, "기분이 좋아지니까 사람을 다른 각도에서 보기 시작했지요. 그리고 내 자신을 더 이상 학대하지 않기로 했답니다." 하고 말했다. 미스 바궤로는 활기에 찬 인생을 다시 살아가고 있는 것이다. (<Timeless Healing>에서)

이완반응-명상은 입증된 치료법이다

미스 바궤로는 이완반응-명상을 함으로 해서 온 몸의 긴장이 풀렸고 마음도 평온해졌으며, 그리고 다시 활기찬 삶을 살아갈 수가 있게 되었다. 미스 바궤로가 낫는 이유는, 플라시보 (Placebo, 위약, 가짜 약) 효과라고 낮추어 말하는 사람도 있다. 하지만, 닥터 벤슨은 미스 바궤로가 낫는 이유는 위약효과로서 나았던 것이 아니고 이완반응-명상 자체가 미스 바궤로의 불안증상을 치유했다고 설명했다. 지속적인 많은 스트레스를 받고 있으면 많은 질병이 생기기 마련이지만, 우리 몸이 긴장이 풀려 느슨하게 이완되어 있으면 스트레스에서 생긴 많은 질병이 치유되고 있는 것이다. 이완반응-명상치료법은 많은 임상실험을 통해서 치료로서 효능이 있다고 이미 입증되었다. 미국의 대부분의 통증클리닉(Pain clinic)에서는 통증을 치료하는 한 방법으로서 이완반응-명상치료법을 사용하고 있는 것이다.

위약효과(Placebo effect)란 무엇인가?

위약(Placebo)효과란 무엇인가? 가령 두통이 있으면 많은 사람들은 아스피린이나 타이레놀 약을 복용한다. 여기서 아스피린이나 타이레놀은 두통을 해소해주는 치료제인 것이다. 이런 약의 성분이 전연 없는 밀가루로 만든, 겉은 진짜 약하고 똑같은 모양으로 생긴 위약 (Sugar pill)을 의사가 환자에게 "이 약을 먹으면 두통이 말끔하게 없어질 것이요" 하고 말을 하면서 환자에게 주었다. 환자는 밀가루 위약을 먹었다. 그랬더니 두통이 없어졌다. 이게 바로 위약효과인 것이다. 진짜 약의 성분이 전연 들어있지 않은 밀가루 위약을 먹었는데도 진짜 약을 먹은 것처럼 두통이 없어지는 경우를 위약효과라고 말하는 것이다.

얼마 전에 <정신과 신문>(08/6월)을 읽어보니까, 엠비엔 (Ambien, 수면제: Zolpidem)을 먹으면 90%의 사람들은 잠을 잘 잔다고 했다. 여기서 위약, 가짜 수면제를 주어도 55% 정도의 사람들은 잠을 잘 잔다고 했다. 여기서 위약 엠비엔을 먹어도 잠을 잘 자는 이유는 의사가 불면증 환자들에게 플라시보 (위약) 엠비엔을 주면서 마치 진짜 약인 양 주었기에 환자들은 위약 엠비엔이 진짜 엠비엔인줄 알고서 복용을 했었기에 55% 정도의 사람들이 잠을 잘 자게 된 것이다.

만약 진짜 엠비엔하고 위약 엠비엔을 환자들이 모르는 사이 먹고 있는 밥그릇에다 몰래 집어넣었다고 가정해보자. 환자들은 밥 속에 진짜든 가짜든 엠비엔이 들어있는 줄을 전연 모른다. 하여튼 맛있게 먹었다. 헌데, 이때 진짜 엠비엔이 들어있는 밥을 먹었던 사람들은 그날 밤 잠을 아주 잘 자게 된다. 헌데 가짜 엠비엔이 들어있는 밥을 먹었던 사람들은 평소 때처럼 불면증 때문에 잠을 제대로 자지 못한다. 왜 그럴까?

플라시보 (위약) 효과를 나타내려면 세 가지 조건이 필요하다. 첫째 조건은 환자가 약을 먹음으로 해서 효과를 볼 것이라는 믿음과 기대(Beliefs and expectations), 둘째 조건은 의사나 치료자가 환자가 이 약을 먹으면 효과를 볼 것이라는 신념과 기대, 그리고 셋째 조건은 치료자하고 환자하고의 상호관계에서 이 약물이 효과가 있을 것이라는 상호간의 신념이 있어야만 하는 것이다. 만약 의사가 위약을 주면서 먹어보라고 할 때, 환자가 의사를 믿고 있고 의사가 주는 약이니까 효과가 있을 것이라는 기대와 믿음이 있다면, 위약이라도 약으로서 엠비엔 수면제처럼 55%의 경우 효과가 나타나는 것이다. 이게 바로 위약효과인 것이다. 헌데, 환자가 모르는 사이 위약 수면제를 환자의 밥 속에다 집어넣어놓으면 위약으로서의 효과가 전연 나타나지 않는다. 왜냐면 먹으면 낫는다 하는 기대와 신념이 없기 때문이다. 닥터 벤슨은 위약이라도 만약 환자에게 도움이 된다면 위약도 좋다고 말했다.

말이 좀 빗나가지만 내가 어렸었을 때 여수순천 반란 사건 그리고 6.25 (1948-1953)가 터졌다. 이때 많은 사람들이 경찰이나 헌병에게 붙들려가서 심하게 두들겨 맞았었다. 골병이 들었던 사람들이 꽤나 있었다. 그 당시 똥을 먹으면 골병에 효과가 있다는 말을 듣고서 많은 사람들이 똥을 먹고 자가치료를 했었다. 낫는다 하는 신념이 있으면 똥을 먹어도 낫는다. 이게 바로 플라시보(가짜약) 효과인 것이다.

똥 속에 많이 들어있는 대장균(E. coli)은 실은 무해(無害)하다. 똥을 먹었다고 해서 복통이나 식중독이 생기지는 않는다. 헌데 1980년대에 대장균 가운에 병을 일으키는 병원성 대장균, 0-157균이 생겨났다. 무해하고 온순한 대장균 가운데 극히 일부이지만, 왜 포악스러운 0-157균이 생겨났는지 그 원인은 아직 모르고 있다. 그러니까 0-157균이 섞여있는 똥을 먹으면 죽을 수도 있다는 사실을 알아두기 바란다.

중앙일보(07-5-17)에 실린, <아침에 누는 첫 오줌---묘약이네>란 글에, 어떤 사람은 협심증을 치료하기 위해서 아침마다 자기 오줌의 일부를 매일 마시는 사람이 있다. 건강에 좋다고 해서 말이다. 이처럼 신념이 있으면 위약효과(Placebo)가 나타나는 것이다. 요사이는 아주 좋은 약들이 많이 나와 있으니까 똥이나 오줌을 치료제로서 사용할 생각일랑은 아예 처음부터 안 해주기 바란다.

진짜 약하고 위약의 구별?

가령 100명의 두통환자에게 진짜 아스피린을 주고, 그리고 다른 100명의 두통환자에게 가짜 아스피린을 줄 경우, 진짜 아스피린을 복용한 환자들의 70% 이상은 두통이 없어진다. (진짜 약이라고 해서 100%로 모든 사람이 다 두통이 없어지는 것은 아니니다). 그리고 가짜 아스피린을 먹은 사람들은 대개의 경우 30%정도만 두통이 없어진다. 이처럼 아스피린은 두통이 없어질 것이라는 것을 측량(Measurable)할 수가 있고, 누가 먹어도 효과를 볼 것이라고 예측(Predictable)할 수가 있고, 그리고 누구든지 똑같은 양의 아스피린 효과를 재현(Reproducible)해낼 수가 있는 것이다. 프라시보 아스피린은, 두통이 없어질 것이라는 것을 측량할 수가 없고, 누가 먹어도 두통이 없어질 것이라고 예측할 수가 없고, 그리고 다른 사람들이 프라시보의 효과를 재현해 낼 수가 없는 것이다.

여기서 가짜 아스피린을 먹었는데도 30% 사람들의 두통이 없어지는 이유는, 가짜 아스피린을 먹을 때 진짜 약인 줄로 알고서 먹었기에 이런 위약효과(Placebo)가 나타난 것이다. 진짜 아스피린은 약인 줄 모르고 먹어도 두통이 없어지는 것이다. 이게 위약(가짜 약)하고 진짜 약하고의 차이점인 것이다.

닥터 찬드라 파텔(Chandra Patel)은 35-64세 된 남녀 192명을 두 그룹으로 나누어서, 한 그룹에게는 이완반응-명상을 받도록 했다. 그리고 다른 그룹에게는, 그냥 말로만 이완반응-명상법에 대해 설명해주었다. 4년 동안 이완반응-명상을 해온 그룹은 혈압도 낮아졌고, 그리고 심장질환 발병률이 현저하게 낮아졌다. (<The Wellness

Book>책에서)

이처럼 이완반응-명상 치료법은, 여러 의사들이 수많은 임상실험을 통해서 치료법으로서 효과가 있다고 증명했었다. 이완반응-명상법은 치료법으로서의 효과를 측정할 수가 있고, 예측할 수가 있고, 그리고 다른 치료자에 의해서 똑같은 효과를 재현해낼 수가 있었기에, 이미 치료법으로서 인정을 받았었던 것이다. 결코 위약효과가 아닌 것이다.

닥터 벤슨은 같은 약이라도 좋은 약이라고 생각하고 먹으면 효과가 더 많이 생기니까, 긍정적인 사고방식을 가지라고 했다. 이완반응-명상치료법도 이미 입증되었지만, 좋다고 생각하고 이완반응-명상을 하면 더 효과가 나타난다는 말이다.

고혈압

90%-95%의 경우 고혈압이 왜 생기는가에 대한 원인을 모르고 있다. 원인을 모르기 때문에 또한 치료하기가 어렵다.

하지만 고혈압을 일으키는 요인으로서 살이 찐 비만, 소금기가 많은 짠 음식, 동물성 기름기가 많은 동물성 음식, 유전인자, 당뇨병, 담배, 술(한두 잔 이상의 술), 운동하지 않는 삶, 스트레스 등 여러 요인이 합쳐져서 고혈압을 일으키고 있다고 알려져 있다. 술은 맥주 한 두 깡통, 두 잔 이하의 포도주, 그리고 위스키 같은 술은 한 잔(1 Shot)이면 괜찮지만 더 이상 마시면 몸에 이롭지가 않다. 나이가 많아지면 많아질수록 혈압도 또한 올라갈 확률이 많아진다. 65세 이상 된 사람들의 절반 이상이 고혈압이다. 남자가 여자보다

고혈압에 걸릴 확률이 더 많다. 흑인이 백인보다 더 많이 고혈압에 시달리고 있다.

환경에서 생긴 스트레스가 고혈압을 일으키고 있다. 도시에서 사는 사람들은 매일 자기도 모르는 사이에 많은 스트레스를 받으면서 살고 있다. 한 연구에 의하면 푸엘토 리코(Puerto Rico)의 시골에 사는 사람들을 조사해보았더니 고혈압이 전연 없었다. 푸엘토 리코의 도시에 사는 사람들은 18%가 고혈압을 갖고 있었다. 도시 생활 자체가 스트레스인 것이라고 닥터 허버트 벤슨을 말하고 있다. (<The Relaxation Response> 책에서)

스트레스를 받으면 두뇌 안에 있는 시상하부(Hypothalamus)가 혈압을 높이는, 아드레날린 (Adrenaline)과 노르아드레날린 (Noradrenaline) 호르몬을 분비시킨다. 이런 호르몬은 심장을 더 빨리 뛰게 하고 숨도 더 빨리 쉬게 하고 혈압을 높이고 온 몸의 근육을 긴장시키며 근육에 더 많은 피를 보내서, 근육의 신진대사를 빨라지게 한다. 스트레스를 받으면 또한 코티손(Cortisone)을 분비시킨다. 코티손도 또한 혈당, 콜레스테롤, 혈압을 높인다. 그리고 피를 빨리 응고케 한다. 코티손은 아드레날린 같은 호르몬의 약물효과를 증가시켜서 혈압을 더 높게 한다.

스트레스를 받을 때마다 혈압은 잠시간 올라간다. 스트레스를 만성적으로 오랫동안 받게 되면 고혈압이 되는 것이다. 스트레스를 받으면 어떤 때는 화도 나고, 화가 나더라도 기분 나쁘다고 소리를 지르지도 못한 상태가 계속 되면 화병으로 변하고, 화병이 또한 오래가면 혈압이 올라가고, 심장은 가끔 불규칙적으로 박동(搏

動)한다. 소위 피비시(PVC: Premature ventricular contraction)가 생기는 것이다. 고혈압은 동맥경화증을 발생시키고, 동맥경화증이 생기면 협심증, 심장발작, 뇌졸중과 같은 많은 위험한 질환들이 뒤따라 생겨나기 마련이다.

혈압의 분류(mm/Hg)

- 정상: 120/80 mm
- 고혈압 전단계: 120/80 -- 139/89
- 1단계 고혈압: 140/90 -- 159/99
- 2단계 고혈압: 160 +/100+

고혈압은 조용한 살인자

미국에서 매년 2백만 명이 죽어가는 데, 이 중에서 절반인 50%가 그러니까 1백만 명이 고혈압하고 관련된 질환에 의해 죽어가고 있는 것이다. 고혈압은 현재 미국 성인 중에서 거의 33%가 고혈압을 앓고 있는데도 고혈압은 서서히 우리 몸에서 생겨나기 때문에, 많은 사람들은 자기네나 고혈압을 앓고 있다는 사실조차 모르는 체 살고 있는 것이다. 그래서 고혈압을 "사람을 조용하게 죽여버리는 살인자"(Silent killer), '침묵의 살인자' 혹은 '시한폭탄'이라고 부른다. 죽어가면서도 죽어가는 줄도 모르면서 죽어가고, 그리고 시한폭탄처럼 뇌졸중, 심장마비가 언제 어느 때 생길지 모르면서 살아가고 있기 때문이다. 고혈압은 동맥경화증 (혈관 구멍이 좁아졌고, 혈관 벽이 단단해졌고, 굳어졌고, 그리고 유연성이 적어진 상태)을 일으키고, 동맥경화증이 생기면 심장이나 뇌에 상처를 일으키기 쉽다. 동맥경화증에 걸린 핏줄은 터지기가 쉽다. 그래서 심장마비나 뇌출혈을 일으켜서 사람을 즉사시키기도 하고, 혹은 신부전증(Kidney failure)을 일으켜서 서서히 죽게끔 한다. (<The Relaxation Response>책에서). 신부전증은 몸의 찌꺼기를 제거하지 못하기 때문에, 투석(Dialysis)을 받으면서 살아야만 한다. 투석을 받으면 삶이 아주 불편해지고 만다.

고혈압 치료

2003년 전까지는 혈압이 140/80mm Hg 이하일 경우는 정상으로 취급했었다. 2003년부터 120/80mm Hg 이하만을 정상으로 취급하고 있다. 혈압이 120 내지 140인 경우, 닥터 벤슨은, 강압제를 복용하지 않고 이완반응-명상치료법만으로서 치료하라고 권하고 있다.

매일 규칙적으로 운동하고 소금이 적게 들어있는 싱거운 음식을 먹으면 혈압을 어느 정도 내릴 수가 있다. 짠 음식하고 동물성 기름 음식을 피하는 것이 좋다. 뚱뚱하면 살을 빼야 한다. 물론 담배하고 술을 끊어야 한다. 담배는 혈관을 수축시킨다. 혈관이 수축되어 좁아지면 혈압이 올라가게끔 되어 있는 것이다. 담배는 건강에 백해무익(百害無益)이다. 요사이는 담배를 피우면 직장에서 거지 취급을 당할 정도다. 담배를 빨리 끊는 게 현명하다.

우리 몸은 선천적으로 우리의 혈압을 내리게 하고 치유하는 잠재력을 갖고 있는 것이다. 이완반응이 바로 우리의 혈압을 내려주고 있는 것이다. 20분 명상, 오전 오후 하루에 두 번씩 이완반응-명상을 하고 운동을 매일 규칙적으로 하면 혈압을 어느 정도 내릴 수가 있다. 닥터 허버트 벤슨 그룹이 연구한 바에 의하면 고혈압 클리닉에 찾아오는 80%의 환자들은 위의 방법으로 혈압을 낮추고 있다.

혈압이 높고 그리고 혈중 콜레스테롤이 높으면 혈관 내벽에 반점이 생겨서 혈관을 좁게 만들고 그리고 혈관의 탄력성을 줄이고, 혈관을 단단하게 해서 동맥 경화증을 만들어낸다. 반면에 이완반응 명상을 13개월 한 후 혈중 콜레스테롤을 책정해보니까 콜레스테롤의 양이 대략 29mg/dl 정도, 대략 254에서 225로 줄어들었다고 보고된바가 있다. (Dr. Michael Cooper of the Kaiser_Permanente Medical Center in Oakland, California). 물론 혈중(血中) 콜레스테롤이 높은 경우에는 운동도 하고 식물성 음식을 주로 하며 리피토 같은 약물을 복용해서 혈중 콜레스테롤을 낮게 해주어야만 한다.

혈압이 140이상이면 혈압을 낮추기 위해서, 내과의사로부터 강압제를 처방 받아 복용하면서 동시에 매일 운동을 하고 그리고 이완반응-명상을 하라고 닥터 벤슨은 말했다.

강압제를 복용한다고 해서 혈압이 기분 좋게 내려오는 것은 아니다. 대략 30% - 40%의 환자는 한 종류의 고혈압 약만으로 효과를 보지만, 나머지 60% - 70%는 두 종류 이상의 강압제를 복용하고 있다. 강압제를 복용한다고 해서 모든 혈압이 다 기분 좋게 내려오는 것은 아니다. 그래서 운동이 필요하고 이완반응-명상치료법이 필요한 것이다. 강합제는 일평생 동안 먹어야만 한다. 이완반응-명상을 해서 혈압이 내려오면 의사하고 상의해서 약의 양을 줄일 수 있다.

스트레스를 많이 받고 살아가는, 특히 큰 도시에서 사는 사람들은 커피 브레이크(Coffee break) 대신 5분 내지 10분 정도 시간이 있을 때마다 직장에서, 이완반응 브레이크(Relaxation response break)를 갖는 것이 더 나을 것이라고 닥터 허버트 벤슨은 말했다.

고혈압 예방법

혈압을 예방하는 방법으로 위에서 말한 담배, 술, 짠 음식, 동물성 음식을 피하고 동시에 매일 운동과 명상을 하면 고혈압을 예방할 수가 있다. 물론 살이 찐 사람들은 어떻게 해서든 살을 빼려고 노력해야 한다. 한번 고혈압이 생기면 일평생 치료를 받아야만 한다.

혈압을 자주 재보는 게 좋다

식물성 음식에는 콜레스테롤이 없다. 콜레스테롤은 단지 동물성 음식에만 있다. 채식만 하면 동맥경화증을 예방할 수가 있다. 식물성음식에는 섬유(Fiber)가 많이 포함되어 있다. 섬유는 소화가 되지 않는다. 그냥 창자 속에 머물러 있다가 대변볼 때 부드럽게 빠져 나온다. 그래서 변비가 생기지 않는다.

하지만 고기를 먹지 않고, 식물성 음식만 먹으면서 산다는 게 쉬운 일이 아니다. 나부터도 식당에 가면 고기를 신나게 먹는다. 고기는 섬유가 없다. 섬유가 없기 때문에 고기만 먹으면 변비가 쉽게 생긴다. 늙어지니까, 변비가 생기면, 대변볼 때 고통이 많아진다. 변비가 생기면 대변볼 때 힘을 주고 대변을 보아야만 한다. 대변볼 때 힘을 주다 보면 고혈압인 경우, 동맥경화증이 있는 경우, 뇌혈관의 핏줄이 터져서 뇌출혈이 생길 가능성이 높아진다. 실제로 노인들은 변소 칸에서 대변보다가 죽는 경우가 많다. 변비를 예방하기 위해서 메타뮤실 (Metamusil)을 아침저녁으로 먹었다. 메타뮤실은 주로 섬유다. 그랬더니 변비가 깨끗이 없어지고 말았다. 기분이 좋았다. 하지만 직장에서 근무하다보면 가끔 신경질이 나고 짜증이 날 때가 있었다. 짜증날 때 혈압을 재보면 나의 혈압이 꽤나 높아있다. 왜 혈압이 높아있을까 하고 의아하게 생각하곤 했었다.

나는 밤이면 잠들기 전에 혈압을 가끔 재본다. 잠들기 전의 나의 혈압은 대략 125부터 140정도다. 혈압을 재보니까 혈압이 180이다. 겁이 덜컥 났다. 왜 혈압이 이처럼 심하게 올라갔었을까. 아마 혈압 측정기가 고장이 나서 내 혈압이 올라갔나 하고 다음 날 즉시 다른 새 혈압측정기를 하나 샀다. 그리고 혈압을 다시 재보았다. 여전히 혈압이 180 정도다. 왜 그럴까 하고 여러 궁리를 해보았다. 알고 보니까 메타뮤실이 원인이었다. 메타뮤실을 끊었다. 메티뮤실을 끊은 후, 주로 식물성 음식을 먹어댔다. 그랬더니 혈압이 다시 내려오고 그리고 대변도 좋아졌다. 매타뮤실은 섬유로 되어 있기 때문에 소화도 안 되지만, 또한 창자에서 피로 흡수도 되지 않는다. 강압제하고 메타뮤실을 동시에 복용하면 메타뮤실이 강압제의 흡수를 방해해서, 혈압이 올라간 것이다. 약은 메타뮤실 2시간 전 혹은 2시간 후에 복용해야만 한다. 그래서 메타뮤실을 완전히 끊고 말았다.

내가 여기서 말하고자 하는 점은, 고혈압 환자들은 적어도 일주일에 한 두 번씩은 자기 혈압을 꼭 재보는 것이 좋다. 만약 혈압이 갑작스럽게 올라가 있다면 의사한테 말해서 혈압이 올라간 원인을 찾아내고, 그리고 혈압을 다시 내려놔야 한다.

혈압측정기는 가히 비싸지 않다. 20달러 내지 60달러면 하나 살 수 있다. 요사이는 혈압측정기가 디지털화되어 있기에 측정하기도 아주 쉽다. 혈압은 고정되어 있는 것이 아니다. 그래서 잴 때마다 혈압의 수치가 다르다. 일분 사이에 혈압이 10 내지 20 정도가 올라갔다 내려갔다 한다. 아까 재보면 150이 다시 재보면 135가 된다. 또 재보면 또 혈압수치가 다르게 나타난다. 걱정할 필요는 없다. 3번 내지 5번 정도 재보고, 그리고 그 중간치를 혈압의 수치로 삼는다. 며칠 혈압을 재보면 자기의 혈압이 어느 정도 인가를 대략 짐작해낼 수가 있다. 닥터 벤슨은 이완반응-명상을 적어도 이삼 개월쯤 해야 혈압이 서서히 내려오기 시작하고, 그리고 일 년쯤 해야 완전한 효과를 본다고 말했다.

닥터 허버트 벤슨 (Herbert Benson)의

이완반응 치료법, 효과 있다! (6)

20분, 하루에 두 번씩

우리의 몸과 마음은 서로가 밀접하게 연결되어 있다. 마음이 아프면 몸도 아파지게끔 되어 있다. 이와 반대로 몸이 아프면 마음 또한 아프게끔 되어 있는 것이다. 밤중 캄캄한 들판에서 웅덩이에 고인 물을 맛있게 마셨는데, 다음날 아침에 웅덩이에 해골이 들어 있는 것을 보고서 토했다는 원효 이야기는 아주 잘 알려진 이야기이다.

친구들하고 25전 짜리 쿼터 내기 화투놀음을 한번 해보시라. 지고 있을 때는 온 몸이 쑤시고 머리가 멍하다가도 패가 잘 들어와 돈을 따기 시작하면 언제 그랬느냐는 듯이 몸에서 기운이 생겨나고 머리는 맑아지고 기분은 아주 상쾌해짐을 느껴본 경험이 다 있었을 것이다. 이게 바로 심신이 밀접하게 연관되어 있다는 증거다.

사람들은 무서운 영화를 보고 있을 때 자기도 모르는 사이에 무서움을 느낀다. 혈압은 올라가고 심장은 빨리 뛰고, 신진대사는 빨라진다. 이게 바로 싸움-혹은-도주반응인 것이다. 싸움-혹은-도주

반응을 스트레스 반응이라고도 부른다. 실제로 무서운 경지에 놓여있지 않았는데도 하지만, 무서울 것이라고 생각만 해도 우리 몸은 싸움-혹은-도주 반응을 일으키고 있는 것이다. 싸움-도주 반응을 가라앉히는 방법은 이완반응-명상 치료법이다.

토제가 안정제라!?

내 환자 중에 15세 된 소녀가 있었다. 연애를 했었는데 애인한테 거절당했다. 애인 생각에 밤이면 잠을 잘 수가 없었다. 화도 났었지만 우울증에 빠졌다. 자살을 하기 위해서 아스피린 10알을 먹었다. 죽기 전에 그래도 친한 친구에게 잘 있으라고 말을 해주기 위해서 전화를 했다. 친구가 나한테 알렸다. 응급실로 보냈다. 의사는 소녀에게 이피켁(Ipecac)을 주었다. 이피켁은 토제(吐劑)이다. 이피켁을 먹은 후 2-3분도 되기 전에 소녀는 심하게 토했다. 위 속에 들어있었던 아스피린이 토할 때 다 밖으로 나오고 말았다. 내가 여기서 말하고자 하는 점은, 이피켁은 이처럼 즉시 토하게 하는 약물이다.

이처럼 즉시 토하게 하는 토제가 오히려 토함을 멈추게 할 수도 있다는 것이다!

1950년, 뉴욕병원 (New York Hospital)에서 근무하고 있었던 닥터 울프 (Stewart Wolf)는 토하고 있는 임신부에게 이피켁을 주었다. 이피켁은 토하게 하는 약물이다. 환자들은 의사를 신뢰하고 있었다. 임신부에게 이피켁을 먹으면 모든 구토증이 없어지고 그리고 마음이 조용하게 가라앉을 것이라고 말해주었다. 그래서 임신부들은 이피켁을 먹었다. 이피켁을 먹고 난 후 임신부들은 더 이상 토하지 않았고 그리고 마음이 편안하게 진정됐다. 토하게 하는 약물, 토제(吐劑)가 오히려 토하지 않게 하는 진토제 (鎭吐劑)가 돼버린 것이다. 이게 바로 위약효과인 것이다. 이게 바로 마음의 힘인 것이다. (<The Wellness Book>에서). (그 당시만 해도 1950년도인지라 이런 실험을 할 수 있었지만, 지금에 와서는 윤리적인 문제 때문에 이런 실험을 더 이상 할 수가 없게 되었다)

좋은 약도 좋다고 믿고 있으면 더 좋은 효과를 낸다. 어떤 개신교 목사들은 안수기도를 해준다. 안수목사가 기도하고 있는 신도들의 머리 위에 한 손을 얹어놓고, 그리고 병이 나아지라고 기도를 한다. 안수기도를 받고서 잠시간 병이 나아진 사람들이 더러 있다. 이것도 다 목사에 대한 믿음 때문에 생긴 치유현상인 것이다. 존 홉킨스 정신과 교수였던 닥터 프랑크 (Dr. Jerome D. Frank)는, 환자들이 "낫는다 하는 기대감"(Expectation of help)에서 치유력이 생겨난다고 말했다. 낫는다 하는 기대감이 무척 중요하다. 낫는다 하는 기대감은 환자가 치유자를 믿고 있고, 그리고 치유자하고 좋은 관계에 있을 때 생겨나는 것이다. 치유자의 속성과 매력에도 관련되어 있다. 물론 이때 좋아진 질병은 다 스트레스하고 관련된 질병들이다. 이처럼 스트레스에서 생긴 질병은 이완반응-명상을 하면 오랫동안 더 좋은 효과를 볼 수가 있다.

마음의 힘!

어떤 처녀들은 아이를 갖고 싶어 해서, 섹스를 한 번도 하지도 않았는데 임신을 해버린 경우가 있다. 이게 바로 "환상임신" (Pseudocyesis, 가짜 임신)이다. 내 환자 중에 35세 된 여인은 나만 보면 남자친구 하나를 소개해달란다. 물론 소개해주지 않았다. 어느 날은 임신을 했다고 말을 하면서 불쑥 뛰어 나온 그녀 배를 나한테 보여준다. 월경도 중단되었다. 가끔 토하기도 했다. 뱃속에서 아이가 움직인다고 하면서 배를 만져보라고 했다. 다행히도 두 달 후에 환상임신이 저절로 사라지고 말았다.

기원전 300년경에 그리스의 의사 히포크라테스(Hippocrates)가 12명의 환상 임신을 발표한 바 있었다. 16세기 때 메리 투도(Mary Tudor)는, 환상임신이 9개월간 지속되었다가, 해산(解產)할 때, 아이가 나오는 대신, 환상임신이 끝나는 사례를 발표했었다. 심지어 남자가 환상임신을 했었다는 사례도 보고되었다. (<Beyond the Relaxation Response>에서). 남자가 임신을 하다니! 이래서 마음이라는 게 어떤 경우에는 아주 무서운 것이다. 마음먹기에 따라 남자가 아이를 배기도 하고 심지어 마음먹기에 따라 사람이 죽을 수도 있고 죽일 수도 있으니까 말이다.

사람을 죽이게 하는 것은 일종의 위약역효과, 노시보 (Nocebo)인 것이다. 프라시보(위약효과:Placebo)의 반대말인 것이다. 이번에는 노시보 (Nocebe: 위약역효과)에 대해서 말해보겠다.

부두 죽음 (Voodoo death)

부두(Voodoo) 종교는 주로 아프리카에서 조상숭배를 위해서, 신들에게 신들의 마음을 달래주기 위한 의식을 치려주는 종교이다. 신들하고 교통을 갖기 위해서 사제들은 트란스(Trance: 몽환, 夢幻의 경지)에 빠져 들어가서 죽은 이의 영혼하고 접촉을 하는 종교이다. 아이티 섬에 사는 흑인들 사이에 부두 종교는 성하다. 부두에 비슷한 종교가 또한 호주나 뉴질랜드의 인디안 들에게도 있다.

오래 전에, 호주 원주민 사회에서는 '뼈 겨눔' (Pointing bone)에 대한 치명적인 미신이 있었다. 가령 원주민 중에 죄를 지은 사람이 있으면 위치 닥터(Witch doctor; 무당)가 죄를 범한 사람을 향해서 뼈를 겨눈다. 그러면 죄를 지은 사람의 영혼에 저주가 생겨서 즉사하던가 혹은 이 삼 일내로 죽는다. 닥터 허버트 베서도우 (Dr. Herbert Basedow)가 1925년도에 호주 원주민들 사이에서 실재로 생겼었던 사례 하나를 보고했다.

적(Enemy)이 원주민 한 명을 향해서 뼈를 들고 있었다. 원주민은 적이 자기를 향해서 뼈를 들고 있는 것을 보고서 숨이 막힌 듯 질겁했다. 얼굴은 창백해졌다. 적이 들고 있는 뼈에서 마치 살인하는 엑스레이 혹은 레이저(Laser) 물질이 자기 몸을 향해서 발사되어 나오는 양 살인물질로부터 자기 몸을 보호하려는 듯이 원주민은 뼈를 향해 두 손을 들고 있었다. 눈알은 흐리멍덩해졌고, 얼굴은 끔찍하게 일그러져 있었다. 원주민은 꽥하고 소리를 크게 지르고 싶은 듯 보였으나, 목구멍이 막히어서인지 아무런 소리도 나오지 않았다. 단지 입에서 거품만 보였다. 그는 벌벌 떨고 있었다. 그의 몸뚱이는 심하게 꼬여 있었다. 뒤로 비틀거리더니만 땅바닥에 쓰러지고 말았다. 기절했다. 의식을 잃었다. 심한 고통 속에서 몸부림치고 있었다. 두 손으로 얼굴을 가린 채 신음하기 시작했다. 얼마 안 가서 그는 죽었다. (<The Mind/Body Effect> 책에서)

우리처럼 뼈의 겨눔이 사람을 죽인다 하는 사실을 전연 모르고 있는 사람들은 적 혹은 위치닥터가 아무리 많은 뼈를 우리한테 향해 겨누고 있어도 우리는 아무런 공포를 느끼지 않는다. 단지 뼈의 겨눔을 당하면 죽는다고 강하게 믿고 있는 사람들만이, 뼈의 겨눔을 당하면 죽게 되는 것이다. 첫째는 피해자가 주문(呪文)과 저주(The spell cast)에 대해서 잘 알고 있고, 둘째는 피해자가 사회에서 믿고 있는 종교 신념에 집착(Adherence)하고 있는 상태에서, 도피할 희망이 전연 없는, 다시 좋아지리라는 희망이 전연 없다는 상황에 부딪치게 되면 부두 죽음이 생겨 죽게 되는 것이다. 부두죽음은 즉사(卽死) 반응인 것이다.

위의 사례를 읽어보고서, 싸움-혹은-도주 반응을 연구해냈었던 닥터 월터 케논(Walter Cannon)이, 뉴질랜드의 원주민 (Maori aborigines)에서 실제로 생겼었던 사건을 하나 보고했다.

어떤 미성년자가 여행하는 도중, 나이가 많은 친구 집에서 하룻밤을 묵게 되었다. 미성년자는 야생 암탉(Wild hen)을 먹어서는 안 되고, 만약 미성년자가 야생 암탉을 먹으면 천벌을 받는다고 믿고 있었다. 나이 많은 친구가 야생 암탉을 잡아 끓여 요리를 해서 저녁 식사로 내놓았다. 미성년자는 "닭고기가 야생 암탉일 것 같으면 먹지 않겠다"고 했다. 나이 많은 친구가 "이것은 야생 암탉이 아니다." 라고 말해주었다. 야생 암탉이 아니라는 말을 믿고서 미성년자는 닭고기를 맛있게 먹었다. 다음날 여행을 떠났다. 5-6년이 흘렀다. 그 미성년자는 다시 이 나이 많이 먹은 친구 집에 들렀다. 나이 많이 먹은 친구가 미성년자에게 "자, 이제는 야생 암탉을 먹겠는가" 하고 물었다. 미성년자는 "결코 야생 암탉을 먹지 않겠다"고 말했다. 그러니까 나이 많이 먹은 친구가 웃으면서 "야, 너 몇 년 전에 내 집에 왔었을 때 닭고기를 맛있게 먹지 않았느냐, 그게 바로 야생 암탉이었단 말이야. 그러니까 야생암탉을 또 먹어도 된단 말이야" 하고 말해주었다. 그랬더니 그 미성년자는 겁에 질려 벌벌 떨기 시작하더니만 24시간 내로 죽고 말았다. (<The Mind/Body Effect> 책에서)

그릇된 사고방식!

야생 암탉은 좋은 먹이다. 이런 좋은 먹이를 먹었는데도, 이런 먹이를 먹으면 죽는다 하는 사고방식!, 이게 바로 노시보 (위약역효과)인 것이다. 뼈 겨눔도 아무런 위험이 없는 것이다. 그러나 위험이 있다고 생각하면 공포를 느끼거나 혹은 죽어버릴 수도 있다. 이게 바로 노시보인 것이다.

야생 암탉을 먹으면 죽는다 하는 신념!, 뼈 겨눔을 당하면 죽는다는 신앙심! 왜 이런 그릇된 신념과 그릇된 사고방식을 가지면서 불안하게 인생을 살아가야 할 이유가 뭐가 있단 말인가?

만약 야생 암탉을 먹으면 성적으로 정력이 생긴다는 긍정적인 사고방식을 가지고 있었다면, 들판을 싸돌아다니면서 모든 야생 암탉을 다 잡아먹었었을 것이다. 이처럼 어떤 사고방식을 가지느냐에 따라 우리의 삶이 많이 달라지게끔 되어 있는 것이다. 이왕이면 나 좋은 방향으로, 긍정적인 사고방식을 가지면서 인생을 살아가는 게 좋다.

부두 종교에서만 이런 죽음이 일어난 것은 아니다. <신약 성경>에 보면 이런 부두죽음이 보고돼있다.

하나니아스와 사피라의 갑작스런 죽음

(성경, 사도행전 4 및 5장): 신자들의 공동체는 한마음 한뜻이 되어, 아무도 자기 소유를 자기 것이라 하지 않고 모든 것을 공동으로 소유하였다. ---- 중략--- 하나니아스라는 사람이 자기 아내 사피라와 함께 재산을 팔았는데, 아내의 동의 아래 판 값의 일부를 떼어놓고 나머지만 가져다가 사도들의 발 앞에 놓았다. 그러자 베드로(Peter)가 말하였다. "하나니아스, 왜 사탄에게 마음을 빼앗겨 성령을 속이고 땅값의 일부를 떼어놓았소? 그 땅은 팔리기 전에도 그대 것이었고, 또 팔린 뒤에도 그 돈은 그대 마음대로 할 수 있었던 것 아니오? 그런데 어쩌자고 이런 일을 하려는 생각을 마음속에 품었소? 그대는 사람을 속인 것이 아니라 하느님을 속인 것이오" 하나니아스는 이 말을 듣고 쓰러져 숨지고 말았다. 그리고 이 소문을 들은 사람들은 모두 큰 두려움에 사로잡혔다. 젊은이들이

일어나 그 시체를 싸서 메고 나가 묻었다.

세 시간쯤 지나서 하나니아스의 아내가 그 동안에 일어난 일을 알지 못한 채 들어왔다. 베드로가 그 여자에게 "나에게 말해보시오. 그대들이 땅을 이만큼 받고 팔았소?" 하고 물으니 그 여자가 "예, 그만큼 입니다."하고 대답하였다. 베드로가 그 여자에게, "어쩌자고 그대들은 서로 공모하여 주님의 영을 시험하는 것이오? 보시오, 그대 남편을 묻는 이들이 바로 문 앞에 이르렀소. 그들이 당신도 메고 나갈 것이오" 하고 말하였다. 그러자 그 여자도 즉시 베드로의 발 앞에 쓰러져 숨지고 말았다. 그 젊은이들이 들어와 여자가 죽은 것을 보고 메고 나가 그 남편 곁에 묻었다. 그리하여 온 교회와 그 소문을 들은 사람들은 모두 큰 두려움에 사로잡혔다.

현대 미국인의 입장에서 볼 것 같으면, 내 물건 내가 팔아서 일부분은 내가 갖고, 내 돈이니까 내 돈 일부분을 내가 갖는 것은 아주 당연한 일이고, 나머지 모든 돈을 다 공동체에 바쳤으니까 칭찬을 받아야할 입장인데, 오히려 도둑놈 취급을 받았으니 억울하기 짝이 없다. 내 돈의 일부를 공동체에 바쳤으니까, 내가 잘 했다 하는 긍지를 가져야할 판인데 오히려 죄의식을 갖게 되었고, 그리고 죽기까지 했다. 정말로 기막힌 일이다. 더군다나 "사탄한데 마음을 빼앗기고 그리고 하느님을 속였다는" 죄명으로 죽게 되었으니까, 비명에 간 것이고, 죽어서 천당에는 결코 가지 못했었을 것이다. 내가 보기에 하나니아스 부부는 예수를 믿었었고, 그리고, 자기네들 재산을 팔아서 대부분의 돈을 공동체에 바쳤으니까 천당에 가야할 사람들인데 오히려 지옥에 가야만 하니, 하나니아스 부부 입장에서 보면 억울하고, 분하고, 그리고 원통한 일일 수밖에 없다. 이분들의 죽음이 바로 부두죽음(Voodoo death)인 것이다.

하나니아스의 아내 사피라는 죽지 않을 수도 있었다. 사피라는, 남편이 죽고 난 후 3시간 후에 공동체로 들어왔다고 했다. 이때 만약 베드로가 사피라에게 남편이 죽어서 미안하다고 사과 겸 위로를 해준 후 그리고 "당신 남편이 이만큼 받고 팔았다고 거짓말을 했었기에 남편이 죽게됐었다"고 미리 말을 해주었더라면 사피라는 더 이상 거짓말을 해야 할 근거가 없어지니까 참말을 했었을 것이다. 그리고 참말을 했었기에 죽지 않았었을 것이다. 헌데 베드로가 사피라를 잘못 다루었기에 사피라의 죽음은 베드로의 잘못이라고 나는 생각한다.

나는 불교인으로서 신의 존재를 믿고 있지 않다. 기독교의 야훼하느님이 우주를 창조했다는 말도, 예수가 신의 아들이라는 말도, 예수가 죽었다가 다시 살아나서 하늘로 올라갔다는 말도 나는 믿고 있지 않다. 만약 위에 말한 하나니아스 부부가 예수나 야훼하느님을 믿고 있지 않았었다면 비명에 죽지는 않았었을 것이다.

내 아내는 가톨릭 신자다. 아내는 <성경>에 써진 모든 말을 다 믿고 있다. 내가 야훼하고 예수에 대해 비난을 하면, 아내는 야훼하느님이 화를 내서 번개를 쳐서 나를 죽여버릴까 봐 겁을 내고 있다. 비오는 날 번개소리만 나면 아내는 나 죽을까봐 겁을 낸다. 야훼하고 예수를 비난하면 번개에 맞아 죽는다 하는 그릇된 사고방식을 갖고 있기에 아내는 스스로 고통을 당하고 있는 것이다.

아내한데 이왕이면 사고방식을 좋게 가지라고 말해주었다. 야훼 하느님은 인자하시고 자비스러운 분이시니까 '내' 남편을 죽이지는 않을 것이라는 긍정적인 사고방식을 가지라고 말해주었다. 더군다나 나는 불교인이기에 석가모니 부처가 나를 가피(加被)해주고, 관세음보살이 나를 보호해주고 있기 때문에 나는 결코 번개에 맞아 죽지는 않을 것이라고 말해주어 아내를 안심시켜주었다. 만약 야훼하느님이 "당신 남편인 나를 죽인다면 그런 무자비한 분을 신으로 섬기지 말라"고 아내에게 말해주었다. 신을 믿더라도 노시보 사고방식을 갖지 말고, 프라시보 사고방식을 가지고 인생을 활기차게 살아가라고 아내한테 말해주었다.

<임상정신과 뉴스> (Clinical Psychiatric News, 2004년 1월 호)에 "부두 죽음"은 더 이상 신비(Mystery)가 아니고, 의학적으로 증명된 실재로 생기는 현상 (A confirmed phenomenon)이라고 설명해놓은 글이 있기에 여기에 요약해서 실어보겠다.

부두 죽음에 대한 의학적인 해명

닥터 월터 캐논은, 사람이 심한 정신적인 충격을 받게 되면 부두 죽음이 일어날 수도 있고, 그리고 부두 죽음은 드물지 않게 일어난다고 말했다. 부두죽음이 꼭 부두 종교나 혹은 샤머니즘(Shamanism) 종교에서만 생기는 것은 아니다.

하버드 의대 신경학 교수 닥터 마틴 사무엘(Martin Samuel)은,

인간이 심한 정신적인 쇼크(Emotional shock)를 받으면, 예를 들면, 강도가 높은 심한 지진과 같은 자연재해(自然災害,Natural disaster)가 생겼을 경우 많은 사람들은 심한 충격을 받게 되고 그리고 심한 충격 때문에 즉사하게 된다고 말했다. 정신적인 충격으로 죽는 경우, 지진이 생긴지 6일 째에 제일 많이 죽어간다고 말했다. 닥터 사무엘은, 정신적인 충격을 받으면 '뇌의 한 특정 부위' (A specific area of the brain)가 심장에 충격을 가한다고 말했다. 충격을 받은 심장은 기진맥진해진다. 이때 싸움-혹은-도주 반응이 일어난다. 기진맥진해진 심장을 뛰게 하기 위해서, 우리 몸에서 많은 양의 카테콜라민 (Catecholamines)을 분비시킨다. 이때 칼슘 체늘이 열리게 되고, 칼슘체늘이 열려있으니까 많은 양의 칼슘이 심근(心筋) 세포 내로 들어가서 유리기(遊離基, Free radicals)를 만들어낸다. 유리기가 바로 심근 세포를 죽인다. 그래서 사람이 죽게 된다고 닥터 사무엘은 내과-정신과 연례 합동 학회 (2003년)에서 발표했다.

닥터 사무엘은 보고했다. 보스턴에서 어느 목사가 밤에 혼자서 책을 보고 있었는데, 마약 경찰단이 잘 못 알고서 목사 집을 갑작스럽게 때려 부수고 집안으로 쳐들어왔다. 이때 목사는 심히 놀라 질겁해서 즉사하고 말았다. 이처럼 심한 충격을 받으면 죽는 것이 바로 부두 죽음인 것이다.

협심증

협심증(Angina pectoris)은 심장 근육 안에 있는 관상동맥의 핏줄이 살짝 막힌 상태를 말한다. 가령 오르막길을 올라간다거나, 혹은 무거운 짐을 지고 어디를 가야 할 때, 이때 심장근육은 평소 때보다 더 많은 산소를 필요로 하고 있다. 관상동맥이 살짝 막히어 있는 경우, 충분한 산소를 심장근육에 보내지 못해서, 심장이 고통을 당하게 된다. 이때 가슴에 통증이 생긴다. 우리가 조용히 앉아 있는 경우에는 협심증 증상은 생기지 않는다.

협심증에 걸린 사람들은 새벽 5시 내지 6시경에 죽는 경우가 많다. 그 이유는 새벽에 꿈을 많이 꾸게 되는데 만약 무서운 꿈을 꾸게 된다면 비록 조용하게 육체는 침대에 들어 누워 있다고 하지만, 꿈을 꾸고 있는 사람은 그게 바로 실제로 무서운 일이 생겨나고 있는 것으로 착각을 하고 있는 것이다. 그래서 우리 몸은 무서운 꿈에 대한 대응으로서 싸움-혹은-도주 반응을 일으킨다. 심장이 빨리 뛰고, 혈압이 올라가고, 숨이 더 빨라지고, 신진대사가 더 빨라져서, 결국 심장발작을 일으켜서 죽게 되는 것이다. 인간 두뇌는 현실하고 꿈하고를 구별하지 못한다. 그래서 협심증환자가 새벽에 꿈을 꾸다가 죽게 된다. (<Beyond the Relaxation Response>에서). 이때의 죽음도 일종의 부두죽음이다.

닥터 벤슨 환자 중에 어느 여인은, 십 년 전에 협심증이란 진단을 받았었다. 가슴에 통증이 생겼다가 없어지고, 또 생겼다가 없어지곤 했었는데, 일 년 전에는 더 자주 더 아프게 가슴통증이 생겼다. 병원에서 4일간 입원치료를 받았었다. 퇴원한 후, 닥터 벤슨이 하라는 대로, 이완반응-명상을 하루에 두 번씩 계속 했다. 초점단어는 "예수여, 저에게 자비를 베푸소서"였다. 초점단어를 들고 명상을 하고 있으면 마음이 온화하고 평화스러워졌다. 오늘날에 와서는 더 이상 가슴 통증이 생기지 않았다. 아직도 협심증 약을 복용하고 있지만, 이 전에 비해서 적은 양의 약을 복용하고 있다. (<Your Maximum Mind>에서)

스트레스에서 생기는 싸움-혹은-도주 반응을 완화시켜주고 진정시켜주는 것이 바로 이완반응-명상 치료법이다. 협심증뿐만 아니라 스트레스에서 생기는 많은 질환에 시달리고 있는 분들에게 매일 이완반응-명상을 하라고 권한다.

닥터 허버트 벤슨 (Herbert Benson)의

이완반응 치료법, 효과 있다! (7)

20분, 하루에 두 번씩

뉴 햄프셔에서 살고 있는 한 여인은 농장에서 두 마리의 이집트 거위를 기르고 있었다. 거위는 아름답지만 고집이 세고 사람한테 가까이 접근하지 않은 채 떨어져서 살고 있었다. 여인이 먹이를 줘도 두 마리의 거위는 결코 여인 가까이 오지 않았다. 따뜻한 봄날에는 여인은 혼자 농장에 있는 연못가에 앉아서 명상을 했었다. 5월 어느 날 눈을 감고 명상을 하다가 눈을 떠보니까 두 마리 거위가 바로 여인의 눈앞에 있었다. 깜짝 놀랐지만 다시 눈을 감고 명상을 했다. 몇 분이 지난 후 다시 눈을 떠보니까 두 마리의 거위가 바로 앞에서 다리와 날개를 펴고 춤을 추듯 놀고 있었다. 여인은 즐거워했었지만 다시 눈을 감고 명상을 계속했다. 거위가 여인의 양편에 앉아서 목을 길게 뻗어 머리를 여인의 무릎에 얹어놓는 것을 느꼈다. 여인은 경이에 찬 얼굴로 이 이야기를 닥터 벤슨에게 해주었다.

사람이나 동물의 몸뚱이에서 페러몬(Pheromone)이란 화학물질이 분비되어 냄새를 풍긴다. 동물은 페러몬의 냄새를 맡으면 페러몬의 냄새를 풍기는 사람이나 동물로부터 멀리 떨어진다. 하지만 사람이나 동물이 스트레스를 풀고, 몸이 이완되어 있으면 페러몬을 적게 생성 분비해낸다. 위의 여인의 경우 여인은 명상을 함으로 해서 몸과 마음이 거의 완전히 이완되어 있었기에 여인의 몸에서 페러몬이 분비되지 않았었고, 페러몬이 분비되지 않았기에 거위가 여인에게 가까이 다가와서 여인의 무릎에 머리를 기대게 된 것 같다고 닥터 벤슨은 설명했다 (<Timeless Healing>에서).

협소공포증(Claustrophobia)

마이크는 성공한 뉴욕 사업가이다. 승진해서 큰 회사의 부사장이 되었다. 헌데 당황한 일이 생겼다. 사업차 유럽에 갔었는데, 파리의 어느 조그만 식당 지하실에서 갑작스럽게 협소 공포증이 생긴 것이다. 지하실 방은 비교적 작았다. 지하실 방에 앉자마자 사방의 벽이 점점 좁아지면서 마이크를 압축시키고 있는 것만 같았다. 시간이 지남에 따라 지하실 식당에 사람들은 더 많아졌고 그리고 담배 연기는 더 자욱해졌다. 질식해서 죽을 것만 같았다. 더 이상 앉아있을 수가 없었다. 숨은 빨라지고 뱃속의 위가 마치 목구멍으로 기어 나올 것만 같은 불안감을 느꼈다. 더 이상 견딜 수가 없어서 다른 모임에 가보아야 한다고 변명을 하고서 얼른 밖으로 뛰쳐나왔다. 밖으로 나와서 길가에 있는 전신주에 기대어서 숨을 길게 들어 마셨다. 살 것만 같았다. 이런 일이 있은 후부터 협소공포증상은 더 악화되어갔다. 승강기에도 사람이 많으면 올라탈 수가 없었다. 자동차(2-door)도 뒷좌석의 문을 스스로가 열 수가 없을 경우에는 두렵고 불안해서 더 이상 앉아있을 수가 없었다. 부사장으로서 많은 사업상 모임에 참석을 해야 하는데, 만약 만나는 장소가 좁으면 불안해서 앉아있을 수가 없었던 것이다. 유럽 여행에서 돌아온 마이크는 교회에 다니는 친구에게 하소연을 했다. 다행히도 친구는 "이완반응-명상" 과 "마음의 극대화" (Your Maximun Mind)에 대해서 잘 알고 있었다.

친구는 마이크에게 1) 신께 어려움을 이겨낼 수 있도록 도와달라고 기도하고 2) 성경의 어느 구절이든 좋으니까, 마음에 두는 문구 하나를 골라서, 이완반응-명상을 하고 3) 15-20분 명상을 하고 난 후, 신께 기도해서 성경에서 협소공포증을 이겨내는데 도움이 되는 문구를 찾아내서, 그 문구에 초점을 맞추어서 깊게 명상을 하고, 그리고 그 문구를 통해서 협소공포증을 이겨낼 수가 있는가에 대해 연구해보라고 했다. 4) 만약 마이크가 다시 어느 협소한 장소에 갇히어 두려움에 시달리고 있을 경우에는, 예수가 마이크, '너' 하고 함께 앉아있으면서 '너'를 위로해주고, '너'를 편안하게 해주고, 그리고 '너'를 도와주고 있다고 생각을 하라고 했다.

마이크는 성경 <요한 복음서>에서 "하느님은 사랑이다" (God is love)라는 문구를 찾아냈다. "하느님은 사랑이다" 라는 문구를 초점단어로 삼고 이완반응-명상을 20분간했다. 그리고 성경 여기저기를 다시 읽어보았다. <시편> 139장에 써진, "(어디에서든), 당신 손은 나를 인도하시고, 그 오른 손이 나를 꼭 붙드십니다" 라는 문장에서 다시 마음의 안정을 얻었다.

마이크는 며칠 간 "하느님은 사랑이다" 라는 초점단어를 들고서 명상을 했었고, 그리고 <시편>을 계속 읽으면서 마음의 안정을 회복했다. 이제는 자기의 협소공포증을 이겨내기 위해서 현실에서 실험을 해보기로 했다. 계획을 짰다. 스포츠 자동차의 협소한 뒷좌석에 앉아서, 만하탄 고층건물 꼭대기에 있는 식당에서 친구를 만나기로 했다. 이미 이완반응-명상을 했었고, 그리고 마음변경 훈련(Mind-changing exercises)을 했었기에 그리고 친구가 해준 충고, "예수가 항상 나하고 같이 있어준다"는 말을 기억하고서, 마이크는 스포츠 자동자의 뒷좌석에 앉았다. 살짝 불안감과 두려움이 생겼다. 하지만 "하느님은 사랑이다"라는 초점단어를 들고서 마이크는 호흡을, 숨을 규칙적으로 들이쉬고, 그리고 내쉬면서 불안감을 이겨낼 수가 있었다. 자동차에서 내린 후, 사람으로 가득 찬 승강기를 올라타고서 건물 꼭대기에 있는 팬트 하우스 식당에 갈 수가 있었다. 마이크는 빨리 회복되었다. 몇 주 더 마이크는 이런 식으로, 자동차의 뒷좌석이며 번잡한 호텔, 승강기, 그리고 협소한 식당에 자주 가서 일부러 부딪쳐, 공포증을 이겨냈었다. (<Your Maximum Mind>책에서)

공포증 치료법

공포증을 한 번도 경험해보지 않는 사람들은 공포증이 얼마나 무서운 것이라는 것을 짐작하지 못할 것이다. 협소공포증에 걸린 사람들은 좁은 곳에 갇히어 있으면 죽을까봐 기절을 해버릴 정도로 무서운 정신질환이다. 나도 '고공 공포증' (Acrophobia)에 한

번 혼이 난 적이 있었다. 고등학교 시절, 6층 건물을 짓고 있는 장소에서 일꾼들이 올라 다니는 층층대 계단을 친구들이 올라가니까 나도 그냥 친구 따라 위만 보면서 5층까지 올라간 적이 있었다. 5층에서 아래를 내려 본 순간 그만 내 몸뚱이는 마비가 생겨서 움직일 수가 없었다. 심장이 멎은 것 같았다. 몸의 균형을 잃었다. 떨어질까 봐 무서워서 벌벌 떨었다. 서 있을 수도 없었다. 계단에 주저앉아 배를 계단에 갖다 대고 엎드렸다. 계단에 달라붙은 채 떨어지지 않으려고 양손으로 계단을 붙잡고 그리고 발로 계단을 조심스레 밟으면서 뱀처럼 기어서 서서히 한 발씩 한 발씩 내려온 적이 있었다. (언제 없어진지 모르게 고공 공포증이 사라지고 말았다)

마이크는 다행히도 좋은 친구를 갖고 있었다. 친구는 이완반응-명상에 대해서 잘 알고 있었다. 그리고 친절하게 마이크를 도와주었다. 친구는 마이크에게 "하느님은 사랑이다"라는 초점단어를 가지고서 이완반응-명상을 하라고 가르쳤다. 그리고 협소한 장소에 갇히어 있을 때는, "예수가 직접 내 곁에 있어서 나를 위로해주고 있다"고 생각하라면서 공포증을 가라앉히게끔 도와주었다. 마이크는 친구가 하라는 데로 했다. 그리고 공포증을 어느 정도 이겨낼 수가 있었다.

공포증을 이겨내기 위해서는 공포증을 일으켜주는 장소에 직접 가서 부딪쳐야만 하는 것이다. 위계작성(Hierarchy construction)을 한다. 위계작성이란, 공포증을 일으켜주는 장소를 공포증의 강도에 따라, 견디어 낼 수 있을 정도로 경하게(약하게) 공포증을 일으켜주는 장소하고, 공포증을 심하게 일으켜주는 장소를 위계별로 고른다. 공포증을 경하게 일으켜주는 장소부터 시작한다.

먼저 안락의자에 앉아서 심호흡을 두 세 번하고 스트레칭을 해서, 다시 말하면 몸의 근육을 긴장시킨 후 긴장을 풀어주고, 이완된 상태에서 눈을 감고 상상을 하면서 시각화(Visualization)를 한다. 안락의자에 눈을 감고 편하게 앉아서 경하게 공포증을 일으켜주는 협소한 식당에 친구를 만나러 가는 장면을, 친구들하고 담화하면서 밥을 먹는 장면을 머릿속에서 그려본다. 이런 시각화를 몇 번 해보고 난 후 공포증을 일으켜주는 협소한 장소에 직접 가서 경험을 해보아야만 한다. 여기에서 성공하면 다음에는 더 심한 곳으로 직접 가보아 부딪쳐보아야만 하는 것이다. 이처럼 단계적으로 공포를 일으켜주는 장소에 가서 점차적으로 공포증을 견디어내는 훈련을 스스로가 해야만 한다. 이런 것을 정신과 용어로는 체계적 탈감작법(脫感作法: Systemic desensitization)이라고 한다. 마이크는 친구의 말을 듣고서, 공포증을 일으켜주는 스포츠 자동차의 뒷좌석, 협소한 식당, 사람이 많이 탄 엘리베이터에 직접 부딪쳤기에 협소공포증을 이겨낼 수가 있었다. 공포증상이 너무 심한 경우에는 사낙스(Xanax)나 아티반(Ativan)과 같은 진정제를 복용하면 어느 정도 공포증이 가라앉는다. 하지만 약물을 복용하면서도 동시에 공포증을 일으켜주는 장소에 직접 가서 자주 부딪쳐보아야만 한다.

여러분들도 만약 친구가 도와달라고 하면 이완반응-명상치료법을 가르쳐주면 된다.

30%의 죽음은 암이다

죽음의 30%가 암에 의한 죽음인 것이다. 그만큼 많은 사람들이 암 치료를 받고 있던가 혹은 암으로 죽어가고 있는 것이다. 치유가 되는 암도 있지만, 반면 일 이 년 내로 죽는 암도 있다. 암에 걸려 심한 신체적인 통증이 있으면 의사한테 즉시 보고한다. 요사이는 통증을 없애주는 좋은 진통제가 많이 있다.

대개의 경우 암이 왜 생기느냐에 대해서 원인을 모른다. 어떤 사람은 자기가 잘못했기에 암에 걸렸다고 해서 자기 스스로를 학대하는 사람이 있다. 이래서는 안 된다. 암에 걸린 후 화도 나고 절망도 느끼지만, 그래도 '내'가 해야 할 일이 무엇인가를 먼저 알아본다. 암을 전문적으로 치료하는 의사한테 찾아가서 치료를 받는다. 의사에게 암 환자의 수명이 대략 어느 정도인가를 물어본다. 그러면 의사들은 암의 종류에 따라 수명이 각각 다르지만, 대략 통계를 말해줄 것이다. 여기서 통계란 1년, 2년, 5년, 혹은 10년쯤 살게 될 것이라고 말해준다. 대개의 경우 환자 자신이 어느 정도 얼마나 오래 살 것인가를 짐작해낸다.

암에 걸리면 대부분의 사람들은, 퀴부러 라스(Elisabeth Kubler-Ross, M.D.) 닥터가 말한 대로, "내가 암에 걸렸단 말야!, 나는 이제 죽게 되었구나!" 하고 심한 두려움에 사로잡힌다. 그러다가 "나는 암에 걸린 것 아냐" 하고 암에 걸리지 않았다고 암을 ①부정 (Denial, 否定)해버리기도 한다. "다른 사람들은 암에 걸리지 않았는데, 왜 하필이면 내가 암에 걸렸단 말야" 하고 심한 ②분노 (Rage)를 느끼기도 한다. "만약 내가 암에서 낫는다면, 나는 남을 위해서, 사회를 위해서 봉사활동을 하겠사오니, 하느님이시어, 관세음보살님이 시어, 나를 낫게 해주시오"하고 ③흥정 (Bargain)을 하기도 한다. 그래도 나아지지 않으면 슬픔에 빠지고 ④우울증 (Depression)에 빠져 체념해버린다. 많은 사람들은, 결국은 암으로 죽어간다는 사실을 ⑤받아들인다 (Acceptance). 암에 걸리면 부정, 분노, 흥정, 우울증, 그리고 받아들임이 순서적으로 생기기도 하지만, 대개의 경우, 섞이면서 교차적으로 일어난다. 분노했다가 암에 걸렸다는 사실을 받아들여 마음이 가라앉는가 하면, 신(神)하고 다시 흥정하고, 그리고 다시 분노하다가 우울증에 빠지기도 하고---, 하지만 많은 사람들은 죽음을 받아들이고 조용히 죽어간다.

4월(08년)에 <마지막 강의>(The Last Lecture)란 베스트 셀러 책을 발간하고 그리고 7월에 췌장암으로 죽었던 랜디 포시(Randy Pausch) 교수는 심장병으로 갑작스럽게 죽는 것보다는 암으로 죽는 것이 더 낫다고 말했다. 왜냐하면, 암으로 죽어간다면, 죽기 전까지 충분한 시간이 남아 있기에, 죽음을 준비할 기회가 있어서 좋다고 말했다. 포시 교수는, "삶을 즐겨라. 즐길수록 삶은 내 것이 된다"고 말했다.

우리가 암에 걸려 치료를 받고 있다면, 이때, 우리는 "죽을 준비가 돼 있는지?", "떠날 준비가 돼 있는지?", "지금 죽어도 후회가 없는지?", "오늘의 삶을 의미 있게 살고 있는지?", 스스로에게 자문해보는 것이 좋을 것이다. 나머지 여생을 죽기 위해서가 아니라 보다 나은 삶을 살아가도록 하기 위해서다.

물론 유언도 미리 남겨놓는다. 화장, 매장, 수목장 등등 장례에 대해서도 가족하고 미리 결정해놓는다. 나의 나이 70! 70까지 산 것만 해도 크게 다행이다. 나는 지금 건강한 편이다. 허지만 인생이란 언제 죽을지 아무도 모른다. 나는 가족에게 내가 죽거든 화장해서 재를 여기 저기 뿌리고 그리고 묘를 만들지 말라고 말해주었다, 나의 제삿날에는 음식을 차리지 말고 그 대신 향을 피우고 촛불을 켜놓고 조용하게 금강경이나 읽어달라고 부탁했다. 물론 나를 위해서가 아니라, 내 자녀들로 하여금 불교하고 인연을 맺게 해주기 위해서다. 그래서 영어로 된 금강경 책을 내 자녀들에게 다 나누어주었다. 물론 내 아내는 나의 제삿날에, 한글로 써진 금강경을 독송할 것이다.

분노는 스트레스다.

분노는 스트레스를 일으킨다. 스트레스는 우리 몸에서 싸움-혹은-도주 반응을 일으킨다. 분노를 잘 다루지 못하면 분노 때문에 우리는 절망에 빠지고, 그리고 면역성이 약해진다. 면역성이 약해지면 암을 이겨내기가 어렵다.

피 속에 들어있는 백혈구 (T-lymphocytes, T-cells, B-cells, anbibodies, macrophages)가 암세포, 박테리아, 바이러스와 같은 항원(angigens)을 죽여 없애버린다. 헌데 면역성이 약해지면, 백혈구가 암세포나 병균을 죽이지를 못한다. 암세포를 죽이지 못하면 그만큼 빨리 죽게 되는 것이다.

암을 이겨내야겠다는 투병정신과 긍정적인 사고방식을 갖고, 그리고 모든 치료 프로그램(그룹 치료 참여, 인지 치료, 이완반응 치료)에 참여한 환자들은 보다 오래 동안 생존한다는 연구보고가 있다. 만족해하면서 살아가는 환자들은 빨리 회복되고, 치료부작용(complications)도 적고, 그리고 병원에서 빠른 시일 내로 퇴원한다. 단체 그룹 치료 (Group therapy)에 가입해서 치료를 받는 암 환자들은, 고립되어 혼자서 치료받고 있는 암 환자에 비해 더 오래 살아남는다. 교회나 절에 나가서 종교활동을 하는 사람들의 경우 사망도 적고 그리고 건강도 비교적 좋은 편이라고 닥터 래빈 (Dr. Levin, Eastern Virginia Medical School)은 말했다. 교회나 절에 나가는 종교인들은 대개의 경우, 담배도 피우지 않고, 술도 마시지 않고, 남들과 접촉하고, 남을 위해서 봉사활동을 하고 있다. 또한 교회나 절에 나다님으로 해서, 종교인으로서의 소속감과 안정감을 갖는다. 이런 안정감이 또한 면역성을 높여주는 것이다 (<Timeless Healing>에서).

화약약물치료

화학약물 치료를 받으면 실재로 오심(토할 것 같은 메스꺼움)과 구토가 생긴다. 여기서 내가 말하고자 하는 점은 오심과 구토가 생길 것이라는 의사의 말을 들은 후, 오심과 구토가 생길 것이라는 기대를 갖게 된다. 오심과 구토가 생길 것이라는 기대를 갖게 되는 것, 이게 바로 자기도 모르는 사이에 조건반사(A learned, conditioned response)에 걸려든 것이다. 기대하기 때문에 자기도 모르는 사이에, 화학약물을 복용하면 오심(悪心)이 생기고 그리고 토하게 되는 것이다 (Anticipatory nausea and vomiting). 화학약물 자체 때문에 토하는 것이야 어찌할 수가 없다고 하더라도, 그래도 기대했었기에 생기는 오심과 구토는 우리가 예방할 수가 있는 것이다.

어떻게 예방할 수가 있는가? 먼저 화학요법을 클리닉에서 받는다. 클리닉의 알코올 냄새를 맡는다거나 의사나 간호사를 보면 벌써부터 구토하리라는 기대감이 생기는 것이다. 이런 기대감을 없애기 위해서 화학요법을 받으러 갈 때마다 옷을 새로 갈아입는다. 클리닉에 가는 길도 바꾸어서 다른 길로 가본다. 대기실에서 전에 앉았었던 자리를 피하고 새로운 자리에 앉는다. 클리닉에 갈 때마다 오렌지를 하나 들고 간다. 클리닉의 냄새를 맡지 않기 위해서 오렌지를 코에 대고 오렌지 냄새를 맡아본다. 침대도 다른 침대에 들어 누어서 화학약물치료를 받는다. 화학약물 치료를 받기 전(前)하고 후(後)에 이완반응-명상 혹은 단전호흡을 해서 구토에 대한 불안감을 없애준다. 약물치료를 받은 후, 즐거운 영화를 볼 수 있게끔 친구들하고 약속을 해놓는 것도 좋다.

닥터 벤슨은, 이완반응-명상을 함으로 해서 오심(메스꺼움), 구토, 불안, 공황(Panic)을 이겨낼 수 있다고 말했다 (<Beyond the Relaxation Response>에서).

암세포를 죽이고 있다는 시각화

화학약물은 구토를 일으켜주는 약물이 아니고, 오히려 몸속에 있는 암세포를 죽여주는 친구로서 상상을 하는 것이 좋다. 암에 걸려서 암을 이겨내야겠다는 강한 투지력을 가진 사람이, 암에 걸린 후 절망에 빠진 사람에 비해서 더 오래 산다고 했다.

자네트(Janet)는 42세, 유방에 암이 생겨서 유방의 일부를 외과적으로 떼어냈다. 그리고 엑스레이 치료하고 화약약물치료를 받았다. 첫 번 약물치료를 받은 후 자네트는 치료그룹에 가입했다. 치료그룹에서 자네트는 이완반응치료법, 행동인지 치료법을 배웠다. 약물치료 전, 받고 있는 중, 그리고 치료 후에 이완반응-명상을 했다. 이완반응-명상으로서 자네트는 해변을 상상했다. 치료 전에는 바닷물의 파도가 조용하게 해변을 치는 장면을 그려보았다. 치료받고 있는 도중에는 화약약물이 몸속을 돌아다니면서 암 세포를 잡아 죽이는 것을 상상했다. 이런 상상은 면역성을 높여주어서 좋다. 자네트는 치료를 받으러 갈 때 항상 새로운 옷으로 갈아입었다. 새로운 옷으로 갈아입을 때마다 기분도 상쾌해졌다. 치료를 받은 후 또한 이완반응-명상을 했다. 친구를 초청해서 친구들하고 같이 지냈다. 이런 식으로 하니까, 신기롭게도 구토가 생기지 않았을 뿐만 아니라 또한 암을 이겨낼 수 있는 힘을 갖게 되었다. (<The Wellness Book>에서).

50세인 로으스(Rose)는 상상을 해서 이완반응을 일으켰다. 그녀는 몸속에서 백혈구하고 암 세포가 권투시합을 하고 있다고 상상을 했다. 그녀는, "백혈구야 이겨라", "백혈구야 이겨라" 하고 소리를 지르면서 백혈구가 이기기를 응원했다. 아침마다 응원을 하는데, 어떤 때는, 흥분되어, 침대 밖으로 뛰쳐나와서 백혈구가 이기라고 응원을 하기도 했었다. (<The Wellness Book>에서).

치료를 받아서 몸에서 암세포가 없어진 후는, 더 이상 암세포에 대해서 상상하지 말라고 했다. 그 대신 몸에서 일어나는 메스꺼움, 구토, 통증, 공황(Panic)을 이겨내기 위해서 이완반응-명상을 하라고 닥터 벤슨은 말했다 (<Beyond the Relaxation Response>에서).

죽음 앞에서의 평온

같은 동네에 살고 있는 폴(Paul)이라는 남자가 닥터 벤슨을 찾아왔다. 폴은 남자 옷을 디자인하는 사람으로서 미국에서는 잘 알려진 사람이다. 폴의 아내 마리(Marie)는 말기 신장 악성 암(Terminal renal cancer)에 걸려서 죽어가고 있는 중이었다. 병원에서 치료를 받았지만, 병의 증세는 좋아지지 않았다. 퇴원했다. 집에서 지난 며칠 동안 마리는 심한 통증 때문에 울고 있었다. 아무리 많은 진통제를 먹어도 통증은 가라앉지 않았다. 남편이 온갖 위로를 해도 아내를 더 이상 달랠 수가 없었다. 남편도 이제는 지치고 말았다. 닥터 벤슨이 폴의 집에 가서 보니까 다이닝 룸(Dining room)에다 병원에서 사용하는 병원침대를 갖다 놓고, 그리고 마리는 병원침대에서 들어 누어있었다. 왜냐하면 마리는 이층 침실로 올라갈 수 있는 기력마저 없었기 때문이다. 다이닝 룸 바로 옆에는 부엌과 화장실이 있었다.

닥터 벤슨이 마리를 처음 보았을 때 마리는 이미 지칠 데로 지쳐 있었다. 배가 너무 아파서 그녀는 온갖 진통제를 복용했었지만, 통증은 가라앉지 않았다. 그녀는 매일 몸부림쳤고 그리고 절망했다. 남편이 달래도 소용이 없었다. 마리는 가톨릭 신자였다. 침실에 있는 십자가 상을 다이닝 룸으로 옮겼다. 마리가 볼 수 있게끔 십자가 상을 마리 침대 위에다 갖다 놓았다.

닥터 벤슨은 마리에게, 이완반응을 일으키면 모든 고통에서 벗어날 수도 있을 것이라고 설명해주었다. 마리에게 초점단어를 골라잡으라고 일어주었다. 초점단어로서 마리는 묵주(Rosary)를 집어 들었다. 들어 누운 채, 심호흡을 두 세 번 한 후, 마리는 한 손으로는 닥터 벤슨의 손을 잡고, 조용하게 기도문을 읊조리면서, 다른 손으로 묵주 알을 굴리기 시작했다. 고통으로 찌들인 얼굴의 주름살이 조금씩 퍼지기 시작했다. 숨도 느려지고, 그리고 규칙적으로 쉬었다. 10분쯤 묵주 알을 돌리고 있다가 마리는 잠이 들었다. 남편 폴은 마리가 잠을 자는 것을 보고 한숨을 쉬고 당분간 쉴 수가 있게 되었다.

이삼일 후에, 폴은 닥터 벤슨에게, 마리의 상태가 많이 좋아졌다고 보고했다. 이완반응 효과가 계속 되고 있다고 말해주었다. 마리는 묵주알을 집어 들고 조용하게 기도를 함으로 해서 심한 통증(痛症)에서 벗어날 수가 있었다. 마리는 통증을 없애주는 진통제를 더 이상 복용하지 않았다. 진통제를 먹지 않으니까, 그녀의 정신은 말짱해졌고, 그리고 기분은 많이 좋아졌다. 마리는 계속 묵주알을 들리면서, 생의 마지막 몇 날을 조용하게 기도했다. 그녀가 죽었을 때 그녀의 얼굴표정은 평화스러웠다. (<Timeless Healing>에서).

죽음마저 평온하게 이완된 것이었다.

닥터 허버트 벤슨 (Herbert Benson)의

이완반응 치료법, 효과 있다! (8)

20분, 하루에 두 번씩

내 글을 읽어본 할머니

아내가 다니는 성당에 68세의 할머니가 있다. 미국에 일 년 전에 왔다. 지금 아들집에서 살고 있다. 외롭고 괴로운 나날을 보내고 있었다. 머리가 어지러워서 걸어 다니기는커녕 집안일도 할 수가 없었다. 아파서 성당에도 자주 나오지를 못했었다. 기력도 없어졌고, 또한 의욕도 없어졌다. 이제는 만사가 귀찮아졌다. 미국이 싫고 한국에 나가 살고 싶었다. 하지만, 한국에 다시 나갈 형편이 되지 못했다. 우울증에 빠졌다.

아내가 할머니한테 내 글, <닥터 허버트 벤슨의 이완반응치료법, 효과 있다>를 읽어보라고 주었다. 걸을 때마다 발걸음에 맞추어서 기도(초점단어)를 하라는 문장을 읽어보고서 할머니는 발걸음에 맞추어서 기도를 했다. 한 발작 한 발작, 발걸음에 맞추어서, "성 모 님 이 시 어, 은 총 을 내 리 어 주 소 서"하고 걸으면서 기도했다. 기도의 힘이 나타나기 시작했다. 발걸음에 힘이 생겼다. 이

전에는 앉아서 기도를 했었는데 이제는 걸으면서 기도를 하니까 머리 어지러움도 없어졌다. 어지러움이 없어지니까 방 소제도 하고 그리고 정원도 가꿀 수 있었다. 할머니는 아내한테 고맙다고 말했다. 내 글을 읽어보고, 할머니의 심신(心身)이 좋아졌다고 하니까, 나 또한 기분이 좋아질 수밖에 없다. 할머니한테 이완반응-명상을 죽을 때까지 매일 계속하시라고 말해주라고 했다.

불교인들은 성모님이란 말 대신에, '관세음보살', '지장보살', 혹은 '석가모니불', '자비를 베푸소서' 하고 기도-명상하면 되는 것이다. 기도-명상을 하면 우리 몸에서 이완반응이 일어나고, 이완반응이 일어나면 스트레스에서 생긴 많은 질환증상은 좋아지게끔 되어 있다.

티베트 스님의 투모 수행

알렉산드라 데이비드-니일(Alexandra David-Neel)은 불란서 여인이다. 남편의 허락을 받고서 양자로 삼은 아들, 나중에 스님이 된 아들하고 하인을 데리고 20세기 초, 14년간 티베트 방방 곳곳을 돌아다니면서 수행했다. 티베트 말을 배워서 티베트 말을 유창하게 했다. 티베트의 유명한 스님들을 만나서 법도 배우고, 동시에 티베트에서 행해지고 있는 신비스런 일들과 마술들을 보고들은 것을 나중에 불란서로 되돌아와서 대학에서 강의도 했고, 그리고 <티베트의 마술과 신비: Magic and Mystery in Tibet>란 책자를 1929년도에 발간했다. 이 책에서 투모(Tumo; 신통열, 神通熱)에 대한 설명이 나온다. (닥터 벤슨은 투모를 툼모, gTum-mo라고 했다)

티베트는 고산지대이다. 겨울에는 아주 춥다. 특히 깊은 산 속에서 수도를 닦는 스님들은 투모수행이 필요하다. 투모수행을 해서 따뜻한 열을 몸에서 만들어내야만 한다. 투모라는 말은 "사나운 여인" (Fierce woman)이라는 뜻이다. 투모 요가를 하면 강렬한 열이 몸속에서 생성된다. 이 열이 몸 안의 모든 나쁜 것들을 정화시키기에 사납다고 하는 것이다. 열이 나쁜 것들을 정화시켜 새롭게 승화된 마음을 낳게 해주기 때문에 여자라고 부르는 것 같다.

깊은 산 속에서 수도를 닦고 있는 승려들은 난방장치가 되어 있지 않는 조그만 오두막집에서 살고 있다. 겨울이면 항상 심한 추위에서 산다. 이런 추위를 이겨내기 위해서 어떤 스님들은 투모 수행을 닦는다. 투모의 힘으로 스님들은 겨울의 추위를 이겨낸다. 산 속에서 수행을 하다가 그만 얼음에 미끄러져서 차가운 물속으로 퐁당 떨어지는 수가 더러 있다. 차가운 물속으로 떨어지면 몸이 얼어붙어서 죽는다. 그래서 수행자들은 찬물에 빠졌을 경우, 투모를 해서 몸에서 열을 만들어내어 살아난다.

데이비드-니일도 투모수행법을 배웠었다. 큰스님의 지도아래 산에서 흐르는 계곡의 찬물에 목욕을 하고 몸을 말리지도 않고, 옷도 입지 않고 발가벗은 채, 하룻밤을 움직이지 않고 조용히 앉아서, 혼자서 산 속에서 투모수행을 했었다. 그러고 난 후 어느 추운 겨울 날 그만 사고로 얼음에 미끄러져 차가운 물속으로 퐁당 빠져버린 적이 있었다. 투모수행을 했었기에 몸에서 열을 내어 적신 옷을 말렸고 그리고 추위를 이겨낸 적이 있었다.

투모 수행자들은, 가끔 시합을 한다. 매섭게 바람이 부는 추운 겨울, 달 밝은 밤을 선택해서 강이나 호수로 가서 얼음을 깨서 구멍을 뚫는다. 얼음 구멍에다 큰 옷이나 담요를 집어넣어 적신다. 발가벗은 채 땅에 다리를 틀고 앉아서, 그 적신 옷을 몸에 두른다. 몸에서 열을 발산해서, 몸에서 나오는 열로 적신 옷들을 누가 빨리 그리고 누가 더 많이 말리는가 다음 날 새벽까지 시합을 한다. 많은 옷들을 말린 자가 물론 우승자가 된다. 어떤 레스파(Respas: 투모를 아주 잘 하는 스님)들은 밤사이에 큰 숄 (shawl: 담요 같은 것)들을 대 여섯 개씩 말려버리기도 했다.

젖은(Wet) 옷을 말리는 시합뿐만 아니라 어떤 투모 수행자들은, 또한 눈 위에 앉아서 자기 몸에서부터 얼마나 먼 거리만큼 더 많은 눈을 녹일 수 있는가 하고 서로들 시합을 한다. 투모수행법에 대해서 더 자세하게 알고 싶으신 분들은 <미주현대불교> 2001년 10월호에 써진 나의 글 <티베트의 투모, 룽곰, 정신감응 수행법>을 읽어보시기 바란다

허버트 벤슨 교수: 과학적인 실험

허버트 벤손 닥터는 <티베트의 마술과 신비>라는 책을 읽었다. 추운 기온에서 젖은 옷을 말리고 눈을 녹인다니! 이게 사실인가를 과학적으로 증명해보고 싶었다. 허버트 벤손 닥터는 1979년에 하버드 대학에서 달라이 라마를 만났다. 닥터 벤슨은 심장내과전문의이지만 스트레스가 심장질환을 일으키고 그리고 명상이 고혈압을 낮추고 있다는 사실도 알고 있는데 이에 대해 보다 더 연구를

해보고 싶다고 말했다. 티베트 스님들이 실제로 몸의 온도를 올려서 눈을 녹일 수 있는가, 혈압이 정말로 내려지는 가 등등을 연구해보고 싶으니까, 도와달라고 달라이 라마에게 요청했다.(<Beyound the Relaxation Response> 책에서)

티베트 스님들은 참선을 하면 효과가 있다는 것을 뻔히 알고 있는데 구태여 과학적으로 효험이 있다는 것을 증명해 보이고 싶어하지 않는다. 더군다나 "경험과 깨침"을 말로 표현할 수도 없는 판인데 이것을 과학적으로 증명해 보이려고 하는 것은 어찌 보면 종교에 대한 모독으로 여기고 있을 정도다. 티베트 스님들은 과학적인 실험에 참여하는 것을 꺼리고 있다는 사실을 닥터 벤슨은 잘 알고 있다. 그래서 닥터 벤슨은 달라이 라마에게 부탁을 했었던 것이다. 비록 종교의 깨침을 과학적으로 증명해 보일 수는 없다고 하더라도 그래도 참선하는 스님들의 혈압이나 몸의 온도 호흡 같은 생리적인 변화를 측정해 낼 수는 있는 것이다.

한편 달라이 라마는 중공이 1959년에 티베트를 점령해서 수많은 스님들을 영창에 집어넣고 심지어 죽이기까지 했었다. 많은 티베트 절들을 때려 부셨다. 2400개의 절이 지금에 와서는 10개만 살아남아 있을 정도다. (<Beyound the Relaxation Response> 책에서). 08/8/2일자 CNN 텔레비전에, <티베트 스님>이란 프로그램에는, 6000개의 절이 지금에 와서는 13개만 남았다고 했다. 6000개의 절이든 2400개의 절이든 하여튼 그 많은 절이 다 파괴되어 없어지고, 단지 10개 내지 13개만 살아 남아있다니! 중공이 티베트를 점령한 당시, 모택동은 "종교라는 것은 국민을 현혹시키는 마약"이라고 말하면서 종교를 아예 없애버리려고, 심하게 탄압했었다.

만약 닥터 벤슨의 하버드 대학 교수 팀이 티베트의 투모 스님들을 과학적으로 연구를 해서 투모 수행이 과학적으로 효과가 있다고 증명해낸다면, 이 사실이 과학논문지에 발표가 될 것이라고 생각했다. 그러면 티베트 망명정부를 선전하는 데도 좋고, 티베트의 불교를 전도하는 데도 좋고, 또 중국 공산당에게 티베트의 불교를 탄압하지 말라고 강한 메시지를 줄 수가 있어 좋다고 생각을 했다. 달라이 라마는 본국으로 돌아온 후, 세 명의 투모 라마를 골라서, 허버트 벤슨에게 알렸다.

몸에서 열의 생성

몸에서 어떻게 열을 높일 수 있는가에 대해 간단하게 설명해보겠다. 첫째는, 우리 몸에 에피네프린(Epinephrine), 사이롯신(Thyroxin) 그리고 다른 화학물질이 몸의 신진대사를 일으켜서, 열을 생성해내는 것이다. 또한 몸의 근육을 움직여서 열을 생성한다. 추울 때 몸을 벌벌 떠는데, 이때 벌벌 떪으로써 몸의 열이 생긴다. 혹은 일부러 운동을 함으로 해서 또한 몸을 따뜻하게 한다.

동물이 추운 장소에 있을 때에는 몸의 열의 발산을 방지하기 위해서 몸을 웅크리고 앉아있다. 동물들은 몸의 털을 곧바로 세움으로서 또한 열의 발산을 예방한다. 물론 사람들은 두터운 옷을 입음으로 해서 열의 발산을 방지한다. 동물들은 겨울에 피부 밑에 지방을 저장해놓음으로 해서 열의 발산을 예방하고 있는 것이다. 그러니까 뚱뚱한 사람들은 피부 밑에 지방질이 많이 쌓여있으므로, 실은 피부 밑에 밍크코트를 하나 더 입고 있는 셈이다. 그래서 여름이면 무척 더위를 탈수밖에 없다.

겨울이면 손발이 저리고 차고 귀가 아프다. 그 이유는, 겨울이면 몸의 열의 발산을 예방하기 위해서 손발이나 귀 그리고 다른 부위의 피부에 가는 핏줄이 좁아지기 때문이다. 손발에 피를 보내기보다는 심장이나 폐, 그리고 두뇌와 같은 더 중요한 장기에 더 많은 피를 보내서 몸을 보호하기 위해서 인 것이다. 헌데 툼보 요가를 하면 피부의 온도, 손발의 온도가 올라간다는 것이다. 이게 사실인가 아닌가를 실제로 과학적으로 증명해보고 싶다는 게 바로 허버트 벤슨 닥터의 욕심인 것이다.

손발의 체온이 올라간다!

닥터 벤슨 교수는, 1981년 2월에, 과학 팀을 모아서 인도에 있는 티베트 망명 정부가 있는 다람사라 (Dharamsala)로 갔다. 투모를 하는 스님들의 몸의 열을 재기 위해 스님들의 몸에 전극을 갖다 대고서 열을 측정했다.

첫 번째 라마는 59세이다. 하루에 15분씩, 지난 10 년 동안 투모 요가를 해왔다. 71도 (화씨)의 기온에서 투모 요가를 했는데, 몸의 열은 정상인데, 손가락의 온도가 9도정도 올라가고 발가락의 온도는 13도가 올라갔다. 물론 투모 요가가 끝나고 나서는 즉시 손발의 온도가 내려갔다.

두 번째 라마는, 46세이다. 한 시간 정도, 하루에 네 번씩, 투모 참선을 해왔다. 60도의 기온에서 손가락의 열은 13도 그리고 발가락의 열은 7도가 올라갔다. 전체적인 몸의 온도는 그냥 그대로 있었다. 세 번째 라마는 50세이다. 투모참선결과, 손가락은 6도 그리고 발가락은 15도가 올라갔다.

이 실험결과, 투모를 하면 몸통의 온도는 정상이지만, 손과 발의 온도는 오히려 올라갔음을 알아낸 것이다. 투모를 하면 추위를 이겨내고, 그리고 동상에 걸리지 않는다는 사실을 과학적으로 증명해낸 것이다.

젖은 시트를 알몸으로 말린다!

벤슨이 보낸 연구원 일행은 1985년 2월, 인도북부에 있는 쿠루계곡 (the Kulu Valley)에 있는 조그만 수도원에 찾아갔다. 새벽 3시다. 12명의 스님들이 방으로 걸어 들어왔다. 이 스님들은 일 년 열두 달 내내 투모 요가를 수행하고 있었다. 방안 온도는 화씨 40도다. 화씨 32도면 물이 어는데, 40도(섭씨 4.4도)이니까 은근히 추운 편이다. 스님들은 팬츠만 제외하고 모든 옷을 다 벗었다. 밖의 추운 물을 바켓츠로 떠다가 방안으로 갖다 놓았다. 바켓츠 물은 화씨 49도(섭씨로 대략 9도-10도)다. 3x6피트 크기의 시트(Sheet)를 바켓츠 물에 몽땅 적신다. 그리고 젖은 시트로 알몸을 덮었다. 우리가 만약 알몸으로 이런 추위에 서 있다면 우리는 아마 벌벌 떨다가 병에 걸리거나 혹은 죽어버릴 수도 있을 수 있는 것이다. 이런 추위에 스님들은 찬물에 젖은 시트까지 몸에 걸치고 앉아있었다. 3분 내지 5분쯤 지나니까 김이 나기 시작하더니만, 45분되니까, 시트가 완전히 말라버렸다. 스님들은 새벽이 오기 전까지, 대여섯 시간 동안 세 번이나, 더 젖은 시트를 알몸으로 말려버렸던 것이다. 투모를 하면 몸에서 열을 생산해 낸다는 것이 과학적으로 증명이 된 것이다. (<MindScience: An East-West Dialogue> 그리고 <Beyond the Relaxation Response> 책에서).

화씨 0도의 추위에서 알몸으로!

일행은 또 레(Leh)라는 인디언 마을로 갔다(1985월 2월). 이 마을은 해발 높이가 17,000 피트이다. 기온이 화씨로 0도 였었다. 화시 32도(섭씨 0도)면 얼음이 어는데, 화씨 0도(섭씨 영하 17도 내지 18도)이니까, 진짜로 추운 날씨다. 연구원 일행은 북극에서 입고 있는 두터운 옷을 입고 있었다. 10명의 스님들은 산달을 신은 채, 팬츠에 얇은 면사포 (a light, cotton-type wrapping)를 몸에 두르고 있었다. 스님들은 2,000피트나 더 높은, 그러니까 해발 높이 19,000피트 높이, 산꼭대기로 더 올라갔다. 앉기에 불편할 정도로 땅이 울쑥불쑥한 곳에 자리를 잡았다. 산달을 벗은 후 웅크리고 앉았다. 몸을 앞으로 구부리면서 머리를 땅에 갖다 댔다. 그리고 얇은 면사포로 몸을 덮었다. 얇은 면사포로 몸을 덮었다고 하지만, 거의 알몸인 것이다. 스님들은 이런 자세로, 8시간 동안 움직이지 않고 아주 조용하게, 레페우(Repeu)라는 특별한 투모 요가를 하면서 온 밤을 지세웠다. 등에 가벼운 눈들이 살곰살곰 내려와 덮었는데도 꼼짝달싹도 하지 않았다. 연구원 일행들은 스님들이 얼어 죽어버리지나 않을까 하고 걱정을 할 정도였었다. 새벽이 되자, 어디선가 들려오는 뿔나팔 소리를 듣고서 10명의 스님들은 일제히 일어섰다. 등에 쌓인 눈을 털고서 산달을 신는다. 그리고 조용하게 산 밑으로 내려갔다. 마치 호텔의 따뜻한 방에서 한 밤을 푹 쉬고 난 후, 아침을 먹으려고 식당으로 가는 사업가들의 모양 같았다

보통 사람들이 추위에 접하면, 몸의 열을 만들어내기 위해서, 다시 말하면 몸을 따뜻하게 하기 위해서 온몸을 심하게 벌벌 떨게끔 되어 있는 것이다. 몸을 심하게 떨지 않으면 몸에서 열이 만들어지지 않고, 열이 생성되지 않으면 우리는 동상에 걸려 고통을 당하든가 혹은 죽게끔 되어 있는 것이다. 헌데 투모 요가를 하는 스님들은 이런 심한 추위에서도 몸을 떨지 않은 채, 조용하게 구부리고 앉아서 오히려 몸의 열을 발생하고 있었던 것이었다!

산소소비량 측정

투모 요가를 하면서 몸에서 소비하고 있는 산소를 측정하고 싶어서, 1988년에 다시 3명의 티베트 스님한테 찾아갔다. 두 명의 스님은 산소 소비량이 올라갔다. 세 번째 스님은 놀랍게도, 투모 요가를 하는 도중, 젖은 시트를 말리고 있는 도중에도 산소 소비량이 전연 올라가지 않았다. 그냥 평소 때하고 똑같은 양의 산소를 소비하고 있었던 것이었다. 추위에서 몸의 열을 올리려면 신진대사가 빨라져서, 산소의 소비량이 올라가는 것이 정상이다. 하지만 춥지 않는 곳에서 명상을 하는 경우, 전에도 말했었지만 산소가 16% 내

지 17%가 줄어줄기 마련인데 세 번째 스님의 경우 산소 소비량이 늘어난 것이 아니고 오히려 산소 소비량이 64%가 줄어든 것이었다! 정상적으로 보통 사람들은 호흡을 일 분간에 14번 정도 하는데, 세 번째 스님의 경우, 호흡이 일 분간에 5번 내지 6번밖에 되지 않았다. (그래서 인도의 요기(Yogie)들이, 땅속에 묻혔을 때, 오랫동안 숨을 쉬지 않고 견디어 낼 수 있던 이유가 이런 현상 때문인 것 같다고 허버트 벤슨 닥터는 생각하고 있다).

티베트 스님들의 투모 요가가 이처럼 생리적인 변화를 일으킬 수 있다면, 이완반응-명상 치료법이 스트레스에서 생기는 질환을 치유할 수가 있다는 것을 증명해주고 있다고 닥터 벤슨은 말했다. 닥터 벤슨은, 투모 요가를 하다보면 분명히 이완반응이 일어난다고 말했다. 물론 투모수행하고 우리가 보통 말하는 이완반응-명상 치료법하고는 다르다. 하지만 둘 다 이완반응을 일으키는 것만은 사실이다. 우리는 따뜻한 지역에서 살고 있으니까 구태여 투모수행법을 배울 필요는 없다. 하지만 투모수행을 통해서 우리가 배운 점은, 마음이 몸의 생리적인 기능을 변화시키고 있다는 사실이다.

이완반응-명상 요약

닥터 벤슨은 오전 오후 하루에 두 번씩 20분 명상을 하면 우리 몸에서 이완반응이 일어나서, 스트레스에서 생기는 많은 질환이 치유된다고 말했다. 조용한 장소에서 초점단어 혹은 화두를 들고 그리고 수동적인 마음가짐으로 명상 혹은 좌선을 한다. 앉아서 명상을 해도 좋지만 또한 걸어 다니면서 명상을 해도 좋다. 앉아서 명상을 할 때는 호흡에 맞추어서 그리고 걸으면서 명상을 할 때는 발바닥의 움직임에 맞추어서 초점단어를 들고서 명상을 한다. 효과는 3개월 후부터 서서히 나타나지만, 일 년쯤 지나야 완전 효과가 나타난다고 닥터 벤슨은 말했다.

원명 (영축총림통도사 방장) 스님은, 여름 안거 결제일을 맞이해서, "불이야…, 불이야…, 하고 아무리 소리를 쳐도 입은 뜨겁지 않다. 수행자가 입으로 수행을 말하고 깨달음을 말해도 실다운 행이 따라 주지 않는다면 아무 소용이 없다"고 말했다. (불교신문; 08/7/11). 종이에 그려진 음식을 아무리 쳐다봐도 직접 밥을 먹지 않으면 배고픔이 없어지지 않듯, 명상도 매일 하지 않으면 스트레스에서 오는 질환을 치유할 수가 없는 것이다. 실행해야만 심신이 건강해진다는 말이다.

법구경 (法句經 157):
사람이 만일 자기를 사랑하거든
모름지기 삼가 자기를 보호하라.
지혜 있는 사람은 하루 세 때 가운데
적어도 한 번만은 자기를 살피나니.

적어도 하루에 한 번만이라도 좌선이나 (초월)명상을 해서 참선을 하시도록 권하고 싶다.

내가 읽었던 닥터 벤슨의 책

1) The Relaxation Response: Herbert Benson, M. D., 1975
2) The Mind/Body Effect: Herbert Benson, M. D., 1979
3) Beyond the Relaxation Response: Herbert Benson, MD., 1984
4) Your Maximum Mind: Herbert Benson, M. D. with William Proctor, 1987
5) MindScience; an East-West Dialogue:
The Dalai Lama, Herbert Benson, Robert A.F. Thurman, Daniel Goleman, Howard Gardner et alai. 1991,
6) The Wellness Book: Herbert Benson, M. D. and Eileen M. Start R. N., 1992
7) Timeless Healing: Herbert Benson, M. D., 1997
8) The Break-Out Principle: Herbert Benson, M. D. and William Proctor, 2004
9) Mind Your Heart: Aggie Casey, M. S., R. N. and Herbert Benson, M. D., 2004